教育考试机构现代化：
理论 策略 路径

尹坚毅 著

中国教育出版传媒集团

高等教育出版社·北京

图书在版编目（CIP）数据

教育考试机构现代化：理论　策略　路径 / 尹坚毅
著.－－北京：高等教育出版社, 2023.9（2024.8重印）
ISBN 978-7-04-061084-0

Ⅰ.①教⋯　Ⅱ.①尹⋯　Ⅲ.①考试－教育组织机构－
现代化管理－研究－中国　Ⅳ.①G523

中国国家版本馆CIP数据核字（2023）第160936号

教育考试机构现代化：理论　策略　路径
JIAOYU KAOSHI JIGOU XIANDAIHUA：LILUN　CELÜE　LUJING

| 策划编辑 | 邓 玥 | 责任编辑 | 石 磊 | 封面设计 | 贺雅馨 | 版式设计 | 杜微言 |
| 责任绘图 | 邓 超 | 责任校对 | 吕红颖 | 责任印制 | 耿 轩 | | |

出版发行	高等教育出版社	网　址	http://www.hep.edu.cn
社　址	北京市西城区德外大街4号		http://www.hep.com.cn
邮政编码	100120	网上订购	http://www.hepmall.com.cn
印　刷	河北信瑞彩印刷有限公司		http://www.hepmall.com
开　本	787mm×1092mm　1/16		http://www.hepmall.cn
印　张	15.5		
字　数	260千字	版　次	2023年9月第1版
购书热线	010-58581118	印　次	2024年8月第3次印刷
咨询电话	400-810-0598	定　价	38.00元

本书如有缺页、倒页、脱页等质量问题，请到所购图书销售部门联系调换
版权所有　侵权必究
物 料 号　61084-A0

本书获得湖南省教育科学"十四五"规划 2023 年国家教育考试研究省级重点资助专项课题"新时代教育考试机构现代化理论、策略及路径研究"（XJK23AKS001）的资助。

序

中国考试历史源远流长，从古代社会的科举考试、近代的学校教育考试到现代的各种学历考试和非学历社会考试，沉淀了可供现代教育考试回望的历史基因、文化基因和制度基因。由此而产生和发展的我国教育考试机构，是组织与管理考试事务的专门组织，是教育考试制度不可或缺的重要组成部分。

我国教育考试招生的管理是一个结构复杂、规模庞大、影响因素众多的系统，特别是1977年恢复高考后40多年的实践、改革和探索，形成了较为完整规范的管理体系。伴随着国家教育事业的发展，客观上要求必须加快考试招生机构的现代化建设。

2014年《国务院关于深化考试招生制度改革的实施意见》明确了"到2020年基本建立中国特色现代教育考试招生制度"的改革目标。党中央、国务院领导高度重视教育考试机构建设，多次指出教育考试机构是考试招生制度改革的主要承担者、组织者，是维护国家教育考试权威性和公信力的责任者，是推进改革顺利实施的组织保障。加强教育考试机构建设，能够有效统筹全社会力量，树立教育考试发展新理念，健全教育考试标准体系，系统推进考试招生制度改革相关任务；有利于强化国家教育考试协调机制，保障国家教育考试安全。作为国家级的教育考试机构，教育部考试中心（现为教育部教育考试院）在"十三五"事业发展规划中提出，要建成与中国特色现代教育考试招生制度相适应的管理、研究、服务并重的专业化考试机构。

在实现中国式现代化和教育高质量发展的今天，教育考试机构如何加强现代化建设，进而为国家选拔与培养人才做出新的贡献，是我国各级教育考试机构需要理性思考和探索的实践课题。

有关教育考试机构的现代化研究在我国尚属起步阶段。尹坚毅作为一名在教育考试战线工作20多年的同志，长期以来对考试招生制度改革和教育考试机构建设进行了诸多深入的思考，撰写过多篇高质量的学术文章。现在，他的《教育考试机构现代化：理论 策略 路径》书稿又摆到我的案头。该书基于我国新时代教育考试发展的现实需要，以教育学和考试社会学的有关理论为指导，探究了中国式教育考试机构现代化的目标体系，并对现代化目标体系的核心要素进行剖析，形成了教育考试机构现代化的理论基础，由此构建了实现现代化的基本策略和路径选择。我为这位同志辛勤笔耕并能够获得新的研究成果感到由衷的高兴。

综观本书的研究，其学术价值在于：一是以多样化作为现代化教育考试机构发展理论的逻辑起点。现代教育考试机构发展的一个最为普遍的也是最为本质的现象即多样性，这与教育考试的价值追求有关，本书的研究需要解释这一现象，回答相关问题。二是从教育考试机构发展理论与国际比较发展理论相互联系的视角来构建现代教育考试机构发展理论。本书在对西方经典发展理论（现代化理论、依附理论和世界体系理论）及其对当代教育考试发展的恰切性分析，对我国科学发展观理论、素质教育理论，以及习近平总书记关于教育的重要论述对教育考试发展的影响探究中，对教育考试机构发展的本质现代化原理有新的探究性阐释。三是构建了"发展理论—发展策略—发展路径"的教育考试机构现代化发展研究的分析框架。

本书研究的应用价值在于："发展理论"可作为教育考试机构现代化发展的理论基础和实践依据。"发展策略"是在教育考试机构发展理论指导下形成的中介，是教育考试机构发展主体对教育考试机构发展理论的一种主观认识和价值选择。"发展路径"则是推进教育考试机构现代化发展的可以选择的道路和径向。

教育考试机构现代化建设理论、策略和路径研究具有一定的复杂性，相关研究还有很长的路要走。可喜的是，作者的研究工作正朝着预期的目标迈进。愿他在今后的深入研究中能够有新的收获。

是为序。

姜钢

2023 年 6 月 20 日

（序作者系教育部原考试中心主任、中国教育发展战略学会教育考试专业委员会理事长）

目 录

第一章

教育考试机构现代化的研究定位

随着我国教育考试事业改革的持续推动，现代化成为教育考试机构与时俱进的应然之势和发展目标。教育考试机构现代化应该选择怎样的发展道路，建成怎样的现代化考试机构，是各级教育考试机构正在理论思考和实践探索的问题。尽管西方发达国家的教育考试机构沿着市场资本主导、社会中介运作之路走向了现代化，但是这不适合我国教育考试机构据此进行"后发紧跟"和"后发超越"。我们必须在"中国式现代化"的引领下，依据我国教育考试事业发展大势去探索"中国式样"的教育考试机构现代化。

第一节 问题的提出

一、考试机构现代化的缘起

中国是一个历史悠久的考试大国，从古代的科举考试、近代的学校教育考试到现代的各种学历考试和非学历考试，沉淀了可供现代教育考试回望的历史基因、文化基因和制度基因。在不同历史阶段，国家、教育、社会三者之间会呈现出不同的关系特征，使得教育考试制度具有不同的结构，教育考试机构也经历了不同的迭代变革。伴随教育考试制度而产生和发展的教育考试机构，是组织与管理考试事务的专门组织，"是教育考试制度不可或缺的重要组成部分"[①]。

中华人民共和国成立伊始，百废待兴。由于高等教育各阶段和各类型教育中考试招生的需要，国家教育行政部门开始设置负责管理教育考试事务的部门或招考办，它们是具有一定行政职能的内设机构或直属单位。随着我国社会主义市场经济体制的建立与运行，教育考试事业得到空前的发展，考试事务变得繁忙、紧迫而重

---

① 来启华,郑若玲.考试机构文化建设概论［M］.北京:高等教育出版社,2016:128.

要，负责招生考试事务的专门化机构（教育部考试中心、省市教育考试院等）应运而生。

持续发展的教育考试事业，总会追求预期目标与实际结果的一致吻合，无疑会对教育考试机构的作为寄予厚望。但是，渐入考试招生改革"深水区"的各级教育考试机构，因为带有行政机构的基因和思维惯性，在国家教育考试决策和执行过程中，难免会表现出某些不足之处，特别是在思想意识上表现出"三强三弱"的不良倾向：强管理而弱服务、强主观而弱法律、强行政而弱市场意识[①]。如果任其发展下去，势必会影响教育考试机构管理和服务教育考试功能的发挥，不适应教育考试事业高质量发展的需要。

为了实施新时期考试招生制度综合改革，党中央决定由"专业组织机构"来承担这项具有历史意义的战略任务。在国家有关教育改革和发展的文件中，我们可以看见有"加强考试管理，完善专业考试机构功能，提高服务能力和水平"的文件精神[②]。在这种背景下，教育考试机构专业化的变革成为应然和必然。所谓教育考试机构专业化，可以说是教育考试机构适切考试招生制度综合改革的"组织优化和组织创新"[③]。在教育考试机构专业化内容方面，观念专业化、职业专业化、队伍专业化和技术专业化是最具代表性的观点[④]。

发展是一个永恒的概念。1983 年，邓小平同志审时度势，提出"教育要面向现代化、面向世界、面向未来"。从此，我国有了"教育现代化"的概念和发展理念，教育领域也揭开了教育现代化建设的序幕。教育考试与教育活动可谓是"孪生兄弟"，相辅相成，相互作用，是现代教育系统中的两大要素。教育现代化必然要求有教育考试现代化与之相匹配。

教育考试现代化是整个教育考试领域追求的理想，意味着国家需要高质量的教育考试、领先的教育考试科学技术水平和助推教育事业发展的教育考试生产力，以及建筑于其上的整个民族的教育考试文化兴盛和人的全面发展素质的养成。

教育考试机构现代化是教育考试现代化的目标之一，是教育考试现代性不断增长的过程。现代性增长是教育考试机构现代化本质特征的集中反映，它主要通过教育考试机构形态的变迁体现出来，反映教育考试机构管理与服务职能呈现出的新特点和新

---

① 戴家干. 谈教育考试机构的职能与定位 [J]. 教育与考试，2007 (1): 4–6.
② 姜钢. 深入贯彻落实《纲要》精神 加强考试机构专业化建设 [J]. 中国考试，2012 (1): 3–5.
③ 王和军. 教育考试机构专业化建设比较及其路径的思考 [J]. 中国考试，2011 (4): 7–11.
④ 王志武. 我国教育考试机构专业化建设的内容与途径 [J]. 中国考试，2017 (1): 58–63.

性质。

教育考试机构现代化与教育考试现代化是局部与整体的关系。从实践层面看，教育考试机构现代化主要是不断地解决教育考试体系形态变迁中遇到的问题，使教育考试机构发展趋向合理化和理性化的过程。

教育考试机构现代化概念的提出，绝非考试人的灵感所致，而是多种发展机制共同作用的产物。总的说来，教育考试机构现代化是教育现代化发展的推动机制、发达国家教育考试机构现代化的经验借鉴机制和教育考试机构自身创新驱动机制共同作用的结果，是教育考试机构现代化理念形成并转化为奋斗目标的根本缘由。

当今世界，现代化已经成为一个时代主题。世界各国都在大力推进国家现代化，以立于世界民族之林。现代化的本质是发展，发展实践需要发展理论的指导。发展理论与人们对发展问题的关注相伴而生。20世纪50年代，西方发展社会学家从区域发展维度研究，形成了反映后发国家发展的现代化发展理论。该理论依托进化论和结构功能主义原理，认为发展中国家可以借助发达国家的经验和做法，从而比较容易地走上现代化的道路。但后来的事实表明并非如此，发展中国家和发达国家之间的差距反而进一步扩大，其归因在于西方发达国家与非西方发展中国家之间存在着不平等关系这条鸿沟。其实这条鸿沟也摆在中国现代化的面前，只是中国共产党和中国政府在制定国家现代化发展战略时没有照搬照套西方国家现代化的过程模式，而是基于中国社会主义初级阶段的国情，借鉴全球现代化国家的成功经验，乘改革开放的"东风"闯出了新时代中国特色社会主义现代化的道路。习近平总书记在党的二十大报告中指出，中国式现代化是人口规模巨大的现代化，是全体人民共同富裕的现代化，是物质文明和精神文明相协调的现代化，是人与自然和谐共生的现代化，是走和平发展道路的现代化[①]。显然，中国式现代化超越和扬弃了西方以资本逻辑为中心的现代化发展模式，是对现代化发展逻辑的重构和创新，是马克思主义与中国实践相结合的创新成果。

中国式现代化的发展战略，对各行各业的现代化发展都具有重要的引领作用。作为国家现代化重要组成部分的教育现代化，无疑会在国家现代化发展战略引领下形成自身的现代化理念，明晰现代化发展方向，并强化现代化发展的制度自信、文化自信

---

① 习近平.高举中国特色社会主义伟大旗帜 为全面建设社会主义现代化国家而团结奋斗——在中国共产党第二十次全国代表大会上的报告[R].北京:人民出版社.2023:72-144.

和道路自信[①]。

进入 21 世纪后，随着教育重要战略地位的日益彰显和落实，教育现代化的理念脱颖而出。特别是《国家中长期教育改革和发展规划纲要（2010—2020 年）》，把基本实现教育现代化作为国家教育改革发展的战略目标。随着教育在国家发展、民族复兴中所扮演的越来越重要的角色，教育日益成为社会发展的一支重要力量，教育现代化也被提到前所未有的高度。推进教育现代化是促进我国从教育大国向教育强国迈进的必然选择，也成为从国家到地方正在掀起的教育改革发展热潮的主要路向。

纵观全球，放眼世界，国际格局正处在前所未有的大变局之中，不管是科技实力竞争还是经济规模竞争，最终都统归人力资源优势的战略博弈。以人工智能、大数据、云计算为代表的新一轮科技革命和产业变革正如火如荼地在世界各地深入推进，也给教育（特别是高等教育）事业带来新的挑战和发展机会。特别是在我国迈向全面建设社会主义现代化和完成中华民族伟大复兴的战略感召下，教育事业必然审时度势，着力选拔和培养大批拔尖人才、专门人才和高素质劳动者，阔步迈入高质量高水平发展阶段。与此同时，教育事业自身的现代化将成为新时期教育改革发展的一项战略任务，作为教育事业重要组成部分的教育考试事业现代化将会与之同步发展，教育现代化和教育考试现代化的实施对教育考试机构现代化的推动机制也会发生作用。

事物的变化，外因是条件，内因是根本。教育考试机构选择现代化的发展之路，最为关键的是教育考试机构发展需求的内生机制。当教育考试机构从"教育行政机构"脱胎演变成面向社会服务的专门化考试机构后，无疑会面临复杂的社会环境，特别是考试招生制度综合改革带来的前所未有的变革，要求教育考试机构具有更专业、更优质的考试管理与服务，为教育考试事业发展做出更大的贡献。生存和发展的压力，必然迫使教育考试机构不再固守专门化机构的模式，进而选择专业化教育考试机构的方向发展。随着专业化发展程度的提升，现代化的期望也会提上议事日程。一般说来，建设现代化的教育考试机构，有利于形成科研创新驱动发展、高素质专业化队伍担当作为、考试管理服务支持保障、组织文化凝心聚力的新格局，为教育考试事业发展提供有力支撑。因此，选择现代化发展之路，符合教育考试机构新时代定位与长远发展的需要。

近半个世纪以来，教育考试机构一直处在改革之中。由于我国教育考试事业改革的持续推动，教育考试机构现代化成为教育考试机构与时俱进的应然之势和发展目标。

---

① 褚宏启.教育现代化的路径［M］.北京：教育科学出版社，2000：4.

教育考试机构现代化应该选择怎样的发展道路，或者说我们应该建成怎样的现代化考试机构，以为国家人才选拔与培养做出新的贡献，是各级教育考试机构需要理性思考和实践探索的课题。

二、考试机构现代化的意义

1. 促进我国教育现代化发展的需要

在中国式现代化和教育现代化的宏观背景下，教育考试机构现代化已别无选择。建设好支撑与服务国家教育考试事业发展的现代化教育考试机构，是考试人的应尽之责和求是方向。

认识中国式现代化的本质要求，对引导各行各业现代化具有重要的意义。根据党的二十大报告，中国式现代化的本质要求是：坚持中国共产党领导，坚持中国特色社会主义，实现高质量发展，发展全过程人民民主，丰富人民精神世界，实现全体人民共同富裕，促进人与自然和谐共生，推动构建人类命运共同体，创造人类文明新形态。为了实现中国式现代化，必须选择教育、科技与人才"三位一体"的发展战略，因为"教育、科技、人才是全面建设社会主义现代化国家的基础性、战略性支撑"[1]。自改革开放以来，国家就充分认识到科技是第一生产力、人才是第一资源、创新是第一动力的发展机制，科学制定了科教兴国战略、人才强国战略、创新驱动发展战略，开创了中国式现代化的金光大道，彰显了中国共产党在新时代推进中国式教育现代化的非凡智慧。

教育、科技与人才"三位一体"的发展战略给教育现代化带来了新契机。中国式现代化的本质要求也给教育考试现代化的发展指明了前进方向。我国教育考试现代化也是基于中国国情的现代化，是有着社会主义底色的现代化。也就是说，教育考试现代化需要坚持中国共产党的领导和社会主义方向，需要以党的教育方针为根本遵循，推动立德树人根本任务的落实。中国式教育考试现代化是承载新时代新征程历史使命的现代化。推进教育考试现代化，要服务于教育的高质量发展乃至社会经济的高质量发展，成为高质量发展的重要支撑[2]。

教育考试机构是承担国家赋予的考试职责任务的专门机构。实现教育考试机构

---

[1] 习近平. 高举中国特色社会主义伟大旗帜为全面建设社会主义现代化国家而团结奋斗——在中国共产党第二十次全国代表大会上的报告[R]. 北京: 人民出版社. 2023: 72-144.

[2] 钟秉林. 以中国式教育现代化助力新时代新征程[J]. 中国基础教育, 2022 (3): 1.

现代化是推进教育现代化发展的需求或努力目标之一。换言之，建设现代化的教育考试机构，充分发挥教育考试机构在"为党育人""为国选才"方面的特殊作用，是落实中国式教育考试现代化的重要举措。基于教育现代化的现实需要，积极探索教育考试机构现代化的基本理论、建设策略及路径选择等问题，具有重要的现实意义与学术价值。

2. 促进教育考试改革问题求解的需要

我国教育现代化建设有着明确的战略目标与实施路径，据此努力实践一定会达到预期的目的，取得中国教育现代化的丰硕成果。不过，我们也应该清楚地认识到，在建设教育现代化的进程中，总不可能像人们期望的那样事事一帆风顺，处处马到成功。由于现代化的本质是发展，是从传统到现代、从落后到先进的变革过程，总会遇到新旧认识和利益冲突影响所产生的挑战。

例如，2014 年开始的新一轮考试招生制度改革，打破了过去"分数至上主义"和"一考定终身"制度的多年传统，实施"分类考试、综合评价、多元录取"的政策，可谓"一石激起千层浪"，成为全社会关注的热点问题。基于不同的立场和思维方式，一时出现众多不同的意见或观点，难以在短时期内达成共识。调查研究表明，广大民众关注的焦点在"考试的公平性"方面，担心出现新的教育考试不公平现象；学校校长和教师关心的问题在于新高考究竟如何保障人才选拔的科学性以及对中学课程教学的导向性；教育考试机构对新高考的考试安全性、规范性和可行性问题格外敏感。对于社会考试改革，社会考试机构则对考试服务的投入与回报问题更心存忧虑和不安。

教育部教育考试院在事业发展"十四五"规划中认为：面对新形势，教育考试发展水平与经济社会发展需求、高质量教育体系建设要求之间还存在着差距，主要表现为：立德树人落实机制有待进一步健全，服务教育改革发展全局的作用发挥尚不充分，考试项目和产品还不能很好地满足社会多样化、优质化的需求，考试安全和质量保障机制有待完善，综合治理效能与服务水平有待提升，事业发展支撑保障能力亟待加强。必须以更强的历史使命感和时代责任感，勇于担当作为，不断开拓创新，奋勇开创教育考试事业发展的新局面。

杨志明、陈一龙、徐庆树等学者发文认为，我国教育考试现代化面临下面五方面的挑战[①]：① 考试公平观念需要拓宽视野；② 考试理论创新需要关注我国国情特点；

---

① 杨志明,陈一龙,徐庆树.我国教育考试现代化面临的五个方面挑战[J].中国考试,2023(2):19-24.

③ 技术应用既要继承又要发展；④ 考试运作要重视行业标准和创新激励机制建设；⑤ 考试现代化需要有一流学科支撑。这一观点值得教育考试机构深思。

此外，在加快建设数字中国和发展数字经济的大趋势下，教育的数字化转型也从构想走向实施。实现信息技术赋能、推动数字化转型已经成为中国式现代化的必由之路。在数字化转型的浪潮之下，信息技术的发展是全社会与教育全领域面临的巨大挑战，亦蕴藏着蓬勃的动能。推进中国式教育考试现代化，亦需要充分挖掘信息技术带来的新动能①。

俗话说，解铃还须系铃人。我国教育考试现代化面临的挑战，还需要靠现代化的教育考试机构来应对，其现代化的考试管理与服务智慧能够促进教育考试改革过程中问题的求解。这也表明，在具有复杂性的教育考试环境里的教育考试机构的可持续发展，除了走现代化之路，已别无选择。

3. 促进人的全面发展目标实现的需要

无论现代化的经典理论还是创新理论，都认为现代化的最终目标是"人的现代化"。当然，不同的现代化发展理论对"人的现代化"内涵的阐释是有所区别的。基于马克思历史唯物主义的认知，人的现代化发展意味着人的现代化素质的提升和完善，能否促进人的现代化发展，关键在是否能实现全面发展的教育。邓小平理论认为，建设有中国特色的社会主义，一定要坚持发展物质文明和精神文明。这两个文明的发展本质上就是人的进步、发展的体现，是人的现代化的实现过程。

基于我国国情，实现人的现代化发展战略需要分阶段进行。第一步要以优先发展教育为战略先导，重视教育在提高全民现代化素质方面的作用；第二步是努力在全社会建立起科学、文明、健康的新生活方式；第三步是更新传统的社会化内容和模式，促进人的素质、观念、行为的现代化转型，从而培养和造就担当民族复兴大任的时代新人，即实现中国人的现代化。

为了实现人的现代化，必须要有教育现代化和相应的教育考试现代化。教育考试现代化是基于以下作用机制来促进人的现代化的。

其一，引导育人模式变革。教育考试改革是新时代教育改革的重要内容，需要着力构建高质量的教育考试体系。教育考试改革应积极回应建设高质量教育体系的要求，破除积弊，这是教育高质量发展的保障和动力。育人模式改革是实现我国教育从规模

---

① 辛涛. 推进中国式教育考试现代化的初步思考［J］. 中国考试，2023（1）：1—5.

扩张走向内涵发展的关键环节，是建设高质量教育体系的重要任务[①]。教育评价是教育领域的重要"指挥棒"，实现教育考试现代化，就是要发挥评价"指挥棒"的正面导向作用，推动育人模式的变革。现代化的教育考试通过现代化的高考评价标准，可以直接且有力地推动破除育人环节中的应试教育弊端，进一步明确"培养什么人"的目标谱系和"怎么培养人"的策略选择，促进教学评相向而行。

其二，推进考试形式与内容改革。《国务院关于深化考试招生制度改革的实施意见》将改革考试形式和内容作为教育考试改革的主要任务。在考试形式改革方面，教育部和各地陆续落地学业水平考试的改革，并探索多科选考、一年多考等多种形式。在考试内容改革方面，强调从"考知识"到"考能力"、从"解答试题"到"解决问题"的素养立意转变，特别是关注对于核心素养的测评。如何进行考试形式和考试内容改革的协同，是教育考试实现现代化所要解决的具体问题。

其三，完善学生综合素质评价。要实现人的发展，重在推动人的综合素质的不断提高。我国各级教育行政部门和学校在推进新时代学校育人方式时，都强调要把综合素质评价作为发展素质教育、转变育人方式的重要制度，强化其对促进学生全面发展的重要导向作用[②]。作为一种过程导向的评价，综合素质评价的目的不仅在于改变"唯分数"和"一考定终身"的传统录取模式，更重要的是要落实新时代立德树人的育人方式。指向"人"的综合素质评价，对于弱化考试的功利性、撬动学校育人方式变革具有重要引领作用[③]。

其四，促进招生制度改革。近年来，我国招生制度改革卓有成效，如区域入学机会更加公平，高考加分大幅减少，考试招生管理更加严格规范，基础学科拔尖创新人才的选拔机制初步建立[④]，这都是教育考试现代化助推招生制度改革的体现。相对而言，以往的招生制度改革注重对招生公平的保证，而在教育现代化过程中，招生制度改革除了关注招生公平外，更关注服务科教兴国、提供现代化人才支撑。现代化的教育考试机构对招生制度改革的政策设计，需要帮助高校真正录取到符合本校专业建设要求、极具科技创新潜力的高水平后备人才。

① 李希贵. 构建高质量基础教育育人模式的思考［J］. 基础教育课程，2021（Z1）：10-14.
② 国务院办公厅. 国务院办公厅关于新时代推进普通高中育人方式改革的指导意见［EB/OL］.（2019-06-19）［2022-11-25］. http://www.gov.cn/zhengce/con-tent/2019-06/19/content_5401568.html.
③ 辛涛. 深化教育评价改革 促进育人方式转变［J］. 中国考试，2021（2）：4-6.
④ 唐芊尔. 考试招生制度十年变革：更公平、更科学、更有成效［N］. 光明日报，2022-09-16（9）.

第二节 基本概念的界定

一、考试与国家教育考试

1. 考试

考试，《现代汉语词典》的解释为："通过书面或口头提问等方式，考查知识或技能"，这是有关考试最一般的阐述。从哲学的视角看，"考试是人类社会中一定历史阶段的产物，即强制性脑体分工的产物"[①]。多年来，人们不断地研究各种考试活动中考试实践的共同特征，并力图对"考试"进行学术定义。这方面的定义很多，一般可归为以下四种：

其一，工具类定义。例如，盛奇秀先生在其著作《中国古代考试制度史》中，将考试界定为"是测量人才的学识和才能的准绳和衡石。"[②]《教育大辞典》有关"考试"的定义也持工具论，认为考试是根据一定的考核目的，让被试者在规定的时间内，按指定的方式、要求来解答试题，并按其解答结果评等级、记分，具有评定、诊断、反馈、预测和激励的功能，是教育测量的工具之一[③]。

其二，方法类定义。这是学者较为普遍的观点。如《中国大百科全书（教育）》将"考试"解释为："学校检查学生学业成绩和教学效果的一种方法。"[④] 又如《教育辞典》认为，"考试"是"对学生的学业成绩进行检查并作出评定所用的方法"[⑤]；《辞海》也将考试定义为"学校评价学生学业成绩的制度之一""检查学生学习情况和教学效果的重要方法"[⑥]。

其三，测量类定义。诸如，"考试是对人的知识、智力和技能的一种测量"[⑦]，考试是"根据考核目的，让考试对象在规定时间内，按指定的方式，解答完事先编制的题目，按其结果给予评分，是对被测人的知识、智力和技能的一种测量"[⑧]。

其四，活动类定义。例如，"考试以人为测量对象，其本质是测度或甄别人的身

① 杨学为,廖平胜.考试社会学问题研究[M].武汉:华中师范大学出版社,2003:6.
② 刘肃毅.面试教程[M].北京:北京农业大学出版社,1992:2.
③ 顾明远.教育大辞典:第1卷[M].上海:上海教育出版社,1990:215.
④ 中国大百科全书(教育)编委会.中国大百科全书(教育)[M].北京:中国大百科全书出版社,1985:202.
⑤ 杭州大学教育系.教育辞典[M].南昌:江西教育出版社,1987:209.
⑥ 辞海编委会.辞海(缩印本)[M].上海:上海辞书出版社,1993:1395.
⑦ 于信凤.考试学引论[M].沈阳:辽宁人民出版社,1987:21.
⑧ 安文铸.学校管理辞典[M].北京:中国科学技术出版社,1991:205.

心个别差异的社会活动"①。

考试的概念是历史的范畴，不同时期对考试有不同的理解与阐释，考试的内涵也随之变化，很难给出一个确切的定义。尽管如此，这并不影响人们对考试活动规律的深入研究，因为在考试的文字定义上虽众说纷纭，但在关于考试的内涵方面，人们的认识还是趋于一致的。考试的内涵主要表现在以下几方面。

其一，考试是一种目的性社会活动。人们参加某种考试都是抱有预期目的的，或升学，或谋职。源于人及社会需求的考试目的，既是考试活动的出发点，也是考试活动的归宿，其活动的一切内容、规则、方法和手段，都必须服从考试目的的需要。凡有目的的考试活动，都根植于人及社会发展的某种内在需求，受到社会价值观、国家逻辑或国家意志的支配。为何考、考何人、考什么、怎样考，无不随考试活动主体的利益和需要而变化，无不与社会联系、社会价值取向相关联。

其二，考试是一种组织性社会活动。任何一种有目的的考试活动都离不开某种组织的作为。缺乏一定组织形式的考试活动是不可能存在的。

其三，考试是一种选择性技术活动。考试的发明源于选拔人才的需要，满足这种选拔的进步机制就是选择性考试。从技术的视角看，考试是测度、甄别、评价人的心身素质个别差异的技术活动，它对考试活动中主、客体交互结果的判断，含有事实判断和价值判断的双重性质，不仅要判明考试结果"是什么"，而且还要关注考试结果"应当怎样"，即是否达到预期目的的需求。

根据考试适用范围，有校内考试和校外考试两大类型，二者的主要区别在于校内考试由学校自己组织，校外考试由专门的考试机构组织并实施。校外考试又称社会化考试，具有特定的考核与评价功能和标准化的管理制度，考试结果会对考生的个人选择或未来发展产生较大影响。我国的高考和自学考试均为典型的大规模社会化考试②。本研究课题所说的"教育考试"，指的就是教育考试机构组织实施的大规模的社会化考试。

基于系统观点，教育考试是人们为了达到某种考试目的而建立的一种社会活动系统，具有若干相互作用的结构要素，并与一定环境发生关系，在运行过程中表现出特定的考试职能与功用。考试系统的构成要素较多，如考试主体、考试客体、考试中介、时间、空间、信息等，其中决定考试运行状态和功效的实体性要素是考试主体、考试

---

① 廖平胜.考试学[M].武汉：华中师范大学出版社，1988：46.
② 柳博.考试命题制度研究[M].北京：高等教育出版社，2017：7.

客体和考试中介。所谓考试系统，就是指考试主体、考试客体、考试中介三大要素彼此关联的整合系统。三大要素的相互依存，既反映了考试系统结构的整体联系，也构成了考试系统的运行机制。无论是考试系统的整体运行，还是三个要素系统功能的正常发挥，都必须以三要素间条件与功能的耦合为前提。

2. 国家教育考试

在我国，社会化的考试类型较多，本书研究的是国家教育考试。国家教育考试是指由法律规定、国家教育行政部门确定实施，由经批准的教育考试机构承办，在全国范围内统一举行的教育考试。普通高考、成人高考、自学考试、研究生考试，都属于国家教育考试的范畴。

国家教育考试具有如下特点：第一，都是公共产品，具有"公共性"，是依法为社会公众需求而不是为某一个人、某一团体举办的人才选拔和评价活动；第二，具有"高利害性"，都是对参考者的升学、就业、个人发展等产生重要影响的考试，与考生及其背后的家长的利害关系很大；第三，具有权威性，由国家教育行政部门主办或主管，是国家政策的体现，也是国家教育管理理念的传递，借助其功能建立了较高的权威性；第四，具有大规模性，国家教育考试在全国范围内举行，参加的考生数量庞大，数十万乃至千万计，对考生和家庭以及社会生活都产生巨大影响。

二、教育考试机构

机构，是指由诸多要素按照一定方式相互联系起来的，包括理念、人员、制度等不同要素的组织系统，譬如机关、团体以及其他工作单位等。考试机构是依据考试的需要整合考试的若干环节，如研究、设计、实施、评价、管理等的单位部门。我国的考试机构既包括官方的考试机构，又包括社会的考试机构[①]。

根据职能划分，我国的教育考试专门化机构设有四级，其中的国家级教育考试机构主要负责教育考试项目的研发、引进与推广，属决策管理型机构；省级考试机构既能独立研发教育考试项目，也负责承办国家教育考试项目，但以承办国家教育考试项目为主，属具有决策和执行双重职能的机构；市、县两级教育考试机构负责承办、推广国家和省级教育考试机构主办和推广的教育考试项目，主要为执行机构。

一般说来，国家教育考试机构要承担以下职能：① 贯彻执行党和国家关于教育

---

① 沈小姣. 教育考试机构中介化研究［D］. 武汉：华中师范大学，2011.

考试和招生工作的各项方针、政策和法规；② 实施教育考试的组织管理（省级及以下教育考试机构还要实施招生工作）；③ 推进并深化教育考试招生制度改革；④ 加强交流合作，开拓多层次、多类型的考试项目；⑤ 开展教育考试科学研究，促进其科学化发展；⑥ 为考生、学校、社会提供专业化的服务 [①]。总的说来，教育考试机构的根本任务是为党育人，为国选才。

三、教育考试机构现代化

"教育考试机构现代化"是"现代化"的下位概念。探讨教育考试现代化的词义，需要弄清楚什么是"现代化"。在西方，"现代化"一词出现在 18 世纪 70 年代，《韦氏词典》中对应的英文单词为 Modernization，其含义为从传统到现代的过程或达到现代性的一种状态，与作为时间或性质尺度的"现代"（modern）并不一致。《辞海》对"现代化"的阐释与《韦氏词典》相近，指的是"不发达社会发展为发达社会的过程和目标。作为过程，其首要标志是用先进科学技术发展生产力，生产和消费水平不断提高，社会结构及其政治意识形态也随之出现变化。作为目标，它一般指以当代发达社会为参考系的先进科学技术水平、先进生产力水平及消费水平。" [②]

现代化是一个使用广泛的概念，常常用来描述现代社会发生的社会和文化变迁现象。从传统到现代，从落后到先进，是现代化的特质。不同层面有不同的现代化，如经济层面有工业现代化、农业现代化、服务业现代化；政治层面有国家治理现代化；社会层面有公民素养现代化、公共管理现代化；文化层面有文艺现代化、教育现代化等。尽管这些现代化词汇聚焦的对象各不相同，但与基本词义的内核是一脉相承的。

一般说来，衡量国家或区域现代化水平的标准是"现代性"。现代性是指人们用来衡量在科学技术、政治经济和社会发展诸方面称得上是最先进水平的国家或区域所共同具有的特征。在现代化与现代性之间具有一种因果关系：现代化是"因"，现代性为"果"，是现代化发展过程沉淀出现代性这一本质特征。

教育考试机构作为一种组织机构，随着时代的变迁走向现代化是必然趋势。那么什么是教育考试机构现代化？对此概念的界定，目前尚在研讨之中。根据教育考试机构和现代化的基本概念，我们认为："教育考试机构现代化是教育考试机构为了满足

---

① 戴家干. 谈教育考试机构的职能与定位 [J]. 教育与考试, 2007（1）: 4-6.
② 辞海编辑委员会. 辞海: 第六版彩图本 [M]. 上海: 上海辞书出版社, 2009: 2488.

国家教育考试事业发展需要，基于中国式现代化的引领和现代化技术赋能，促使教育考试机构实现高水平现代性的发展过程。也可以认为，教育考试机构现代化是教育考试事业发展到一定阶段对考试机构组织创新和功能创新的期望，是反映未来某阶段教育考试机构发展的最高水平及其综合实力的最佳状态，是新时代教育考试机构需要承担的战略任务。"①

对于"教育考试机构现代化"一词，人们可能有动词和名词两种使用方式。作为动词的教育考试机构现代化，指的是在特定时空背景下，教育考试机构为适应国家教育考试事业发展和自身转型需要，向现代教育考试机构整体转变的持续过程；作为名词的教育考试机构现代化，是指实现教育考试现代化后的组织新变化、新特点，也可表示能够达到现代性要求的组织基本样态，如能够凸显出现代化教育考试理念、现代化教育考试制度、现代化教育考试技术、现代化教育考试队伍等现代性特征。在本书中论述教育考试机构现代化理论、策略及路径时，可能对"过程"词义或"样态"词义都会有涉及。

此外，教育考试机构现代化与目前人们论及的"中国式考试现代化"之间又有怎样的关联呢？"中国式考试现代化"尚在探索之中，没有明确的定义，学者们对其内涵特征的认识也是仁者见仁，智者见智。其中比较有代表性的观点认为，中国式考试现代化有以下三大特征：其一，中国式考试现代化是考试规模巨大的现代化；其二，中国式考试现代化是兼顾科学与公平的现代化；其三，中国式考试现代化是将中华优秀传统考试文化与现代考试理念技术相结合的现代化。基于中国式考试现代化的历史方位，为完成新时代选拔德智体美劳全面发展的社会主义建设者和接班人这一根本任务，中国式考试现代化的时代要求是：第一，坚持党对教育考试事业的全面领导，贯彻党的教育方针，落实立德树人根本任务；第二，坚持以人民为中心，维护考试公平公正，办好人民满意的教育考试；第三，坚持发展理念，突出质量为先，实现更有效率、更可持续、更为安全的发展；第四，坚持深化改革，注重考试评价改革的系统性、整体性、协同性，推进考试治理能力现代化，提升考试治理效能②。

由于教育考试机构是教育考试事业的承载体，是中国式考试现代化的实践机构之一，因此，我们认为：中国教育考试机构现代化是中国式考试现代化体系的重要组成部分，二者体现的是局部与整体的关系。

① 尹坚毅. 试论教育考试机构现代化的内涵及发展策略[J]. 中国考试, 2023(1): 38–45.
② 陈睿. 中国式考试现代化视域下的考试文化建设[J]. 中国考试, 2023(1): 31–37.

第三节 研究文献综述

一、国内关于考试机构现代化的研究

文献检索表明，有关教育考试机构现代化的研究尚属起步阶段，能够与"教育考试机构现代化"研究精确匹配的文献目前只有《试论教育考试机构现代化的内涵及发展策略》（尹坚毅，2023）。该文献认为：现代化是教育考试机构为了满足国家教育考试事业发展需要，基于中国式现代化理念引领和现代信息技术赋能，推动机构实现高水平现代性的发展过程。教育考试机构现代化的内涵丰富，包括观念、制度、技术、资源和队伍等要素的现代化，其中，观念现代化是灵魂，技术、资源、队伍现代化是基础，而制度现代化是保障。它们共同作用于教育考试机构的各个业务环节，使之表现出不同的现代性特征。为了推进教育考试机构现代化建设，可以采取上下协同、一体多样、工程推动和文化建设等基本策略。

来启华、郑若玲等在著作《考试机构文化建设概论》（2016）中，阐述和诠释了考试机构文化建设的理论基础、考试文化建设历史溯源、考试机构文化建设现状分析、考试机构文化建设探索与实践、考试机构文化建设域外借鉴和考试机构文化建设行动路径。因为考试机构文化建设与考试机构现代化建设关系密切，因此该文献对教育考试机构现代化研究也具有重要的参考价值。

值得本课题研究参考的文献，多散见于关于考试制度发展史、考试机构专业化、考试机构信息化和教育考试现代化等方面的研究成果。

考试，尤其是竞争性的笔试是中国的一大发明。中国悠久的考试历史——从古代科举到当今的高考，形成了独具特色的考试文化和考试传统。刘海峰等著的《中国考试发展史》（2002），杨智磊、王兴亚主编的《中国考试管理制度史》（2007）和杨学为主编的《中国考试通史》（2008），都以大量的史实资料清晰地展示了我国考试产生、发展的历史轨迹，其中包含了考试内容、方法和形式以及考试机构设置等内容。

但是，在中国，真正意义上的现代教育考试机构的设置还是20世纪80年代的事情。1991年，时任国家教委考试中心主任的杨学为在全国考试工作会议上做了题为"为振兴中国考试事业而奋斗"的报告[①]，该报告除了阐述当时的考试现状和未来的发展任

---

① 杨学为.为振兴中国考试事业而奋斗在1991年全国考试工作会议上的报告摘要［J］.中学教师培训,1991(6):2-5.

务外，还专门谈到加强考试机构自身建设的问题。他认为，普通高考、成人高考等国家教育考试，是大规模的校外考试，常年举行，必须有专门机构；同时，考试既然是一门科学，就必须有人研究。没有专门机构，经验就无人积累，规律也无人研究，我们只能在同一个低水平上重复，永远不会提高。他还认为，过去国家教委没有专门的考试机构，几项国家教育考试分别由有关司管理，但由于行政工作繁重，对考试工作不可能认真管理、深入研究。为了改变这种状况，经过长期酝酿，1987年国家教委成立了国家教委考试管理中心。它是国家教委实施、管理、指导国家教育考试的直属事业单位，其职责是：在国家教委领导下，与有关司配合，建立、健全我国教育考试制度，草拟教育考试法规；实施、管理、指导国家教委决定实行的教育考试；承办国内外委托的考试；开展考试科学研究，进行考试宣传，促进考试的标准化，培训考试人员[①]。国家教委设置专门考试机构，也促使了各省、自治区和直辖市教育考试机构的问世。

《国家中长期教育改革和发展规划纲要（2010—2020年）》和《国务院关于深化考试招生制度改革的实施意见》都提出要建设专业化教育考试机构，从而揭开了教育考试机构专业化研究与实践的序幕。从专门化机构向专业化机构转变，是我国教育考试机构的一次重要职能转型，也是与教育考试机构现代化关系密切的改革。近10多年来，关于教育考试机构专业化的理论研究与实践探索成果颇多，可以检索到大量的文献。以下列举的几篇文献是具有代表性的研究成果。

教育部原考试中心主任姜钢在《深入贯彻落实〈纲要〉精神，加强考试机构专业化建设》（2012）一文中认为，《国家中长期教育改革和发展规划纲要（2010—2020年）》（以下简称《纲要》）提出的要高度重视考试招生制度改革，要加强考试管理，完善考试机构功能，提高服务能力和水平，是对教育战线各级考试招生机构提出的总体要求，建设专业化的考试机构，必须高度重视考试业务建设，加强标准化建设和强化干部队伍建设。

张静的文章《关于加快教育考试机构专业化建设的思考》（2012）认为，加快教育考试机构的专业化建设，提高其服务能力和水平，既是《纲要》的要求，也是自身适应未来发展的必然趋势。文章在对国内外知名教育考试机构的专业化建设进行研究的基础上，阐释了加快教育考试机构专业化建设的必要性，并根据我国教育发展的新形势和考试招生制度改革的目标任务，对加快教育考试机构专业化建设应把握的基本

---

① 杨学为.中国考试改革研究［M］.北京：北京大学出版社,2000：81.

方向和实现途径进行了探讨。

王志武的《我国教育考试机构专业化建设的内容与途径》（2017）一文，在明确专业化教育考试机构内涵的基础上，试图厘清专业化教育考试机构建设的主要内容，进而提出专业化教育考试机构建设的具体途径。

没有信息化就没有现代化。没有教育信息化也就没有教育现代化。《教育信息化十年发展规划（2011—2020年）》是我国教育信息化领域的中长期规划，对我国教育信息化发展做了周密的战略谋划和部署，是将教育信息化作为实现我国教育现代化宏伟目标的动力与支撑加以战略设计与规划的。在这种背景下，教育信息化研究成为教育科学研究领域的热点，近10年来关于教育信息化研究方面的文献如潮水般涌现。陈琳在其著作《以教育信息化推动教育现代化研究》（2020）中，对以教育信息化推动教育现代化发展的战略、策略、路径进行了较系统的研究，重新诠释了新时代教育信息化与教育现代化的内涵与特征，提炼总结了教育信息化的中国经验，探讨了更好地利用教育信息化推动教育现代化的理论与方法。

在教育考试机构现代化建设中，少不了信息技术对考试业务的融入与赋能，以《中国考试》为代表的考试类期刊刊发了大量的有关考试信息化的研究文献。

柳学智在《考试信息化评析》（2009）一文中，认为考试信息化是考试领域的一场革命，为推动考试信息化顺利、平稳地进行，需要对考试信息化历程进行反思和总结。论文对考试信息化的认知、理论和实践进行了分析和评价。

王泽来在《信息化推动教育招生考试机构专业化建设——普通高校招生网上录取改革十周年启示》（2010）一文中，回顾了天津市普通高校招生网上录取10余年的历程，在总结普通高校招生网上录取改革成功的内因和重要意义的基础上，进一步展望了信息技术在专业化招生考试机构中的应用。

曾用强的著作《广东省计算机辅助高考英语口语考试研究》（2016）全面系统地概括了广东省高考英语口语考试发展的历史沿革及其研究成果，从多维度、多层面对广东省高考英语听说考试中采用计算机自动评分进行了整体和客观的论证。研究结论是：广东省高考英语听说考试采用机评具有比人评更高的可信度，可以在高考中应用。

中国式现代化理论和政策话语体系的澄清，为研究者审视新时代教育考试改革和教育考试机构现代化提供了新的视角。在这种背景下，教育和教育考试领域的研究者对教育考试现代化问题开展了深入研究，力求提出解决现代化问题的新理念、新思想、新办法。教育部教育考试院主办的期刊《中国考试》一马当先，于2023年第1期就设置"学习贯彻党的二十大精神推进中国式教育考试现代化"专题，刊发相关研究论文。这些论文从不同的视角阐述了教育考试现代化的理念、内涵要素和实施对策等问题。

例如，辛涛在《推进中国式教育考试现代化的初步思考》（2023）一文中认为，中国式教育考试现代化是基于我国国情的教育考试现代化。推进教育考试现代化，不仅要充分关注我国教育考试的传统与积弊，又要客观评估教育考试改革的成效与问题，形成符合我国现实的教育考试改革之路。中国式教育考试现代化需要立足于通过教育考试促进党的教育方针的贯彻落实、服务科技创新与人才选拔培养和引导育人模式变革，关注协同推进考试形式与考试内容改革、完善综合素质评价和加快招生制度改革等重点任务，充分挖掘信息技术带来的蓬勃动能。

刘贵华的《新时代教育考试评价的创新取向》（2023）认为，创造性思维、创新能力是21世纪全球人才必备的核心素养。重知识性轻创造性、重公平性轻科学性的考试评价模式亟须改革，新时代教育考试评价凸显创新取向尤为重要。在测评对象上要转变理念，从关注少数天才转向全体学生；在测评内容上要从外显的知识转向内隐的品质；在测评方式上要利用大数据、人工智能等手段，从简单单一的评价转向综合多元评价；在测评用途上要从对学习的评价转向促进学习和成长的评价；在测评生态上要从局部改革转向系统协同。

周福盛、卢光辉的《中国式考试评价现代化：话语逻辑与实践路径》（2023）认为，在中国式考试评价现代化的进程中，要围绕"培养什么人，怎样培养人，为谁培养人"这一教育的根本问题，锚定选拔德智体美劳全面发展的社会主义建设者和接班人这一根本导向。坚持维护和促进社会公平正义是中国式考试评价现代化的价值捍卫。要努力将深化考试招生制度改革作为突破口，构建系统性、整体性、协同性、科学性的德智体美劳评价体系。要加强教育考试评价研究，寻找中国式考试评价现代化的活水源泉。

关丹丹的《深化教育考试评价改革 推进中国式考试现代化》（2023）认为，中国式现代化道路需要教育推动，考试作为最重要的教育评价手段之一，需要全面深化改革，以中国式考试现代化服务于教育评价改革。考试内容改革从考试起点出发，目标是让考生做有意义的事情；考试评价改革是从考试功能出发，目标是让考生所做事情的结果得到科学、准确地阐释，并使这些结果得到充分、有效的应用。考试评价工作通常包括评价考试、评价考生、评价教育教学三个主要方向，从与考试相关的直接、间接数据出发，以评价结果反馈促进考试质量的提升，促进考生个性化发展，促进教育教学精准改进。为推进中国式考试现代化，深化考试评价改革的路径是：一要强化科技赋能数字化考试评价，二要建立有效的评价反馈与持续改进机制，三要创新考试评价的理论与技术，四要提升多元评价主体和社会公众的评价素养。

冯小红的《浅析中国式职教高考现代化》（2023）认为，中国式职教高考现代化的本质是服务人的现代化，其价值追求是通过中国式职教高考的导向作用，促进高层次技术技能人才的成长和培养，满足建设教育强国和人才强国战略的客观需要，回应人民对满意教育和多元教育的必然要求。中国式职教高考现代化的选才原则是公平、科学、效率，战略任务是优化职业教育类型化定位、推动职业教育信息化建设、促进职业教育现代化体系构建。中国式职教高考现代化应以观念更新推进中国式职教高考现代化征程、以试点实施稳健中国式职教高考现代化步伐、以理论研究指导中国式职教高考现代化实践。

刘海峰、苑津山的《文化传统与中国式考试现代化》（2023）认为，中国式考试现代化是中国式现代化进程中的一个重要组成部分。中国式考试现代化面临的是考试规模巨大的现代化，是追求公平公正的现代化。在中国全面迈向现代化的征程中，中国考试必须立足国情，基于中国悠久的考试历史和深厚的文化传统进行改革。其中，考试理念可以借鉴世界先进的考试理论加以更新，考试技术可以与世界接轨，但考试制度应葆有中国特色，独立自主，守正创新，走中国式的考试现代化道路。

陈睿的《中国式考试现代化视域下的考试文化建设》（2023）认为，在以中国式考试现代化推动我国由考试大国向考试强国转变进程中，考试文化具有不可低估的重要作用。推进考试文化建设，必须找准历史方位，从时代要求出发，提出切实可行的考试文化发展思路。中国式考试现代化面临的是考试规模巨大的现代化，是兼顾科学与公平的现代化，是将中华优秀传统考试文化与现代考试理念技术相结合的现代化。为完成新时代选拔德智体美劳全面发展的社会主义建设者和接班人这一根本任务，考试文化建设在精神层面应构建教育考试核心价值观，在制度层面应加强制度的规范化、标准化建设以及制度背后凝聚的价值导向的宣传，在物质层面应加强与考试历史文化、与育人相结合的基础设施建设。加强考试文化建设，应坚持党的领导，坚持以人民为中心，坚持不忘本来、吸收外来、面向未来。

此外，杨志明、陈一龙、徐庆树在《中国考试》2023年第2期发表文章《我国教育考试现代化面临的五个方面挑战》，该文结合国际考试行业的现代化经验和我国考试实践，着重讨论考试公平、理论创新、技术应用、行业标准与运作机制、基础学科建设与人才培养五个方面的挑战性问题，提出应更新考试公平的认知观念以妥善应对公平性疑问，构建权威行业标准以确保考试质量，建立激励机制以推动理论创新和技术应用，加强心理计量学学科建设以促进考试专业人才培养等路径建议。

二、国外关于考试机构现代化的研究

无论经济实力还是高等教育，欧美主要发达国家都走在世界前列，其大规模考试也在世界上有较大影响。欧美国家的考试制度和考试机构性质与我国有较大区别。

例如，美国没有法律规定政府管理教育的权利，政府不得直接干预教育发展，只能通过制定法案对教育施加影响。美国高校完全自治，学术自由，招生和毕业政策由高校自主决定。美国没有全国统一的大学入学考试制度，也没有统一的大学入学标准，高考与招生完全分离，由民间专业考试机构组织考试，学生申请大学入学，高校自主决定录取资格。美国大学理事会（CB）和美国考试服务中心（ETS）是该国两大教育考试评价机构，美国大学考试项目公司（ACT）为考试评价的专业公司，它们在保障大学招生质量和促进社会流动方面发挥了关键作用，其先进的评价理念和方法对美国乃至全世界的教育发展都产生了深远的影响。

2011年，教育部考试中心申请的全国教育科学"十二五"规划中的教育部重点课题"组织文化对教育考试评价机构事业发展影响的研究"，在其研究成果《考试机构文化建设概论》（2016）一书中，阐述了美国、英国、日本、韩国等考试机构设置情况，同时概括了域外考试机构建设所秉承的考试文化理念：服务社会化、机构专业化、考试标准化[①]。这些考试文化理念对我国教育考试机构现代化建设是有一定的借鉴价值的。

西方国家从事心理测量、教育测量、考试理论及技术应用的研究机构和人员众多，研究成果丰硕，拥有大量的研究资料。例如，由美国教育研究协会（AERA）、美国心理学协会（APA）和全美教育测量学会（NCME）三家共同制定的《教育与心理测试标准》（Standards for Educational and Psychological Testing, 2014），是当今美国教育与心理测量领域中最具权威性的理论与技术文献，代表着考试的行业标准。Robert L.Brennan编著的《教育测量》（Educational Measurement, 2006）是当前内容最全面

---

① 来启华,郑若玲.考试机构文化建设概论［M］.北京:高等教育出版社,2016: 212–214.

的教育测量工具书，几乎包含所有关于教育测量理论与技术的术语、词条以及详实的解释和说明，被视为教育测量界的"圣经"。Steven M. Downing 等编著的《考试开发手册》（Handbook of Test Development，2006）对考试开发过程中的各个环节进行了论述，特别是对命题遇到的大多数问题提供了解决思路。这三本著作是考试评价研究非常重要的参考资料，也是美国主要考试机构组织命题工作、评价命题质量的重要依据[①]。尽管这些研究文献看似与我国的教育考试机构发展研究没有直接联系，但专业化、信息化和现代化的教育考试机构在考试业务提质与创新过程中有可能发现这类高水准文献的宝贵价值。

三、其他相关文献

除上述文献外，其他相关文献主要有：教育考试机构组团对国外考试机构考察的考察报告和资料、国家和省市教育行政部门发布的教育改革类文件、省市教育考试机构考务及录取工作手册，以及某些教育考试机构事业发展的"十四五"规划等。

例如，教育部考试中心赴美访问团编写的《赴美教育考试评价服务机构考察报告暨资料汇编》（2009），对 ACT、CTB、CB、明尼苏达州中小学教师资格考核基本情况、美国考试评价机构的技术系统及服务平台等进行了介绍。在"对专业化考试评价服务机构的认识"方面，介绍了先进的服务理念和丰富的管理经验、灵活高效的技术支撑平台、以"为了学习的评价"作为评价的发展方向、与高端机构合作开发的重大意义。在"高中学业评价及升学指导服务系统设想"方面，阐述了服务系统提出的背景及基本思路、与 ACT、CTB 合作对评价服务系统的作用分析、评价服务系统的设想及合作与工作模式的探讨、建立评价服务系统及对外合作的意义。

教育部考试中心（现教育部教育考试院）依据《中华人民共和国国民经济和社会发展第十四个五年规划和 2035 年远景目标纲要》《国家教育事业发展"十四五"规划》和《深化新时代教育评价改革总体方案》编制的《教育部考试中心事业发展"十四五"规划（2021—2025 年）》，主要阐明教育部考试中心"十四五"时期的事业发展方向和重点任务，是教育部教育考试院推进教育考试改革与事业发展的工作指南，也为全国教育考试战线的改革发展提供参考。

---

① 柳博 . 考试命题制度研究［M］. 北京：高等教育出版社，2017：14.

第四节　研究内容与研究方法

一、研究内容

本研究以公共管理学和考试学的有关理论为基础，结合我国教育考试现代化的需求，从教育考试机构现代化建设的角度，探索中国式教育考试机构现代化的理论基础、基本策略和路径选择等，为促进我国教育考试机构现代化建设提供创新知识支持。研究内容包括以下三个方面。

1. 教育考试机构现代化基本理论研究

包括教育考试机构现代化的概念厘定、经典发展理论的恰切探讨、教育考试机构现代化目标体系的设定以及教育考试机构现代化内涵要素的剖析，具体研究内容分别见第一章、第二章、第三章。

2. 教育考试机构现代化建设策略研究

包括推动教育考试机构现代化的"两化""两型"研究，即教育考试机构专业化、教育考试机构信息化，以及教育考试机构学习型组织和科研型组织的建设，具体研究内容分别见第四章、第五章、第六章、第七章。

3. 教育考试机构现代化路径选择研究

包括模式选择、一体多样、试点带动和文化助推，具体内容见第八章。

上述研究内容是相互关联的，它们可用图 1-4-1 所示的系统模式来描述。由此可见，本研究课题力图构建一种教育考试机构现代化模式，其整体形态有如"鲲鹏展翅"。教育考试机构组织构成"鲲鹏"肌体，它承载着所有现代化功能；遵循教育考试机构现代化价值取向的现代化目标为其"头部"，是思维大脑；考试机构专业化和信息化

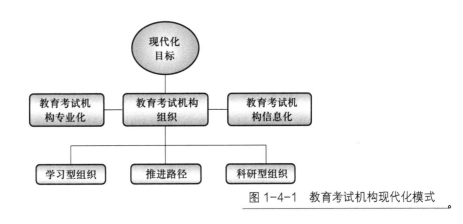

图 1-4-1　教育考试机构现代化模式

构成左右双翼，意在腾飞；教育考试机构的学习型组织、科研型组织建设和现代化推进路径选择，是具有助飞作用的"鲲鹏"尾羽。"好风凭借力，送我上青云"。在中国式教育考试现代化的蓝天里，期望现代化的教育考试机构能够鲲鹏展翅，扶摇直上，朝着"为党育人、为国选才"的教育考试现代化宏伟目标前进。

二、研究方法

研究方法是根据课题研究内容和特点进行探索的手段。本课题基于中国式教育考试机构现代化建设研究，综合运用多种研究方法探讨教育考试现代化基本理论、实现策略和推进路径问题。

1. 文献研究法

通过文献检索、搜集与查阅国内外专家学者关于教育考试现代化、考试专业化、考试信息化和学习型组织与科研型组织建设、现代化推进战略、策略和路径等方面的理论研究和实践探索成果文献，在文献整理和分析的基础上，把握教育考试机构现代化方面的实然状况和未来发展趋势，形成对事实的科学认识，并以此为前提继续开展新的研究。通过文献研究法的应用，既能在了解研究现状的基础上规避重复研究，又能在历史与逻辑的统一中开启研究新思路，寻求研究新成果。

2. 调查法

根据教育考试机构现代化有关研究内容的实践需要，拟定访谈调查内容，通过对教育考试机构决策者、考试管理与服务人员、学科专家以及学校教师与学生等人员的访谈调查，直接获得关于教育考试机构专业化、标准化、信息化和现代化方面的信息、意见和建议，在此基础上对相关问题进行分析、综合，为构建教育考试机构现代化模式和提出实施对策获得启示。

3. 比较法

按照教育考试机构现代化的现代性标准，对中外教育考试机构的性质和运作特点进行比较研究，对国内国家级考试机构与省级教育考试机构发展情况进行比较，对不同省市教育考试机构进行发展研究比较，寻找其中的异同点，探求教育考试机构现代化的普遍规律和特殊规律，为构建教育考试机构现代化模式和提出实施对策开拓思路。

4. 系统方法

系统方法是解决复杂问题最有效的研究方法。教育考试现代化涉及观念、制度、技术、队伍现代化等多个要素，现代化的教育考试机构内部又是由多个职能部门组成的有机整体。因此，教育考试机构现代化研究必须将其视为一个系统问题，先从教育考试机构现代化模式的整体构建出发，再分别对其组成部分进行深入研究，并对研究成果进行系统综合与优化。

第二章

教育考试机构现代化的理论阐释

现代化的本质是发展。我国的教育考试现代化，意味着是教育考试机构在中国式现代化宏观环境下寻求自身高水平发展的过程，是现代化理论与实践的关系在教育考试领域的反映。任何时代的发展理论都有其历史沉淀，凝聚着事物发展过程中释放和展现的科学智慧。无论经典发展理论还是创新发展理论，都与现代化有着内在的逻辑联系，探索发展理论对教育考试机构现代化的恰切性，梳理发展理论与现代化之间的联系，不仅能够促进教育考试现代化理论的发展，也为推动教育考试事业的重要承载者——教育考试机构的现代化实践提供理论支持。

第一节 教育考试本质的学说

一、考试本质的双重说

虽然我们在前面阐述过考试的概念，但是并不意味着已经理解了考试的本质。概念只是反映事物本质属性的思维形式，而非本质本身；概念是言语或认识范畴，本质则是哲学范畴[①]。

本质，语出晋刘智《论天》："言暗虚者，以为当日之冲，地体之荫，日光不至，谓之暗虚。凡光之所照，光体小于所蔽，则大于本质。"这里的本质指本身的形体，本来的形体。《现代汉语词典》（第7版）阐述，本质是"指事物本身所固有的，决定事物性质、面貌和发展的根本属性"。马克思认为，本质是事物的内在联系和根本特征，是事物物质的高度性[②]。认知事物的本质，可使人们脱离具体的形象进行深度

---

① 卢晓中.高等教育现代化:理论发展与实践探索[M].北京:科学出版社,2020:4.

② 卡尔·马克思,弗里德里希·恩格斯.马克思恩格斯全集:第二十三卷[M].中共中央马克思恩格斯列宁斯大林著作编译局,译.北京:人民出版社,1972:669.

或创新思考。如果进一步抽象本质的基本特征，可概括为隐藏于事物内部的内在性、规定了事物属性的规定性、不易变化的稳定性和事物特有的唯一性。本质是客观的、超越性的存在，只是鉴于本质需要靠理性理解和把握及限于人们的认识水平差异，导致人们对"本质"存在着争论。

考试本质是"本质"在考试这一特殊"事物"的表征，是本质在"考试"中的规定性。将对"本质"的阐述和诠释引申到考试，对考试本质的理解就变得更加明朗。对考试本质的把握依然要回答几个基本问题，即为何要明晰考试本质？考试本质为何？考试本质的特殊性何在？

为什么要明晰考试本质？简单地说，考试本质是人们言说考试的逻辑起点，这也是考试科学领域一个重要理论而又具有实践指导价值的问题。无论考试研究者、考试组织实施者还是参加考试的主体，只要想真正地搞清楚考试是什么的问题，就需要回答和厘清考试本质这一"源头"问题。揭示考试的本质，对考试理论与实践的科学化具有奠基性的重要意义。

考试本质究竟是什么？如果本质就是诠释"是什么"及"如何"的话，那么考试的本质即回答"考试是什么"这一根本问题。考试是什么？这个问题是自考试产生之日就被关注着并成为争论和追问的焦点问题。在考试领域，对"考试"的理解可谓仁者见仁、智者见智。如著名学者杨学为认为"考试是对人类实践活动的模拟"[①]，廖平胜认为考试是具有"人本化"特征的"人类特有的反身评价活动"[②]。

考试的本质，往往与教育的本质联系在一起。有怎样的教育本质说，就怎样的考试本质说。我国改革开放之前，教育界关于教育本质是什么的争论就很激烈，受当时社会局势和阶级斗争路线的影响，致使占上风的观点是"上层建筑说"，即认为教育的本质是一种意识形态，是社会上层建筑之一。教育受到政治、经济的制约，同时对政治、经济具有一定的反作用。因此，那时特别强调教育要为无产阶级的政治服务，发挥教育的政治功能。党的十一届三中全会之后，党和国家将工作重点转移到经济建设上来，高等教育逐渐从经济社会边缘走向经济社会中心，相应地，人们对教育本质的认识有了质的变化，教育本质的"生产力说"开始占据重要地位。在马克思关于人的全面发展学说和党的教育方针中，教育的本质是培养人的活动，育人是教育的根本任务。换言之，基于马克思主义关于人的本质和文化作用的基本原理，"教育的本质

① 杨学为. 中国考试改革研究［M］. 北京：北京大学出版社，2001：149.
② 廖平胜. 考试学原理［M］. 武汉：华中师范大学出版社，2003：4.

是通过传承文化使个体社会化的活动，并促进社会发展和个体的全面发展。"[1] 因此，作为教育"孪生兄弟"的教育考试，其本质也是如此。我们现在强调高考的核心功能是立德树人、服务选才、引导教学，就是对新的考试本质的遵循。

考试本质除具备本质的一般特性外，也有自己的特殊个性或典型的个性特征，这主要表现在考试的本质离不开对考试与人的关系和考试与社会的关系的剖析。与此相对应的是两种不同的价值观，即"个人本位价值观"和"社会本位价值观"。心理学家侧重研究考试与人的发展的关系及其规律，而社会学家、经济学家侧重研究考试与社会发展的关系及其规律，前者从哲学视角看属于本体论范畴，后者则属于社会论范畴。于是，学界就有了"本体论"的考试本质观和"社会论"的考试本质观。

本体论是基于认识论的理性哲学基础，从本源去解释事物的存在的一种理论方式，探究"世界的本源和基质"，追求"真"是什么[2]。本体论认为，万物本质不在于其本身，而是超越于它们之上的"本体"。任何真实的概念都反映客观实在的本质。世界的差异性存在已经肯定了本质的存在。本体论的考试本质观认为，无论考试目的、功能如何变迁，也无论人们对考试价值的认识程度如何，考试选拔人才、促进人的发展这一根本使命没有变，这在任何历史时期都是不争的事实。因此，选拔人才、促进人的发展便是本体论语境下考试本质的最适合的阐释。

社会论的考试以政治论的实用主义哲学为理论基础，强调和肯定考试的社会价值，主张考试应以社会需求为中心，将服务社会的功能作为发展定位的导向，根据社会发展需要来制定考试目的和构建考试活动。社会论从考试与社会的关系阐述考试本质，基于考试的社会制约性、生产性、历史性等社会属性理解考试本质，认为无论哪种考试职能的实现，其根本都是指向服务社会，促进社会进步与发展。因此，我们可以认为，只有认识到社会对考试的要求，才能形成反映时代要求的考试本质。

上述的考试本质的"双重说"，是从考试、社会、人的三边辩证关系阐释考试本质的。考试本质揭示的是考试与人的发展、考试与社会的发展的关系与规律。无论回答考试是什么还是解释考试为什么，都涉及考试的双重本质观的思考。

党的十八大以来，政府强调招生考试改革的出发点和落脚点是立德树人，培养德智体美劳全面发展的社会主义建设者和接班人，也是基于现代语境对考试双重本质观的新诠释。显然，在教育考试机构现代化的研究和实践过程中，我们也应该基于考试

① 刘智运,胡德海.对教育本质的再认识[J].北京大学教育评论,2004(4):102-107.
② 叶晓玲,李艺.现象学作为质性研究的哲学基础:本体论与认识论分析[J].教育研究与实验,2020(1):11-19.

026 第二章 教育考试机构现代化的理论阐释

的双重本质进行正本清源的思考。

二、考试本质的发展说

发展是硬道理。在思考考试本质时,基于发展哲学认识考试本质是一种新视野。"发展"一词最早产生于胚胎学,代表一种自然的生命演变过程。后来广而用之,指事物由小到大、由弱变强的过程。发展哲学是研究发展普遍规律的科学,其哲学基础仍是马克思主义哲学,它的任务主要是揭示发展主体、客体之间的特殊矛盾性问题,是时代要求推动下的一种追求和哲学思想的时代产物[①]。世上无物不变,事物都在发展之中。关于事物的本质,发展哲学认为它是指特定事物在发展阶段的本质,具有无限的多样性和差异性,而且与时代特征密切相关。基于发展哲学的考试本质观,考试的应然价值就在于促进人的个性全面发展,促进社会发展,促进教育考试事业发展,促进教育考试机构现代化发展。无论哪种发展,其本质都是发展。因此,我们也可以认为,考试的本质即发展。同样,教育考试现代化、教育考试机构现代化也都是发展。它们的现代化推进既可采用紧跟社会发展的后发外生模式,也可以采用先于社会发展和变革的先发内生模式,以及两者的混合模式。

第二节　教育考试的社会功能

功能,是指事物所具有的功效与作用。考试能够成为社会母系统中一个相对独立的子系统,并随人类社会的演进而不断向前发展,最根本的原因在于它具有自己独特的社会功能,如考试的行政功能、经济功能和文化功能。

一、考试的行政功能

行政是政府依法对国家事务、自身事务和社会公共事务进行的管理活动,行政的主体是政府机构,而不是其他的社会组织。

考试制度属政治制度的范畴,凡成文法规性考试的创建与实施,都是国家意志的

---

① 刘林 . 当代社会发展观的哲学解释 [D]. 哈尔滨 : 黑龙江大学,2004.

体现，是强化国家行政治国效能的需要。考试，既表现为一种社会行为，同时也是一种行政或政治行为，并多以行政法规或法律予以规范。在现代社会，考试，特别是教育选拔考试和职业资格考试在治国行政中发挥着特有的行政功能。

纵观古今，无论历史上的科举考试、现当代的国家公务员考试、职业资格证书考试还是国家教育考试，只要其设计科学、实施规范、结果真实和使用公正，都会起着政府安邦治国的作用。这是因为考试活动所确定的考试目标、考试制度、考试内容和评价体系都是基于国家意志、社会主体价值观来设计的，符合相关的政策法规。通过这种考试可以对考试主体和考试客体进行国家意志教育，让受教育者认识、理解、接受国家的政策法规，增进对政府的依赖和依存感，自觉缩短个人与政府间的距离。与此同时，应试主体在体现国家意志的考试中了解到国家育才、选才、用才的标准，从而按照正确的方向去努力，力争自己的智能水平能够得到国家或社会的确认，让理想与现实能够协调，促进国家、社会和个人的和谐发展。

教育行政是国家对内职能的重要组成部分，教育行政管理体制是一种制度化的组织单位，其拥有的权限及其演变体现出国家行政权力对教育事业发展的力度及其范围。国家赋予教育行政权力的目的是对教育事业实施可靠和有效管理，不允许消极执法和越权规制[①]。

在提高教育行政管理效能方面，考试也具有助力作用。考试与教育原本是共生体，并伴随教育活动的始终。实际上，考试是国家督促教育发展、控制教育水准、合理分配教育资源、规范教育教学行为的必要措施。尽管人们对长期以来的应试教育不良倾向颇为不满，积极倡导"素质教育""创新教育"和"减负教育"，但是，健全的考试制度和科学的考试方法，依然是提高教育行政管理效能的重要手段。

考试提高教育行政管理效能的机制，主要在于考试能够为教育行政部门提供教育资源分配、教育教学质量评估和教育行政管理水平测评所需要的重要的信息资料。根据这些信息资料，教育行政部门才能有的放矢地分析管理中存在的问题，进而提出改进管理工作的对策，促进未来教育行政管理效能的提高。

人事行政管理是国家行政管理的重要组成部分，开发利用人力资源是其根本任务。国家考试以其育人、评价、甄选、配置的功能，成为开发利用人力资源任务的主轴。加强考试事业的人事行政管理职能事关人才培育的针对性、人才选拔的准确性、人才使用的科学性和人才流动的合理性，因此具有重要的意义和价值。

---

① 陈永明.教育行政新论［M］.上海：华东师范大学出版社，2003：200.

人事行政管理是一种静态与动态相结合的协调控制过程，如果没有通畅的信息渠道，就会运转失灵，甚至失控。有了目标明确、内容丰富和手段可靠的考试与考核，就可以为人事管理提供所需要的人事信息。随着现代技术在人事行政管理中的普及应用，考试更是人事管理信息资源开发与利用的有效措施。它能够将人事管理各项政策、规章、措施的执行情况，以及人员结构、素质、劳绩的现状与变化动态等方面的信息，分门别类地反馈到人事管理部门，供管理者用于分析与决策，促使人事管理科学化。

二、考试的经济功能

考试事业的发展，考试活动的开展，都需要一定的经济基础，并且受到经济发展水平的制约。但是，考试对经济的发展具有反作用，换言之，考试活动也具有一定的经济功能。考试活动存在这种功能的基本原理在于它具有让人们获得利益和满足需要的手段属性，能够促使人力资源转化为能使经济效益成倍增长的人力资本。

人力资本在人类社会经济发展过程中起着重要的作用。在经济欠发达国家和地区，如何通过有效刺激人力投资积极性，拓宽人力投资渠道，最大限度地降低人力投资成本，借以促进人力资源向高质量的人力资本转化，乃是推动经济增长的核心所在，是最宝贵的资本。发展考试事业有助于人力资源向人力资本转化，这也是被实践证明了的事情。

改革开放以来，特别是近 20 多年我国的高等教育自学考试、各类职业资格考试和等级证书考试的规模越来越大，影响越来越广。社会考试事业的长足发展不仅大大提升了参与考试的公众的综合素质，使之更能适应社会经济发展的需要，而且还能引导人们将投资取向由生活消费向人力投资倾斜，激发人力投资的积极性，拓宽社会专门性人力投资的渠道，促使人力的社会投资与劳动者自投资的有机结合，加速人力资源向人力资本的转化。

改革开放以来，我国社会性学历证书、技术等级和职业资格证书考试日益普及，应试者众多。这类考试的应试主体都是在职从业人员，他们主要利用工余、节假日时间进行自学，参加有限时间的培训辅导来提高自己的知识水平，再通过报名参加社会考试，达到国家规定的学力标准、技术等级标准或职业资格标准后，可以获得相应的学历、等级或资格证书。为了推动具有人力资源开发价值的社会考试发展，国家无疑需要从经济上加大投资。有学者调查研究认为，国家对社会考试所投入的资金只相当于同类同级全日制脱产学习者的五分之一左右，个人投资约占全日制脱产学习者的六分之一，并基本上可以免支自投资中的机会成本①。这种情况也说明了不同考试形式具有不同的经济效果。

有投入就有回报。为了提高人力资源质量，国家进行了大量的投资，但也从在职者更新知识期间坚持正常生产所创造的劳动价值中得到相应的回报。更重要的是，从业者通过参加社会考试所获得的新知识和新技能，也是社会所需要的生产力，并有可能促进生产效率的提高，进而有利于经济的高质量发展。

在现实中，任何组织部门要想提高工作效率或效益，都需要有一定的人力资源，同时需要对拥有的人力资源进行优化组合。一个部门即使拥有一批专门性的人才个体，也并不意味着就有强大的生产力，只有将离散的或缺乏有机结合的人才进行优化组合、合理配置，才算拥有真正的人力资源，这是获得作业效率的重要保障。

开发人力资源，优化部门人员的配置或组合，必须以客观辨才、准确选才和施事因才为基础和前提条件。要满足这些条件，不能光凭决策者的主观判断和经验操作，应该发挥专门的考试的作用，采用人员招聘考试、全员配置性综合素质测评、专业技能考试、职业资格考试等必要措施。

在优化部门人员配置过程中，如果利用考试手段来实施，确定考试标准并且进行有效实施管理至关重要。一般说来，这类考试的设计与实施，或直接使用国家统一制定的标准，或以部门职能或岗位职责对任职人员的能力素质要求为依据，内容针对性强，并有一套规范的实施程序和鉴别考试结果的质量评价方法，能为部门人员的甄选和配置提供较为全面真实的信息资料。只有这样，才能使部门在人员结构和人力资源配置方面，真正做到按需选才、因才施事，实现人与事相配，能与职相称，人员结构与部门任务目标的需求相符，促使组织机构的作业效率和效益倍增，实现内涵式发展。

三、考试的文化功能

我国学者金诤先生曾指出，考试"从中国文化土壤中产生出来以后，又再创造了中国文化"②。如果从人类文化传承与发展的观点看，考试活动同样具有传承文化、引导文化发展方向和创造新的文化的功能，是推动人类物质文明和精神文明建设的重

① 廖平胜.考试学原理[M].武汉：华中师范大学出版社，2003：162.
② 金诤.科举制度与中国文化[M].上海：上海人民出版社，1990：1.

要手段。

　　文化的概念有广义与狭义之分。广义的文化指人类在社会实践过程中所获得的物质、精神的生产能力和创造的物质、精神财富的总和；狭义的文化指精神生产能力和精神产品，包括一切社会意识形式：自然科学、技术科学、社会意识形态，有时又专指教育、科学、艺术等方面的知识与设施。考试与文化同属于社会母系统中的子系统，两者间的关系在总体上是两个社会子系统之间的关系。在考试活动中，考试系统与文化系统的彼此交互也会产生出某种功效或作用，即所谓的考试的文化功能。

　　在考试活动中，考试内容无不取材于人类所创造的精神产品、物质产品以及静态或动态的文化成果。任何一种具体的考试内容，又无一不是相应的考试科目所涉领域文化内容的抽样，它只能是其中最具代表性、富有科学和实用价值的内容。而"任何文化都既有精华，也有糟粕；既有社会发展和个人成长所需要的知识，又有落后于社会发展或对个人成长不利的东西"①。因此，考试内容的设计，需要根据考试目的的实际需要，以某种价值观为导引，对考试所涉领域已有文化成果进行评价选择，再以所选内容作为考试活动中介，使所考领域的文化晓之于世人，传递于后人，并使人类确有价值的文化得以保护和传承。

　　在人类考试活动中，我们可以看见各种各样的考试载体，如各类考试业务书籍、考试报刊、音像制品、学术著作、技术软件、试卷以及考试设施等，应用这些考试载体的过程，也是保存、传播和发展人类文化的过程。自从先民发明纸张、笔、墨并用于考试活动以后，考试活动的文化成果层出不穷。人类在漫长的考试实践中所创造的各种考试产品或设施，遍布世界各地。特别是近百年来，随着计算机、光电扫描、电子通信、数字信息、人工智能、多媒体影视等现代技术手段在考试中的应用，极大地促进了人们对考试问题的研究，加速了考试技术和考试信息资源的开发以及考试设施的更新换代，也使得原有的考试文化素材实现重构，获得创造性传承与发展。

　　在考试运行过程中，以人为载体的主体文化和以器物为载体的客体文化相互作用、相互转化，进而使社会价值观、人才观、教育观、教学观、考试观乃至人生观等观念文化得以传承、认同、实践和更新。同时，反映时代发展需求的人才评选标准，体现国家逻辑或国家意志的考试政策、制度、规范及考试结果的社会价值，一旦为考试主、客体所接受，又将成为人们规范自身行为的准则和价值取向的"标杆"，促使社会主义核心价值观文化氛围的形成。

---

① 潘懋元．全面深入地认识教育的文化功能［J］．教育研究，1996(11)：18-19．

考试文化虽然是一种亚文化，但是也可以通过交流来拓宽发展空间，实现人类文化的整合与共享。世界各国在考试观念、考试制度、考试政策、考试规程等方面虽然有所不同，但不同的考试文化也是可以比较借鉴的。在考试的科学理论、考试技术和考试方法等方面，一般是不分国界的，可为人类共享。因此，通过跨国家、跨地区的考试实施，以及跨文化的考试研究和各种考试学术、技术、信息资源的交流，都可以促进各国、各地区对考试文化的了解，推动民族文化与世界文化的协同发展。

第三节　发展理论与考试发展

一、一般发展理论的启示

研究现代化问题，绕不过对发展理论的认知。发展理论探讨对于现代化理论研究来说居于核心地位，对现代化理念形成、创新发展和实践探索都具有重要的引领作用。教育考试机构要树立正确的发展观，选择合适的发展道路，一方面需要从一般发展理论中得到启示，另一方面更需要研习适合我国国情的教育发展理论对教育考试发展的影响，感悟教育考试机构现代化发展的理论意蕴。

西方发展社会学家基于区域发展维度开展研究，形成了反映后发国家发展的不同发展理论。20 世纪 50 年代以来，盛行于西方的经典发展理论主要是现代化理论、依附理论与世界体系理论，这些不同视域的发展理论对特定历史时期的发展理念和实践产生过积极的影响，我们也可以就这些理论对我国教育考试现代化发展的恰切性进行分析，以从中得到启示。

1. 现代化理论

现代化理论是第二次世界大战以来主要的发展理论流派之一，是学者们在研究欧美国家从传统走向现代化的历史进程中，对发展经验抽象概括形成的理论研究成果，试图将欧美的发展经验、价值观引入发展中国家，使其从落后的传统社会转变为先进的现代社会。现代化理论依托的是进化论和结构功能主义理论[1]，其基本假设是：发展中国家可以借助发达国家的经验和做法，从而比较容易地走上现代化的道路[2]。

---

[1]　周长城.发展理论的演变（上）[J].国外社会科学,1997(4):2-7.
[2]　许庆豫.教育发展论：理论评介与个案分析[M].福州：福建教育出版社,2001:25.

现代化理论以"传统－现代"为核心概念，主要思想表现为：现代化是从"传统型"国家向"现代型"国家迈进的过程，现代化进程的主要动力来自内部，阻力也来自内部的障碍，各个国家在发展过程中会不可避免地越来越多地具有现代化国家的特征。

2. 依附理论

依附理论诞生于 20 世纪 60 年代，源自拉丁美洲经济复苏计划破产的反思。人们原以为应用现代化理论能够帮助发展中国家迅速赶上发达国家，但事实表明并非如此，发展中国家和发达国家之间的差距反而进一步扩大。对此，现代化理论的解释是，发展中国家之所以没有心想事成，缩短与先进国家现代化水平的差距，主要原因是这些国家的传统文化和社会结构中的一些特质妨碍了现代化的进程，这些国家的国民没有确立现代化的思想和价值体系，无法促进国家和社会的进步。然而，现代化理论的解释并没有得到普遍的认同。在发达国家与发展中国家贫富差距扩大的严酷事实面前，现代化理论与国际现实之间的冲突，直接导致现代化理论的乐观态度及其理论内涵受到质疑和挑战。正是在这种情境下，以弗兰克（Frank）为代表的依附理论学派应运而生。

依附理论学者以马克思关于资本剥削与资本扩张的理论以及列宁的帝国主义和殖民地理论为基础，以"中心－边陲""发达－欠发达"为核心概念，主要思想是：殖民主义导致发展中国家对发达国家在经济、政治、技术、文化等方面形成依附，是发展中国家欠发达的主要原因，需要通过消除资源不平等来探讨发展中国家发展的战略、策略和路径。显然，依附理论是用西方国家与非西方国家之间的不平等关系来解释发展中国家欠发达的原因，是一种外因论的发展观。

3. 世界体系理论

20 世纪 70 年代，一些非西方国家和地区的经济取得突破性发展，如亚洲地区出现了经济发达的"四小龙"。同时，美国等发达国家在此阶段出现金融危机、能源危机和战争危机，引发沃勒斯坦（Immanuel Wallerstein）为代表的学者们的再思考，提出了世界体系理论。该理论的基本思想是将整个世界视为一个统一的整体，以世界体系作为社会科学的分析单元，探讨世界体系总体的发展规律，并从总体的发展过程中分析作为部分的国家和社会的发展，而非从二分层面分析国家或地区的发展[①]。

世界体系理论以"核心""半边缘""边缘"为核心概念，从三维的动态演变解释西方发达国家与非西方发展国家之间的循环发展体系，认为核心与边缘是相对而言的，处于超越与被超越的动态模式下。民族国家总处在发展之中，在循环发展的每一

---

① 周长城. 发展理论的演变（上）[J]. 国外社会科学，1997（4）：2-7.

个阶段总处在向核心或边缘的转换过程中，资本主义国家与社会主义国家在发展变迁中的矛盾构成世界体系的动态发展[①]。

上述三种经典发展理论都着眼于经济发展的向度，是否适切教育考试机构的现代化发展，是值得思考的问题。

世界上的一切事物都是在变化中发展的，发展具有永恒性。从心理学向度，教育考试是为了促进人的个性全面发展；从社会学向度，教育考试旨在通过育人和选才实践活动促进社会发展；从历史学向度，教育考试经历从传统到现代的发展。无论何种向度，发展都是教育考试的应然价值。无论是人的发展，还是教育考试对社会发展的影响及教育考试自身的发展，其本质都是发展。因此，我们可以借鉴经典发展理论来审视教育考试的发展问题。

从经典理论的阐释中，我们可以获得与教育考试现代化发展相适切的三点启迪。

其一，现代化理论与依附理论分别从内因和外因角度对欠发达国家经济落后进行了归因分析，这也告诫我们，中国教育考试现代化发展同样会受制于国内外双重因素，制定科学的教育考试发展战略时务必研究和全面洞察这些外部影响因素。

其二，依附理论认为在发达国家与发展中国家之间存在着一条难以逾越的鸿沟，注定发展中国家的发展具有与发达国家不同的本质。这也告诫我们，中国教育考试现代化发展必须走不同于资本主义国家教育考试现代化的道路，即追求的应该是中国式的教育考试现代化。

其三，在全球经济一体化的时代，国际教育与合作也日益频繁，在世界体系理论指导下，我国的教育考试机构也应该并且可以与发达国家的教育考试机构开展合作，特别是在教育考试信息化、数字化和适应终身教育的社会考试项目开发等方面有所作为。

二、教育发展理论的感悟

在我国，国家教育考试毕竟具有国家逻辑，体现国家意志。作为教育考试事业重要承载者的教育考试机构，其现代化发展必然受制于我国教育现代化理念、政策的影响和制约。这也意味着教育考试机构的现代化，必须要在中国式现代化理论的指导和引领下进行规划和实施。

---

① 卢晓中.高等教育现代化:理论发展与实践探索[M].北京:科学出版社,2020: 11.

教育发展理论主要研究教育发展与国家发展、社会发展的关系，以及在这一关系框架下的教育自身发展问题[①]。在国内外教育发展历程中，出现过不同层次、不同价值追求的发展理论，其中对教育考试现代化和教育考试机构现代化影响较为恰切的有教育先行理论、素质教育理论和终身教育理论。

1. **教育先行理论与考试事业发展**

教育先行理论，亦称教育超前理论。联合国教科文组织国际教育发展委员会在《学会生存——教育世界的今天和明天》中指出："现在，教育在全世界的发展正倾向于优先经济的发展，这在人类历史上大概还是第一次。"[②] 基于这种发展理念，"教育先行理论"应运而生。

纵观人类社会发展历程，教育在古代就存在，由于当时生产力发展水平相对落后，教育主要成为统治阶级维持其政权的工具，与社会生产劳动相脱离，不负有直接促进社会经济发展的使命，这也意味着不可能形成教育先行于经济社会的理念。从封建社会发展到资本主义社会，社会生产力大为进步，特别是第一次技术革命催发工业革命诞生之后，社会形态出现新的变革，社会对人力资源的需求倍增，从而促使教育（特别是高等工程教育）事业得到前所未有的快速发展。

20 世纪下半叶，人类社会的经济形态逐渐从工业经济向知识经济或创造力经济方面嬗变与转化，进而引发人们对工业时代形成的教育负面问题的反思和关注。在分析现代化大生产规律和全球竞争态势的过程中，人们感悟到人才尤其是创造性人才在新经济时代中的重要地位，发达国家在制定国家发展战略方针时无不将人力资源的开发视为提升综合国力的关键因素，要求教育先行，让高等教育走进经济社会中心的意识逐步增强。

我国的情况也是如此。早在 20 世纪 80 年代，邓小平同志就对知识、人才、教育与社会主义现代化建设的关系，对教育与未来发展的关系有着深刻的理解与认识，提出教育要"面向现代化、面向世界、面向未来"，充分体现了他对教育发展战略的高瞻远瞩。

21 世纪是充满不确定性的变革时代，我国的教育应该奔向何方？我国党和政府审时度势，从教育发展与社会经济发展的相互作用关系出发，运用马克思关于生产力理

① 卢晓中. 高等教育现代化：理论发展与实践探索 [M]. 北京：科学出版社，2020：19.
② 联合国教科文组织国际教育发展委员会. 学会生存——教育世界的今天和明天 [M]. 北京：教育科学出版社，1996.

论中"生产力—科学技术—人才—教育"的逻辑关系原理，提出了新的教育发展理论。该理论的核心观点就是教育要先行于经济、社会的发展。教育先行理论的实践也导致了教育现代化的要求。教育事业从传统到现代，从落后到先进的现代化，是紧跟经济社会发展和适切经济社会发展的超越与创新①。

运用教育先行理论要做的事情，一是要提高教育在国家发展中的地位，实施科教兴国战略；二是要拓展高等教育规模，提升发展水平。高等教育事业从精英教育向大众教育阶段过渡，教育部实施"211 工程"和"985 工程"，建设世界一流水平高校和一流水平学科，充分发挥教育现代化对我国经济社会发展的支撑作用。

在党的二十大报告中，习近平总书记指出："教育、科技、人才是全面建设社会主义现代化国家的基础性、战略性支撑。必须坚持科技是第一生产力、人才是第一资源、创新是第一动力，深入实施科教兴国战略、人才强国战略、创新驱动发展战略，开辟发展新领域新赛道，不断塑造发展新动能新优势。"② 这种对教育、科技与人才在发展战略中的定位，为中国的教育先行理论和实践提供了新的诠释。

教育先行理论的实践，不仅推动教育现代化建设，而且也会驱动教育考试事业的发展。从一定的意义上说，在教育考试理念和制度落后的国度里，不可能形成以人民为中心的教育事业，不可能有效地促使创新型人才的脱颖而出。在教育先行理论的指导下，我国的教育考试制度需要进行新一轮的改革，改革的目标不仅要从民生角度出发，注重服务于教育的优质和公平，以保证每个学生受教育的权利，而且还要在选人选才方面发挥更为积极重大的作用，服务于科技创新与人才选拔培养。基于教育先行理论导向的教育考试现代化建设，其成效的一个重要表现就在于"实现对创新人才的系统测评、精准甄别和科学选拔，更好实现对创新人才培养的持续导引与促进"③。

值得指出的是，教育先行理论还会要求教育事业和教育考试事业注重现代技术在教育和教育考试中的融合与创新。2022 年 1 月，全国教育工作会议提出实施教育数字化战略行动，各级教育部门在"十四五"发展规划中将实施国家教育数字化战略行动列为工作重点。各级教育考试机构也应该积极主动地进行数字化的转型发展和智能升级。如何将考试领域的信息资源转化为数字资源，进而将数字资源的静态势能转化为教育考试制度改革的强大动能，应该是新时代教育考试现代化的一项重要任务，也是

---

① 卢晓中.高等教育现代化:理论发展与实践探索[M].北京:科学出版社,2020:20.
② 习近平.高举中国特色社会主义伟大旗帜 为全面建设社会主义现代化国家而团结奋斗——在中国共产党第二十次全国代表大会上的报告[R].北京:人民出版社.2023:72-144.
③ 辛涛.推进中国式教育考试现代化的初步思考[J].中国考试,2023(1):1-5.

教育考试机构现代化建设中创建数据文化，形成数字化软实力的求之于势的机会。

2. 素质教育理论与考试事业发展

素质教育是基于马克思关于人的全面发展学说和党的教育方针提出的一种教育理念，在长期探索、不断充实和完善中逐步形成相应的理论体系。素质教育思潮的兴起与知识经济的到来相关。

何为素质教育？人们曾经提出诸多见解，最具权威性的说法早见于 1997 年 10 月 29 日国家教委在《关于当前积极推进中小学实施素质教育的若干意见》中的诠释："素质教育是以提高民族素质为宗旨的教育。它是根据《教育法》规定的国家教育方针，着眼于受教育者及社会长远发展的要求，以面向全体学生、全面提高学生的基本素质为根本宗旨，以注重培养受教育者的态度、能力，促进他们在德智体等方面生动、活泼、主动地发展为基本特征的教育"。

素质教育中所说的素质，有狭义与广义之别。狭义的素质是指生理学和心理学上的素质概念，即遗传素质。狭义素质的最大特点是强调素质的先天性，即后天发展的主体可能性。广义的素质，泛指整个主体的现实性，即在先天与后天共同作用下形成的人的身心发展的总水平。我们在教育领域讲素质教育时，一般使用的是广义的素质概念。因此，素质教育可以理解为以提高人的素质为根本目的的教育理念、教育原则与教育实践。在学校素质教育中，要求具有主体性、全体性、全面性和基础性的基本特征。

我国素质教育的提出主要源自对基础教育阶段应试教育不良倾向或弊端的反思，与教育创新发展有关。因此，人们在讨论素质教育问题时，一般就基础教育而言较多，尽管高等教育也讲素质教育。从整个国家的教育创新和教育发展战略来说，素质教育仍然是一种基础性教育思想。

基础教育阶段实施素质教育，尽管已取得共识并成为一种学校行为，但是在具体实施过程中也存在一些认识问题，主要表现在以下几方面。

其一，将素质教育和考试制度对立起来。有人在实施素质教育时，片面地将现行教育制度的考试制度贬斥为"应试教育"，主张限制学科科目考试以减轻中小学生的学习负担。人类社会中许多文明制度都具有两面性，人们只是在权衡利弊后择善而为。对考试制度这一被实践证明有力、有效也有利的教育手段，在未能找出更佳的手段代替前，尚不能以轻率的态度否定之。在推行素质教育过程中，人们之所以非议考试制度，主要源于人们不得当地运用考试手段而产生的负面影响。例如，为了追求升学率而在日常教学过程中滥用考试手段，增大考试频率，使学生的学业负担过重；或是因为高考不考体育、美育和劳动教育，就轻视甚至舍弃这些科目的教学；或是考试内容和方式单一而呆板，不利于学生创造性的发挥及才能的培养，等等。这些因误用考试手段而导致的弊端，自然不能归咎于考试制度本身。通过科学地实施考试制度，改革考试的内容及方式，这些不足是可以克服的。

其二，用技能训练取代素质教育。在推行素质教育时，一些学校热衷于开设五花八门的校本课程（如书法、舞蹈、围棋、武术等），并认为这就是素质教育。诚然，通过这类课程可以让学生掌握课表外的知识和某种技能，也可以培养人的素质。但衡量一个人的素质，不仅要看他懂得多少知识，会几种技能，更重要的是要看他是否掌握构成这些知识和技能的原理和精髓，能否在实践中创造性地运用这些知识和技能。换言之，素质是在知识和技能的基础上所形成的应变能力和创造能力。素质教育就是要致力于这种能力的培养，而不是让学生成为各种知识和技能都有一点的"万金油"式的人物。因此，教育领域的素质教育所应致力的，是在有限的教学科目内，通过改进教学内容和教学方式来培养、提高学生的素质。例如，在教学中不仅只是满足于科学知识的灌输，而是注重分析这些知识形成的原理，使学生从中领悟掌握科学研究应有的方法和态度，学生的科学素质也就因此而真正得到培养；如果在教学中真正把现行的音、体、美、劳教学落在实处，那么就不需要再增加书法、武术等类课程，同样也能提高学生的文体素质和劳动素质。用增加教学科目来推行素质教育的做法，正好和素质教育的精神相悖，就现行实践看，它也进一步加大了学生的课业负担，结果是适得其反的。

其三，在实施过程中搞实用主义。在推行素质教育过程中，许多人认为应该选择小学阶段实施素质教育，因为小学离高考时间较长，可以从容地做素质教育的改革试验。高中阶段面临高考压力，在高考"指挥棒"面前只能是就素质教育喊几句口号或走走形式罢了。采用实用主义的素质教育，不仅显示人们对素质教育理论与实践缺乏自信，而且对人才成长的规律缺乏科学认知。在创造性人才的成长过程中，中学阶段（特别是高中阶段）的教育至关重要。为了让高校能够真正选拔出具备必要知识、核心能力和创新潜质的人才，高中生的综合素质测评具有重要的参考价值。

没有真正的素质教育，就没有真正的现代化教育。要解决素质教育的问题，关键在于高考招生制度的现代化。

我国 1977 年恢复高考以来，至今已有四十多年，考试招生制度不断改进完善，为国家选才、学生成长、促进公平作出了重要贡献，得到了社会的认可和肯定。但是，随着时代的发展、社会的变革、高等教育进入大众教育阶段，现行的考试招生制度也暴露出不少问题。主要是"唯分数主义""一考定终身"加剧了考试竞争，加重了学生课业负担，不利于学生的健康成长。考试招生制度常被看成教育教学的指挥棒。许多校长、教师反映，考试招生制度不改，素质教育就无法推行。所以，考试招生制度改革牵到了教育领域改革的"牛鼻子"，必然会推动整个教育领域的改革和发展。

2014 年国家启动的新高考改革，着力于"教—考—招"等领域的全景式改革，探索出一条"分类考试、综合评价、多元录取"的道路。当代中国，建设现代化的教育强国是中华民族伟大复兴的基础工程。教育现代化要着力于立德树人，发展素质教育，推进教育公平，为新时代全面系统深化高考改革提供方向指引。在这种情况下，教育考试事业迎来新的发展期，相应地，也给教育考试机构带来新的挑战。过去的教育考试运作模式已不适合新高考的需要，必须树立新的教育考试观，提高服务管理考试的业务能力，提高服务质量与服务水平。教育考试机构的现代化建设，始终要以人民为中心，以人的现代化作为基本的价值取向和创新发展的内在动力。

3. 终身教育理论与考试事业发展

终身教育理念在 1965 年的联合国教科文组织主持召开的成人教育促进国际会议期间就已出现。当年，联合国教科文组织成人教育局局长保罗·朗格朗（Paul Lengrand）演讲时使用了"终身教育"的术语。在他看来，终身教育并不是指某种教育实体的作为，而是泛指一种教育理念、教育原则和教育实践，涉及一系列的社会关系与教育发展模式。在给终身教育定义时，朗格朗认为，终身教育是指人的一生的教育与个人及社会生活全体的教育的总和。终身教育具有终身性、全民性、广泛性和灵活实用的基本特征。

时至今日，终身教育的理念已在世界范围得到广泛传播，许多国家在制定本国的教育方针、政策或者构建国民教育体系的框架时，均以终身教育理念为重要依据，以终身教育提出的各项基本原则为基点，并以实现这些原则作为主要目标。

终身教育理念的产生，与近代学校教育制度在发展过程中遇到的越来越多的问题密切相关。近代学校教育制度的建立，为学校的发展起到了重要的推力作用，相应地，学校也在人才培养方面发挥出其他社会组织无法达到的作用。不过，自 20 世纪 60 年代以来，学校教育中的负面问题暴露得越来越多，矛盾冲突令人担忧。其中让人比较关注的事情如：儿童逃学现象严重；校园暴力事故频发；考试作弊违规屡禁不止；学校拥有的教育资源差距拉大；学校教育不适应社会职业变革的需要，等等。对于这些影响学校发展和最终波及社会发展的负面问题，原因比较复杂，解决起来也很困难。

终身教育理念的出现，为人们解决学校教育困境和社会持续发展需要提供了一种可选方案。终身教育不是一种权宜之计，而是着眼于教育和社会的和谐与持续发展，着力从教育制度、体制和机制方面进行改革创新，倡导家庭教育、学校教育和社会教育（成人教育）三者的珠联璧合，相辅相成，开放施教，助人成长。

人类已经跨进信息时代，全球格局促使社会变迁、职业发展提速升级。这种不确定和持续变革的新时代，要求人们不断学习和更新知识观念，努力获得新的适应力、应变力和创造力。然而，现实的情况是，时间、空间、类型、方式都有限制或约束的学校教育是难以让大量的求学者心满意足的。因此，突破传统学校教育局限，实施终身教育成为一种时代需求。以社会化学习理论为指导的终身教育和学习型社会两个基本观念（思想）备受推崇[①]，终身教育思潮向终身教育理论的演进也水到渠成。

终身教育对教育考试事业或教育考试机构现代化的影响，主要反映在非学历教育考试的变革与创新发展方面。

非学历教育考试，亦被称为社会考试，是指依据国家授权、社会行业或组织委托，由相对独立的考试机构主持，按照一定的测评标准，面向社会进行的各种资格认证、知识水平或应用能力评价的考试[②]。可见，非学历教育考试既是我国职业资格体系的认证机制，也是我国人力资源开发与建设的重要机制[③]。

20 世纪 90 年代后期，非学历教育考试在我国兴起，特别是近些年来这种非学历证书考试逐渐受到社会的广泛关注。非学历教育考试的实施对推动职业准入制度和资格证书制度的建立具有重要的作用，对促进国民素质的提高和社会主义和谐社会的建构都具有积极的意义。目前，我国的非学历教育考试是依据国家颁布的《教育法》《高等教育法》等来组织实施的。一些地方政府也颁布了针对具体项目（如全国大学英语四、六级考试、全国计算机等级考试、中小学教师资格考试、心理咨询师资格证书考试等）的条例或规定，这些法规对于社会考试都具有重要的政策导向与规范作用。但是，我

① 曹延亭. 终身教育为什么会成为当代世界的一个重要教育思潮 [J]. 外国教育研究,1985(3):3-5.
② 孙宁华. 社会考试规范化探索——人的发展与社会考试理论与实践探讨 [M]. 重庆:重庆出版社,2005:57.
③ 贾劲松. 社会考试管理探索 [M]. 石家庄:河北人民出版社,2010:3.

国现阶段非学历教育考试尚存在影响其公共性、公平性和效能性的问题，如设考主体多元化、项目重叠且标准不一、证书效力无权威性、考试内容实用性差以及缺少国际品牌等[①]。为了我国非学历教育考试的健康和可持续发展，考试主管部门必须要有问题意识和问题求解智慧。

在促进非学历教育考试健康和可持续发展机制方面，主要有供给机制、推广机制、引领机制、管理机制、评价机制、服务机制和保障机制[②]。其中的保障机制至关重要。非学历教育考试的保障机制包括政策法规、组织机构、经费投入和专业队伍四个方面，其中政策制定和实施的作用更为关键。所谓非学历教育考试政策，简单地说就是政府教育考试部门为了解决社会考试公共需求，制定并执行的一种行为准则或行为规范，是一系列关于非学历教育考试的法令、条例、措施、办法等的总称。

教育考试机构的现代化，正面临我国工业经济向知识经济转型，随之而来的社会分工专业化、职业化和精细化变革，必然促成非学历教育考试的社会需求与日俱增，非学历证书考试项目的种类将不断拓展，考试评价结果的"含金量"将有所增加，相应的价值矛盾和利益博弈随之凸显。我们应该承认，现有的非学历教育考试政策体系尚不完善，需要通过政策调整、优化与创新来填补政策空白、协调政策关系和提高政策成效。终身教育体现的是以人民为中心的国家逻辑或国家意志，是教育考试机构现代化过程中需要直面的问题和历史使命。

第四节　考试机构现代化目标

一、目标的基本认知

人类的任何有目的的活动，都需要确定其目标。目标，原意指的是射击、攻击或寻求的对象，也指想要达到的愿景或标准。目标既是开展活动的起点，也是活动追求

---

① 鲁子问. 发展与稳定：考试政策行政功能分析 [J]. 湖北招生考试，2006（16）：38–41.
② 贾劲松. 社会考试管理探索 [M]. 石家庄：河北人民出版社，2010：3.

的终点。

对于教育考试机构现代化的概念，人们可以有多种多样的阐释，但是无论从何种视角去切入和分析，其指向都可归结为一种目标式的解答，即教育考试现代化是以目标为出发点和归宿的发展过程。

以目标为出发点的教育考试机构现代化，说明驱动教育考试机构现代化发展的动机在于追求某种目标的实现，并根据所追求的目标预设教育考试机构现代化的一系列行动。与此同时，这也表明教育考试机构现代化具有某种问题意识，即预测教育考试机构在现代化建设过程中可能会碰到各种各样的问题，有明明白白的"白箱问题"、或明或暗的"灰箱问题"，甚至还会有模糊不清的"黑箱问题"。具有问题意识的教育考试机构，表征其具有建设现代化教育考试机构的主观能动性。

以目标为归宿的教育考试机构现代化，表明教育考试机构追求某种结果的达成，并将这种结果的达成视为教育考试机构现代化阶段性任务的完成，然后再开启下一阶段的教育考试机构现代化行动。与此同时，这也表明教育考试机构现代化具有行动意识，不仅仅停留在美好的想象之中，而是要通过具体的行动去落实现代化的具体任务，也意味着教育考试机构有信心、有胆魄、有能力去克服制约教育考试机构现代化发展中的各种困难，尽快实现规划中的任务，获得预期的结果。因此，以目标为出发点和归宿的教育考试机构现代化，"是问题意识与行动战略结合的有机体"[①]。

二、基于教育发展的目标

在我国，教育考试机构现代化与教育发展有很多的联系。对教育考试机构现代化的任何分析、探讨都无法脱离教育发展这一语境，因为教育发展是教育考试事业和教育考试机构现代化发展的发动者和推进者。

教育发展的宏观大势是教育现代化。教育现代化在国家现代化体系中处于优先发展的战略地位，是国家现代化的重要支撑。教育现代化要以服务国家发展战略为总体目标，一定要确立和保障教育优先发展的战略目标地位，唯有如此，才能满足国家对教育现代化提出的各种要求。随着国家现代化战略的变化，教育现代化目标也会随之调适，但不管怎样变化，其目标总会打上国家发展需要的印记。如在落实创新驱动发展战略、数字化战略实施背景下，国家需要大量的创新人才和掌握数字化技术的人才，

---

① 卢晓中.高等教育现代化:理论发展与实践探索[M].北京:科学出版社,2020:98—99.

这些人才来自何处，无疑会寄希望于教育的变革和发展，这也就迫使教育现代化目标内涵有所调整。

一般认为，教育现代化是以先进理念指导，科学运用现代技术变革教育，使教育整体达到一定现代性水平的发展形态与过程。关于教育现代化的内涵，我国在21世纪之初就有较多的阐释，典型的有三要素说、四要素说、六要素说和七要素说。不同的要素说，也意味着教育现代化目标体系也有不同的内涵目标。

1994年，杨东平提出教育现代化"三要素说"，他所阐述的教育现代化必须满足的三方面条件，即教育物质现代化、教育制度现代化和教育观念现代化[①]。教育物质现代化的内涵，主要体现教育在数量、规模、办学条件上的要求，如办学条件：校舍、设备、技术手段、教育经费等方面的满足程度；教育制度现代化的内涵主要包括与现代社会政治、经济、科技、文化相适应的教育制度，如国家教育体制、学校办学体制与运行机制等；教育观念现代化涉及教育价值、教育思想、教育信念等方面的现代化转型。

1996年，陈敬朴在"三要素说"基础上增加"知识层面"而形成"四要素说"，即教育现代化的内涵应该包含有物质层面、制度层面、观念层面和知识层面的教育现代化。其中知识层面的现代化主要是指教育教学体系的现代化[②]。

教育现代化的"六要素说"有多种提法。一是李铁映认为，教育现代化应该包括：教育思想现代化、教育观念现代化、教学内容现代化、教学方法现代化、教育手段现代化、校舍和设备现代化[③]；二是1993年江苏省教委《关于在苏南地区组织实施教育现代化工程试点的意见》中提出的教育现代化包括：教育思想现代化、教育发展水平现代化、教育体系现代化、办学条件现代化、师资队伍现代化和教育管理现代化，并认为教育现代化的实现应该以教育思想为前提，教育发展水平为标志，教育体系为核心，办学条件为基础，教师队伍为根本，教育管理为保证[④]；三是顾明远1997年提出的教育现代化包括：教育思想现代化、教育制度现代化、教育内容现代化、教育设备和手段现代化、教育方法现代化、教育管理现代化，并强调这六大因素是相互制约、相互促进的关系，其中教育思想为主导，教育内容是核心，教育制度、设备、方法、

　① 杨东平.教育现代化：一种价值选择[J].中国教育学刊,1994(2):19-21.
　② 陈敬朴.基础教育现代化与师范教育改革[J].南京师大学报(社会科学版),1996(1):11-15.
　③ 李铁映.社会主义现代化建设的奠基工程——认真学习、宣传和实施《中国教育改革和发展纲要》[J].人民教育,1993(4):12-16.
　④ 周德藩.关于江苏教育现代化的思考[J].群众,1999(6):28-30.

管理是保证[①]。此外，朱永新2002年提出的教育现代化要满足以下六大要素：教育思想现代化、教育内容现代化、教育设施现代化、教师队伍现代化、教育管理现代化、社区教育现代化，并认为这六方面是有机的整体，要以教育思想现代化为逻辑起点而展开，其重中之重是教师队伍的现代化[②]。

综上所述，教育现代化的内涵具有多样性，事实上教育各方面的现代化都很重要，而且相互协调，促进现代化教育的发展。随着时代的发展和人们认识的深化，教育现代化的内涵还有可能发生变化。

在我国，教育考试是教育事业的一个组成部分，教育考试现代化必然要受到教育现代化的制约和影响。但由于教育考试在立德树人、服务选才、引导教学方面的重要性，教育考试现代化在教育现代化体系中具有特殊的地位。研究教育考试机构现代化问题，自然需要从教育现代化和教育考试现代化中获得逻辑思路。在教育考试机构现代化目标设置方面，既要遵循教育现代化目标体系，又要考虑教育考试机构发展的实际需要。

我们认为，教育考试机构现代化的内涵应该包括观念、制度、技术和队伍四大核心要素，它们相互联系、相互作用。在逻辑关系上，观念要素是灵魂，技术、队伍要素是基础，制度要素是保障。它们最终都要共同作用于教育考试系统中的考试命题制卷、组织考试活动、考试统计评价、招生录取以及质量监控体系等环节，使得教育考试机构现代化表现出不同的现代性特征。

教育考试机构现代化属于教育考试现代化的范畴，是局部与整体的关系。从实践层面看，教育考试机构现代化的主要任务是不断地解决教育考试体系形态变迁中遇到的问题，使教育考试机构的思想观念、治理制度、技术手段和资源配置等系统要素整体化，并朝着现代化方向趋向合理化和理性化。在本书第三章中，我们还要对教育考试机构现代化内涵要素的现代化问题进行专门的剖析。

三、基于人的发展的目标

我们正面临新的转型时期。所谓转型，是指事物的机构形态、运转模型和人们观念的根本性转变过程。不同转型主体的状态及其与客观环境的适应程度，决定了转型主体内容和形式的多样性。转型是主体主动求新求变的过程，即是一个创新的过程。

---

① 顾明远. 关于教育现代化的几个问题［J］. 中国教育学刊,1997(3): 10–15.
② 朱永新. 现代教育特点与教育现代化［J］. 江苏教育,2002(17): 3.

现代化是人类社会发展转型的重要趋势。

马克思主义认为，人是现代化的主体，是现代化活动的实际承担者。人的现代化是人向现代需要的新人综合转变的过程。现代化的人是这一转变的具体结果，人的现代化发展必然影响国家现代化的进程。站在实现中华民族伟大复兴中国梦的战略制高点，应该把人的现代化摆在现代化发展战略的显著地位，通过教育发展和依法治国持续推进人的现代化，以人的现代化反哺中国式现代化。

究竟什么是人的现代化？目前并没有确切的定义，从不同的视角有不同的阐释。广义的人的现代化是指整个人类状况的现代化，即适应社会现代化发展需要的整个人口素质的现代化和人的主体意识的现代化。人的现代化就是人同制约因素不断斗争，摆脱发展桎梏，谋求全面发展，最终实现现代化的过程。人的现代化不仅包括知识、技能的现代化，也包括人的价值观念和思维方式的现代化。总而言之，人的现代化是一项涉及面广、全方位和立体型的复杂概念，是人类不断提高综合素质，实现从传统人向现代人转化的过程。

基于人的现代化发展目标下的教育考试机构现代化，应该达到以下三方面的要求：

其一，要强调教育考试应以人的发展为目的的价值取向。促进人的发展及其现代化，是教育考试机构现代化的核心理念和价值旨归。在教育考试服务与管理实践中，就是要坚持以立德树人为根本，不断提升人的现代性，促进人的充分发展。特别是在我国新一轮考试招生制度改革的情况下，现代化的教育考试机构更应充分发挥考试的育人功能和积极导向作用，紧紧围绕"立德树人、服务选才、引导教学"的核心功能，突出对能力和素养的考查。做好"立德树人"工作，就是要全面贯彻党的教育方针，解决好"培养什么样的人、如何培养人以及为谁培养人"这个教育的根本问题。

其二，人的现代化发展目标下的教育考试机构现代化，要强调人是教育考试机构现代化的重要实践主体。只有实现了"考试人"的现代化，教育考试机构现代化才是一个完整的现代化。考试人是教育考试机构现代化中一个积极的实践者和参与者，而不是一个单纯的受体。就教育考试事业发展而言，"考试人"的现代化素质主要表现在忠诚于人民的教育考试事业，具有全心全意服务考试用户的意识、完成教育考试业务的必备知识和技能，并且能够发挥协作精神、创新精神，能够为教育考试机构做出应有的奉献。

其三，人的现代化发展目标下的教育考试机构现代化，要努力推动"考试人"的终身教育。教育考试机构的现代化考试人，不是天生的，也不是从学校毕业招考进来的，而主要是在教育考试岗位上通过自主学习、探究学习和行动学习过程练就而成的。因此，在教育考试机构现代化目标中，应该有促进考试人的发展及其现代化的终身教育环境、制度和激励机制建设要求。

四、考试机构现代化目标的特征

教育考试机构现代化目标的设定，可能受到各种情况的限制或影响，从而使目标体系表现出如下的特征。

1. 层次性与类别性

我国的教育考试机构是有层次的，分为国家级、省市级和县级。虽然它们不是上下级关系，但是在业务上是有顶层决策、中层决策与实施以及基层实施之别的，因此，在教育考试机构现代化发展目标上也是有差别的。

我国教育考试也有不同的类型，如有学历教育考试和非学历教育考试。在学历教育考试中，又有普通高考、职教高考和自学考试。针对不同类别的考试现代化，也可能要设定有差别的考试现代化目标体系。

教育考试机构现代化目标的分层分类意味着：其一，教育考试机构现代化目标是可以分解的，且这种分解是根据我国教育考试的特点和发展阶段进行的决策；其二，教育考试机构现代化目标被分解成的若干目标之间不是孤立的，它们共同属于教育考试现代化这个有机的体系；其三，教育考试机构现代化目标是若干份目标共同作用的结果，因此要处理好不同层次、类别目标之间的相互协同关系。

2. 阶段性与前瞻性

任何事物的发展都有阶段性，从初级阶段、中级阶段再到高级阶段，反映出不同的发展水平。教育考试机构在设定一定时期的发展目标时，也需要考虑现代化发展的阶段性特征。这样做的主要原因在于教育考试机构的发展受到经济社会发展的制约。教育考试机构作为经济社会的一种现实存在，必然也会受到其所在地区经济社会发展水平的影响或制约。在同一个发展周期，经济欠发达地区的教育考试机构的现代化目标设定在初级阶段，经济发达地区的教育考试机构可能将现代化目标设定在现代化的中级阶段，即使处在同一发展阶段，教育考试机构的现代化内涵目标也会有所差别。

当然，教育考试机构现代化发展不只是被动地根据当下的社会经济发展现实情况来设定现代化阶段目标，也可以对未来经济社会发展趋势做出前瞻性和合理性的预判，进而提出具有引领作用或适应经济社会发展的现代化目标。这种前瞻性取决于对未来科技发展趋势、高等教育发展和终身教育发展的预期评估。随着未来科技特别是信息技术的快速发展，教育考试机构将从技术应用阶段向技术赋能阶段演进，促使教育考试机构的技术现代化目标发生变化。未来高等教育特别是高等职业教育的发展，将要求高等教育现代化目标在设定上充分考虑人才培养的类型、学科专业领域等，并随之做出调整。随着终身教育、学习型社会的来临，未来的教育考试需求是怎样的？和现在有何不同？终身教育情境下的考试内容、考试方式和评价理念将会如何变革？教育考试机构现代化目标设定时对上述问题应加以思考与研判。

3. 系统性与整体性

教育考试机构现代化目标的系统性，表明它需要关注教育考试所在的教育系统。整体性要求教育考试机构现代化目标在运行中要有整体思维，各部分目标应该协同一致。

教育考试机构现代化目标的系统性，意在强调教育考试机构现代化目标与教育考试现代化以及教育现代化目标的协调关系。教育考试机构现代化目标的设定不仅不能脱离比其层面更高的教育现代化目标体系，而且在实践中更需要与教育现代化相关目标保持互动。

教育考试机构现代化目标的整体性，是指教育考试机构现代化各要素目标是一个共同体，各分目标之间有着非松散式的联系，因此教育考试机构现代化的各项目标必须整体推进。如教育考试机构的观念现代化、制度现代化、技术现代化和队伍现代化等，都要给予整体性关注。教育考试机构现代化目标的整体性，要求我们在推进过程中要充分认识到各分目标之间的关联性、一体性，甚至有的目标之间具有一定的制约性 [1]。

---

① 卢晓中.高等教育现代化:理论发展与实践探索［M］.北京:科学出版社,2020：103.

第三章
教育考试机构现代化的要素剖析

　　教育考试机构现代化具有复杂性，解决复杂性问题最适切的方法是系统方法。研究教育考试现代化内涵问题，需要将教育考试机构发展置于教育考试事业发展的整体之中，剖析其现代化内涵要素，将它们综合到新的认知体系之中，以明晰教育考试机构现代化建设的基本任务。研究认为，教育考试机构现代化可以分解为观念现代化、制度现代化、技术现代化、队伍现代化四大要素，其中观念现代化是灵魂，技术、队伍现代化是基础，制度现代化是保障。它们共同作用于教育考试的各个组成环节之中，使教育考试机构在现代化过程中表现出独特的现代性特征。

第一节　教育考试机构的观念现代化

一、观念及其作用

　　"观念"一词，来自希腊文，原意是"看得见"的"形象"。在《现代汉语词典》中，观念是指"客观事物在人脑里留下的概括的形象（有时指表象）"，它同物质和意识、存在和思维的关系密切。马克思主义哲学从正确解决物质和意识、存在和思维的关系问题出发，认为观念是对客观现实的反映形式，是客观存在的主观映象。马克思说："观念的东西不外是移入人的头脑并在人的头脑中改造过的物质的东西而已。"[①]但是，观念不仅反映客观现实，而且还能根据对客观现实的反映为实践创造观念的对象，以作为实践的目的。这种观念的对象通过改造客观物质的实践活动转化为现实的对象，成为现实中不会自然产生的新事物观念。从哲学的角度看，它是人们思维活动结果的思想或思想意识，即理性认识。

---

　　① 马克思.资本论:第一卷［M］.中共中央马克思恩格斯列宁斯大林著作编译局,译.北京:人民出版社,1975:24.

在观念世界中，存在着观念的两种表现形态，一为经验，二为经验的人心复合物——人们常说的"理论"。换言之，观念是经验和理论在人们头脑中的沉淀。一般的哲学教科书说，人们的社会实践都是在一定的理论指导下进行的。然而我们还要注意两个问题：一是没有理论素养的人只要有一定的经验，照样能进行实践；二是理论在没有为实践主体接受之前，没有成为主体内在的思维能源之前，理论并不能成为实践的指导思想。纵观各类社会实践，只有当实践主体把经验和理论积淀为观念后，才有能动地改造世界的实践活动。

观念在实践中的地位，集中地表现在它具有能动性和创造性的特点。观念的能动性首先表现为它对实践主体具有指导性，对实践活动具有定向性；其次，它通过实践创造新的理论或新的人工自然，表现出它对精神世界或物质世界的创造性。我们现在强调观念更新或观念现代化，就是要充分发挥观念在社会实践中的能动性和创造性。在充满变数的教育考试现代化的实践中，观念更新之树应当常青。

二、教育考试机构的现代化观念

教育考试机构观念现代化，是摒弃旧观念和树立新观念的过程，是充分发挥观念在教育考试管理服务实践中的能动性和创造性的需要。概括地说，教育考试机构的观念现代化主要是引导教育考试机构树立正确的价值观、发展观以及现代思维方式。

1. 价值观

价值观，是基于人的一定的思维感官之上而做出的认知、理解、判断或抉择，也就是人认定事物、辨别是非的一种思维或价值取向，从而体现出人、事、物一定的价值或作用。在不同的领域，价值具有不同的内涵和规定性。从哲学一般意义上讲，它反映的是主体与客体需要之间的一种特定关系，是主体对客体的评价和判断。教育考试机构现代化是一种发展过程，也是教育领域的一种社会实践，在这一活动中也必然存在主体即教育考试机构与客体现代化的价值关系。价值取向，指的是一定主体基于自己的价值观在面对或处理各种矛盾、冲突、关系时所持的基本价值立场、价值态度以及所表现出来的基本价值取向。价值取向是理性层面的行为取向，它决定实践活动的方向和性质，也决定实践活动的成败[①]。

价值观具有相对的稳定性与持久性、历史性与选择性和主观性。价值观的稳定性

---

① 徐玲. 价值取向本质之探究［J］. 探索, 2000（2）: 69–71.

与持久性，是指在特定的时间、地点、条件下，人们的价值观总是相对稳定和持久的。比如，对教育考试为谁施考、教育考试机构为谁服务的问题，考试人总会坚信一个看法或评价，在条件不变的情况下这种看法不会轻易改变。价值观的历史性与选择性，是指在不同时代、不同社会生活环境中对价值观是有所选择的。在工业经济时代和知识经济时代，在资本主义国家和社会主义国家，人的价值观是不一样的。价值观的主观性，是指用以区分是否好坏的标准是根据人内心的尺度进行主观衡量和评价的。这些价值观特性对人如此，对教育考试机构亦然。

19 世纪末至 20 世纪中叶，心理学和统计学的理论融合使数据统计与应用成为教育测量主要的研究范式。20 世纪初，围绕分析技术的第一代测量理论——经典测量理论迅速发展起来，教育测量逐渐演变为带有浓厚数理统计色彩的应用学科。20 世纪后半叶，项目反应理论和概化理论的提出，拓展了教育测量理论，并直接服务于教育测量形式的变化，即利用计算机技术让计算机辅助测试成为可能。在认识论层面，评价理论的提出也大大提高了人们对教育测量的理解。20 世纪 70 年代，美国教育考试机构开始反思过去教育评价缺乏民主协商和主体参与性的不良弊端，转向为促进被评者发展服务的新评价观[①]。在高校招生模式改革中，教育考试评价机构不仅向考试成绩的使用者提供考试"总分"，而且提供描述性的考试成绩报告，以方便人们开展对考试的认知诊断[②]。美国教育考试评价机构在评价认识方面的改变，本质上是对教育考试价值观的一种修正。

价值观在教育考试机构现代化过程中的作用，主要表现在以下两方面：其一，对教育考试机构专业化、现代化转型动机的导向，在同样的教育考试客观环境里，持不同价值观的考试机构的转型动机模式是不同的，产生的行为也有差别。一般说来，教育考试机构转型的目的方向受价值观的支配，只有那些经过价值判断被认为是可取的转型方案，才能转换为变革行为的动机，并以此为目标引导考试机构的变革行为。其二，反映教育考试机构中考试人的主观认知世界。价值观反映考试人对考试机构现代化变革的认知和需求状况，是人们对教育考试客观世界及转型行为结果的评价和看法，因而，它从某个方面反映了教育考试机构中行为主体的人生观和价值观，反映了人的主观认知世界。

---

① 戴一飞. 申请者·评价者·招生者——美国研究生入学评价制度中参与主体的互动关系［J］. 清华大学教育研究,2013（4）：78-85.

② 王晓平,齐森,谢小庆. 美国高校招生"新模式"的启示［J］. 中国考试,2018（3）：1-4.

教育考试机构的价值观，最集中反映在"为谁高考"问题的认识上。传统观念认为，教育考试机构的职责是负责国家招生考试项目的组织实施，提供高考分数供高校招生录取新生之用。现代化的教育考试机构在"为谁高考"问题的认识上则与时俱进，认为教育考试必须以人民的需要为中心，"为党育人、为国选才"是高考的核心价值观，"立德树人、服务选才、引导教学"是高考的核心功能。

在中华民族传统优秀文化中，《管子》有劝人追求"立德""立功""立言"的古训。其大意是，人生的最高境界是确立道德和追求道德理想的实现；其次，要胸怀壮志，争取为国建功立业；再次，是努力学习，掌握广阔的知识，追求著书立说。这"三立"是人生不朽的表现，也是先贤对树人的期望。可以认为，我国历代教育共同遵循的理念或价值观就是"立德树人"。

我们今天强调教育要"立德树人"，就是明确回答教育的根本目的这个问题。长期以来，教育领域为教育目的的"社会本位说"和"个人本位说"争论不休，难有共识。现在提出教育的根本任务是立德树人，这就是教育目的的共识。教育考试将立德树人作为自己的根本任务，也算是抓住了教育考试的本质，既符合教育考试的规律和人才选拔的基本要求，同时也进一步丰富了教育考试价值观的时代内涵。

既然我国教育事业坚持以人为本的立德树人价值观，那么作为教育事业重要组成部分的教育考试及其组织机构也应该责无旁贷地树立立德树人的办考价值观。"立德树人"的教育考试，特别是高考，必须以习近平新时代中国特色社会主义思想为指导，全面贯彻党的教育方针和全国教育大会精神，强化理想信念、爱国主义情怀、品德修养、知识见识、奋斗精神、综合素质等方面的考查要求，引导和培育学生践行社会主义核心价值观，弘扬中华优秀传统文化、革命文化和社会主义先进文化，树立正确的历史观、民族观、国家观、文化观，切实增强中国特色社会主义道路自信、理论自信、制度自信、文化自信，从而全面彰显高考的育人功能。

教育考试机构在迈向现代化的过程中，努力办出高水平的现代化教育考试的任何活动，其最终目的都是为了落实立德树人的根本任务。教育考试机构观念现代化，要求教育考试机构进行角色转换，即从考试的管理者转向考试的服务者，从考试文化的传承者转向考试文化的创新者，在立德树人核心价值观引领下完成服务选才和引导教学的核心功能。

2. 发展观

发展观是唯物辩证法的一个总特征。唯物辩证法认为无论是自然界、人类社会还是人的思维都是在不断地运动、变化和发展的，事物的发展具有普遍性和客观性。发展的实质就是事物的前进、上升，是新事物代替旧事物。因此，我们必须坚持用发展的观点看问题，即发展观。在社会历史领域，发展观是一定时期经济与社会发展的需求在思想观念层面的聚焦和反映，是一个国家在发展进程中对发展及怎样发展的总的和系统的看法。确立什么样的发展观，是世界各国面临的共同课题，也是从传统到现代、从落后到先进需要探讨的问题。

世界无时不变，无处不变。求变、求发展也是推动社会进步的动力。人世间一切事物的发展过程都存在不同阶段和不同方面，但这段与那段、此面与彼面之间都是相互联系、相互作用的。当我们深思熟虑地考察自然界、人类历史或我们自己的精神活动的时候，首先呈现在我们眼前的，是一幅由种种联系和相互作用无穷无尽地交织起来的画面。唯物辩证法的发展观就是以理论的形式再现这幅画面的真实情景和无限发展，从而提供正确了解客观世界及其发展规律的科学方法。所以，唯物辩证法主张用联系的观点观察事物，反对把相互联系的事物孤立起来；主张用全面的观点观察事物，反对片面性；主张用发展的观点看事物，反对把事物看成是静止的、永恒不变的东西。又由于事物的联系是多种多样的，而每一联系的具体形式又是特殊的；发展是无限的，而每一发展过程又都有自身特定的质的规定性，所以唯物辩证法的发展观把具体地分析具体情况作为不可动摇的原则和活的灵魂。唯物辩证法认为在一切领域中都充满矛盾，客观事物的发展就是由矛盾而引起的万古常新的无限过程。反映这种过程的辩证发展观，内容是极其丰富的，活生生的；它所反映的方面不断增加着，永无止境。所以，只有唯物辩证法的发展观，才能向人们提供理解现存一切事物的"自己运动"和永恒发展的钥匙。

科学发展观是中国特色社会主义理论体系的重要成果，是基于中国经济社会发展新阶段出现的因经济、社会、人的发展带来的自然失衡、结构失衡、区域失衡、心理失衡、伦理失衡问题，根据马克思主义和中国特色社会主义理论提出的，其科学内涵和基本内容在实践中不断丰富和深化。与西方经典发展理论相比，科学发展观理论不仅关注经济发展和社会发展，更注重人的发展，是传统发展观走向现代科学发展观的演进，继承并超越了可持续发展理论，是中国化可持续发展实践的本质概括。

科学发展观是马克思主义关于发展的世界观和方法论的集中体现，是与毛泽东思想、邓小平理论、"三个代表"重要思想既一脉相承又与时俱进的理论，是马克思主义中国化的理论成果，是发展的马克思主义，是汲取众多发展理论精华、符合中国社会主义初级阶段特征和时代要求的科学的发展观，是当代中国的发展论。科学发展观来源于实践，它是建立在深入分析社会主义初级阶段国情、全面回顾改革开放新时期国家发展历程、认真总结中国特色社会主义建设经验的基础之上，是从中国特色社会主义建设实践中发源的理论。科学发展观具有指导实践的可行性，贯彻落实科学发展观对发展中国特色社会主义，实现中华民族伟大复兴具有极其重要的作用。

科学发展观的基本要求是全面协调可持续，强调发展是包括政治、经济、文化、社会在内的全面发展，是现代化建设各个环节、各个方面的协调发展，是人与社会、人与自然的可持续发展。贯彻落实科学发展观，有利于形成自然、人和社会的良性协调关系，推动整个社会的和谐发展。

科学发展观的核心是以人为本。把实现好、维护好、发展好最广大人民群众的根本利益作为发展的出发点和落脚点，把满足人民群众的物质文化需求作为发展的根本目的，把推动人的最终发展、实现人的自由与解放作为发展的终极目标，坚持发展为了人民、发展依靠人民、发展成果由人民共享，这充分体现了对人的尊重和人文关怀，体现了高尚的人文精神。

当代中国正处在现代化转型的历史时期，在现代化过程中，现代化因素与负面传统因素以及作为两者之产物的新旧体制、观念，通常以既相互耦合，又相互冲突的形式暂时共存于现代化进程之中，"传统"与"现代"之间的冲突几乎无时不存，无处不在，出现所谓的"社会混变"。在此背景下，作为社会产物的教育和教育考试不可避免地受到影响。特别是处在新旧招生考试制度交替时期的教育考试改革特别容易成为社会关注的焦点和教育矛盾冲突的集中地，所产生的诸多问题往往使教育考试机构不知所措。当前我国社会转型所引起的教育冲突和问题，主要表现在教育观念、教育体制和教育体系等方面的新旧冲突，也可以说是传统与现代、守成与创新的冲突。解决国家教育考试中的冲突和问题，遵循科学发展观是可取之道。

此外，遵循科学发展观，意味着我国的教育考试机构现代化的内涵式发展是应有之义和重要内容。所谓内涵，是指一个概念所反映的事物的本质属性的总和，也就是概念的内容。内涵式发展则是发展结构模式的一种类型，是以事物的内部因素作为动力和资源的发展模式，强调的是结构优化、质量提高、实力增强[①]。内涵式发展也是相对外延式发展而言的模式，后者往往靠外部力量和资源的投入，注重数量增长、规模扩大、空间拓展。就教育考试机构现代化建设而言，在其初级阶段投入必要的物质

---

① 卢晓中，等. 高等教育现代化：理论发展与实践探索［M］.北京：科学出版社，2020：233.

资源是无可厚非的，但是越过启动历程后进入成长或发展阶段，就需要依靠自身的创新驱动和可控资源（观念、制度、技术、队伍等）去寻求现代化发展，这就是教育考试机构现代化的内涵发展模式，也是科学发展观的实践体现。

3. 思维方式

当代社会的转型，必然冲击人们的思维方式，导致由"关注现在"向"关注未来"的思考，以及教育应该"培养怎样的人"和"传授什么知识"的探究，涉及教育内容的选择与创新[①]。与此相关的教育考试公平公正问题也存在矛盾和问题，需要人们认真思考。无论思考还是探究，都需要思维这种心理活动。从传统到现代，从落后到先进，需要现代观念的引导，而现代观念的产生又与人的思维方式密切相关。一般说来，观念的现代化必然伴随有思维的现代化。

思维中的"思"就是想，"维"意味着序，思维的基本含义就是有序地想。思维是智力的核心，智力作为个体心理特征，当然是有层次的。智力的超常、正常和低常，主要体现在思维水平上。

世界新技术革命和中国式现代化的变革浪潮，正在冲击着中华民族思维河床中古老的黄河。虽然这一河流曾经孕育了辉煌的中华古代文明，但也沉积了不少砂砾乱石。今天，当我们高举创新旗帜向着现代化迈进时，不得不清除阻碍在思维河道上的障碍。所谓思维河道上的障碍，就是指与现代化事业格格不入的落后思维方式或影响创新思维的传统思维模式。思维方式作为人的精神世界的一部分，归根到底来源于社会物质生活，并随着社会物质生活的发展而发生演变。社会存在的变化，要求人们思维方式相应地变化。但在这两个不完全同步的变化之间难免出现时间差，人们思维方式的惯性使之常常落后于社会的实际变化。当思维方式同社会的发展不相适应并发生严重冲突时，变革人们的思维方式就成为一项迫切的社会任务。

落后与进步是历史的、相对的概念。在教育考试机构的观念现代化问题上，与中国式教育考试机构现代化建设恰切的思维方式，意味着具有进步的价值。分析思维方式的落后性，不能以传统思维和现代思维来画线，而应当从思维应具有的功能方面进行理性思考。当思维方式出现负效应时，其落后性就开始形成了。落后的思维方式有多种多样的表现，但其共性特点是使思维方式的认识功能或实践功能产生负面效应。在具体分析教育考试机构现代化思维方式时，可以根据以下的基本准则进行判断：

---

① 张和生. 从"为国选材"到"为民量才"——转型中的高考公平问题研究［M］. 上海：上海交通大学出版社，2013：57.

思维方式是否删掉了对教育考试机构现代化有价值的东西，而保留了应该淘汰的东西？

思维方式是否把有利现代化发展的新事物、新信息纳入一个传统的框架里，扼杀了新事物的生命力？

思维方式是否脱离教育考试事业发展的新的实际情况，用旧标准来随意解释新事物？

思维方式是否造成了教育考试机构现代化需要的发现问题和解决问题能力的衰退和低下？

思维方式是否导致教育考试机构现代化目标制定的失误和决策实施中的僵化？

思维方式是否确立了错误的调节标准，或者只收集带有落后意识的信息？

思维方式是否强化了教育考试机构现代化的发展动力？是否是涣散了教育考试机构现代化意志的消极因素？

我国教育考试机构现代化建设尚处在探索之中，为了健康、持续发展，教育考试机构必须促使思维方式从传统到现代、从经验到科学的转型。因此，在教育考试机构观念现代化的过程中，我们一方面要了解落后思维方式产生的归因，另一方面要对现代思维的特征有所认识，以自主推进思维方式的变革。

一般说来，落后的知识支持和落后的时空坐标往往导致思维方式的落后。在现实中，有人习惯靠经验行事，轻视甚至拒绝学习，其结果是头脑中的知识库变得陈旧落后，思维方式无法适应新的环境和变革。教育考试机构中的人员都接受过学校教育，但往往是传统的终结性教育而非现代的终身教育。在终结性教育环境里所学到的书本知识和课堂上的知识都有一个老化周期，离开学校几年后就可能变成被新环境淘汰的过时知识。当陈旧的知识以固定的模式控制和引导着我们的思维时，落后性在所难免。例如，几年前在学校学习过信息技术的人，一旦面对基于数据库的命题方式和计算机阅卷评价业务时，脑海里可能会模糊不清，无所适从。

在时间坐标上，我们习惯追求与过去或传统保持一致，对现实重视不够，对未来更是冷漠。决策者在思考问题时，往往没有长远打算，对未来的发展趋势和应采取的超前应对措施心中无数。对追求现代化的人或机构来说，应当把眼光放在未来，即要有一定的预见性或超前性，否则，我们又怎么能在现代化过程中赶超别人或保持自己的领先水平呢？

我们正处在数字化地球和全球经济一体化的时代，我们的教育发展战略仍局限在过去的模式上，无异于甘当井底之蛙。在量度上，我们落后的思维方式主要表现为灵活度偏小的刚性思维上，即思维过分定型化和凝固化。多年来的教育体制和管理模式，使得人们习惯于"非此则彼""井水不犯河水"地思考问题，并认为这是原则性强的表现。刚性思维常常演化为思想上的僵化和教条主义，唯书、唯上，不善于根据变化了的情况进行适当的调整和转换。

教育考试机构的思维现代化，就是要通过学习和实践培养考试人具有现代性的思维品质。这种思维品质主要表现在开放性、创造性、精确性和求实性等思维特征的集成方面。

中国改革开放的成功，首先要归功于思维的开放。如果没有突破计划经济模式的开放思维，就没有社会主义市场经济的转变；没有公有制可以有多种方式的开放思维，就没有民营经济发展的空间和可观的规模。我国教育考试机构现代化，如果是闭门造车、坐井观天，封闭思维，不采取多学科、多变量、多层次地研究现代教育考试理论和方法，不主动走出去考察发达国家教育考试机构、教育测评理论与方法的最新状况，是不可能规划好新时代教育考试机构现代化的决策方案和行动计划的。

教育考试机构现代化是前所未有的事情，需要不断地探索和创造。因此，缺乏创造性的思维方式，是无法胜任教育考试机构现代化这种转型大事的。创造性的特征是突破常规，能够匠心独具，推陈出新。当然，教育考试机构首先要能搞清楚什么是陈，什么是新，再就是要有突破常规的勇气和智慧。

教育考试机构现代化的思维方式不仅仅只有开放性和创造性，还要有一定的精确性，即不能粗枝大叶地思考问题。现代化中的问题，有时需要进行定性与定量相结合的分析，甚至需要基于数字或数据支持的决策。实现思考和决策的精确化和科学化，已成为现代化思维方式的一个重大特征。

现代化思维的求实性，就是思考问题时要实事求是。求实性是辩证唯物主义的思维方式，它包含着极其丰富的理论内容，也具有创新开拓的能量。所谓求实，就是要把我们的思想认识深深地扎根在实际的土壤之中，把实际问题作为我们认识、研究的对象，把实际需要作为我们认识研究的任务，避免把认识活动搞成空洞的概念游戏，在脱离实际的空想里过日子。为什么我们的理论研究落后于改革开放的实践？一个重要的原因，就在于长期以来，我们在研究中国问题时，缺乏求实的科学思维。求实性，也可以说是唯实性，即一切从实际出发，从中国的国情出发去思考中国的事情，而不能"唯书""唯上"。在实践中，我们倡导创新，但任何标新立异的东西是否可行，只能由实践来检验。当理论与实践发生矛盾时，不是让实践去屈从理论，而是用实践去检验理论和发展理论，让理论去服从改造社会的实践。坚持唯实的态度，说到底就是要反对本本主义和教条主义，坚定不移地坚持实践是检验真理的唯一标准。

第二节　教育考试机构的制度现代化

一、考试制度的价值与特点

新时代教育考试机构现代化的主要路向，就是扎根中国大地办出世界先进水平的教育考试。要实现这一战略任务，缺乏现代化的教育考试制度保障是不可能的。即是说，教育考试机构的制度现代化也是教育考试现代化的一大内涵要素。

在教育考试机构的现行体制中，不缺各种制度，如与教育考试密切相关的考试命题制度、考务管理制度、高考录取管理制度、国家教育考试安全保密制度等法规性制度。此外，教育考试机构日常管理中也有各种岗位责任制度，如办公室人员考勤制度、计算机房值班制度、科研经费管理制度等。

社会公共管理，制度无处不在。通俗地说，制度是一种"社会的游戏规则"；更规范地讲，它是为人们的相互关系而人为设定的一些制约，是各种行政法规、章程、制度、公约的总称。国家机关、社会团体、企事业单位等组织机构制定各种规章制度，目的是维护组织机构正常运转秩序，确保政通人和、令行禁止，以顺利实现规定的活动目标。制度的载体主要是具有法规性或指导性与约束力的应用文件。

在教育考试活动中，施考者、应考者和考试结果使用者之间的相互关系必须靠相应的制度来约束，以维系具有社会性的考试活动的正常秩序。教育考试制度体系一般包括考试正式规则、考试非正式规则和这些规则的执行办法。考试正式规则是指国家教育行政部门依法制定的关于教育考试的政策法规，用于激励和约束教育考试主体的行为举止；考试非正式规则主要指涉及考试的价值信念、伦理规范、道德观念等规章制度要求；考试实施办法是为了确保上述规则得以执行的相关安排，是确保考试工作顺利运作的指导性和监控性手段。

考试规章制度具有指导性和约束性、鞭策性和激励性以及规范性和程序性等特点。根据教育考试规章制度，考试人能够清楚知道该做何事，不该做何事。如果擅自行事，造成不良影响或后果，可能要受到相应的处置或惩罚。教育考试机构制定的规章制度都会公示于众，也常常组织大家学习，鞭策和激励考试人树立法治意识、遵规守纪意识和勤奋工作意识。

教育考试机构的制度现代化，主要目标是实现考试业务程序的规范化、岗位责任的法规化、管理方法的科学化。这种现代化必须遵循国家意志，以有关教育考试的政策、法律、法令为依据。此外，现代化的考试规章制度的制定与实施，也要具有程序性，注意公平、公正、公开的基本原则，能够转换为考试人奋发向上的一种内在动力。

二、教育制度的供给

教育考试机构的制度现代化，不仅要注重机构内部规章制度的制定并使其具有科学性和时代性，而且更应该关注在教育考试变革的情况下，国家教育行政部门对教育制度的供给问题，因为这对教育考试机构的制度现代化建设至关重要。

在新的教育变革时期，人民对教育的诉求总会不断出现，这既是对教育转型中积累的各种问题的反映，也有新形势下产生的诸多新需求。无论哪种情况，若从制度供给的角度去考察现阶段教育发展中的诸多热点问题，就会发现许多热点问题背后存在着制度供给缺位或滞后的问题，有学者称之为"制度供给约束"[①]。这也意味着，在社会转型或新旧体制更迭进程中，新制度的实施效果不是短期内就能让人满意的，尚需要经过一定时间的实施验证和反馈，才有可能使新制度趋于合理和完善。

近些年的教育改革，特别是新一轮的考试招生制度改革，在其试点过程中，引发社会对教育考试制度供给的关注，并频繁地对教育考试问题提出诉求，特别是教育考试的公平问题常常成为人们议论的焦点。可以认为，这类教育考试诉求产生的原因很大程度上不在教育者和受教育者身上，而主要是因为教育考试政策以及由此延伸出来的教育考试法规、制度、机制的缺失和错位造成的。

一般说来，制度供给约束问题的产生，往往与制度变迁的规律有关。研究和实践表明，一种新制度的安排相对需要具有滞后性。马克思在研究生产力和生产关系时，就认为制度变迁是对生产力滞后的一种反映，新制度安排也不过是对彼时生产力水平

---

① 张和生.从"为国选材"到"为民量才"——转型中的高考公平问题研究［M］.上海：上海交通大学出版社，2013：62.

的被动回应。当决策者或管理者认识到了现存的生产关系不适应生产力发展需要时，才有动机去启用制度的作用机制，出台新政策。从问题发现到政策安排，这是有先后顺序的逻辑思维过程，也就是说，制度安排的滞后性是符合情理的[①]。

例如，我国高等教育在实现大众化的进程中，采取了扩招的对策，其中包括办独立学院和提高学费标准等体制性措施。这些举措固然有促进高等教育大众化的效果，但同时也带来某些负面影响，如高校盲目扩招、招生行为失范和不正之风盛行等，造成了高等教育质量的下滑和入学机会的不公。分析其中的因果关系，最后都无法避免教育制度供给未能及时跟进的归因。

当前，我国的高等教育正朝着内涵式发展的道路前进，其中的重点工作是着力提高教育质量。毋庸置疑的是，现有的人才选拔、评价、培养等方面的制度安排滞后问题影响着教育质量的提升，"制度变革必然成为提高高等教育质量的现实需求。"[②]

基础教育阶段的教育质量提升，必须全面落实素质教育，切实促进受教育者的全面个性发展。影响中小学生素质教育深入发展的关键，在于解决高考"指挥棒"的负面导向问题。解决问题的根本性还得落在科学的、可行的考试招生制度供给上面。

令人欣慰的是，《国务院关于深化考试招生制度改革的实施意见》于2014年9月发布，表明中国特色现代教育考试制度供给开始到位。紧接着上海市和浙江省的高考综合改革试点启动，为新的教育考试制度的实施破冰启航，将使新时代的素质教育、创新教育迎来革命性的改观。与此同时，教育考试机构的制度现代化也有了明晰的方向。

教育考试机构的制度现代化，是指维护好国家现代教育考试制度权威性、严谨性和持续性的现代化，其目的是利用制度的力量确保教育考试机构各项工作的正常和高效运行。

新时期的教育考试制度改革，在实施中可能还会碰到新情况、新问题，教育考试机构需要充分理解新的教育考试制度的精神实质，同时从本区域的教育考试实际情况出发，研究制定地方性规章制度，出台实施性的意见，确保新的教育考试制度在本区域的顺利实施，推动教育考试事业高质量发展，建设具有制度创新能力的现代化教育

---

① 陈潭.单位身份的松动——中国人事档案制度研究[M].南京:南京大学出版社,2007:27.
② 张和生.从"为国选材"到"为民量才"——转型中的高考公平问题研究[M].上海:上海交通大学出版社,2013:63–64.

考试机构。

三、完善教育考试治理体系

教育考试机构的制度现代化，需要认真研究与解决国家教育考试治理体系问题，这也是维护教育公平、发展高质量教育、满足人民日益增长的美好生活需要的必然要求。我国教育转型过程中，教育考试处于枢纽和核心地位。以高考为代表的国家教育考试，是连接基础教育、高等教育与职业教育的中枢，其治理体系的改革创新，往往对基础教育产生反拨作用和指挥棒作用，对高等教育和职业教育产生后续影响；作为分配优质教育资源的主要渠道，也是当前教育领域主要矛盾的重要"节点"，由此也成为中国社会众多敏感神经中最为敏感的一根，其治理体系的改革和治理能力的提升，往往连带性和传导性极强，不仅影响教育系统的转型发展，而且由于其改革张力的扩大，会影响社会发展与社会公平。经济社会发展要求教育加快转型步伐，需要与之相适应的教育制度作为保障；而作为教育体制和发展机制的重要组成部分，教育考试治理体系和治理能力现代化的步伐也必须加快，治理体系必须改革、必须创新，治理能力必须提升，没有这一保障，教育考试改革无法推进，教育转型也不可能达到预期。教育考试机构的现代化也难以顺利推进。

所谓教育考试治理，简单地说是治理理念在教育考试领域的应用，其内涵是：在一定的规范前提下，由各级教育考试管理机构组织、相关单位组织（高校、中学）、社会组织（考试服务机构、助学机构等）、考生组织、考生个体等多元主体共同参与，整合资源，共同管理教育考试领域各类公共事务，在教育考试设计、管理、实施等层面，优化资源配置、协调相互关系、满足社会需求和考生需要的过程。

经过多年的发展，我国教育考试改革取得重大进展，治理体系和治理能力上取得了重要成绩。一是教育考试组织机构和体系进一步完善。经过多年的努力和建设，目前已在全国范围内形成了国家、省、地市、区县多层级的专职机构，在教育行政部门领导下专职负责考试工作，有专项经费支撑，职责进一步明确；配备了一定的编制计划，或为公务员系列、或参公管理、或事业编制，专业人员干专业的事。二是管理能力显著提升。各级考试机构按照教育部的部署，对业务工作形成了"三级"培训模式，人员接受各项业务培训考核；在人员素质上，教育部考试中心专门组织了硕士班，为省、地人员综合素质和专业素质提高奠定了基础；各级教育考试机构注重常规化考试管理和处突能力建设，考试事故、大规模舞弊等事件逐年减少，失泄密案件鲜有发生，听力、公共卫生事件、自然灾害等突发事件处置上游刃有余。三是教育考试服务评价的领域进一步扩大。在原有高考、四六级、国际学生评估项目（PISA）等项目评价基础上，进一步扩大评价范围和深度，为教育、教学提供参考和依据。四是科学化和信息化水平进一步提升。教学内容改革更加全面和科学，法治意识不断提高，突出育人导向，为国家选才提供支撑和保障；各地在教育考试信息化建设中迎难而上，标准化考点二期工程启动，人工智能、云计算等的引入，提升了工作效率和效果。五是考生服务更加人性化和个性化。针对盲人考生提供盲文卷，针对其他残疾人提供了方便其考试的合理便利；考生报考、办理手续、证书等更加方便快捷；举报、投诉电话等渠道更多，且常年提供服务。总之，在各级教育考试机构的共同努力下，教育考试治理迈上了新台阶，确保了各级各类考试平稳实施，人民满意度进一步提高。

尽管我国的教育考试治理近些年来有了长足进步，但是基于教育机构的制度现代化要求还有一定的差距，现阶段的教育考试治理仍需完善。2020年底，教育部考试中心在全国范围内开展调研，省、市、县（区）共78个考试机构反馈了情况，归纳起来，主要在主体体制、依法治考环境建设、运行机制和保障要素三方面的问题值得研究与求解。

在主体体制方面，我国教育考试的主体体制仍然存在一些突出短板和不足，制约了一些焦点治理问题的有效应对和解决，也不利于教育考试治理体系的健全与完善。其中的主要问题如下。

其一，党建引领教育考试治理尚有待加强和优化。"十三五"以来，全国教育考试系统加强了党建工作，强化"党政同责、一岗双责"，坚持党对教育考试治理的引领，形成了党建工作与教育考试业务工作的"同谋划、同部署、同考核"。应该说，各地党建引领教育考试治理的格局已初步形成，但工作推进中仍然存在不平衡不充分问题。在教育考试机构现代化进程中，务必进一步加强党对教育考试事业的领导，创新党建理念和方式，积极主动探索将党建工作真正融入、发力、引领教育考试治理的措施。

其二，教育考试机构与行政部门、学校的职责分工有待规范。按照《中华人民共和国教育法》《中华人民共和国高等教育法》等相关法律，我国教育考试的行政管理权归于各级教育行政部门；教育行政部门将教育考试的实施职责委托给各级教育考试机构。但各层级的教育行政部门与教育考试机构职责分工存在交叉、重叠或真空，有的教育行政部门"放手管理"，将工作"二传"给教育考试机构；有的教育行政部门则事事躬亲，甚至将教育考试机构的财务事权予以剥离。此外，目前教育考试的考务具体实施一般由各级各类学校承担，而教育考试机构与之同属事业单位，对其无调用权、统筹权，一些弱势的教育考试机构面对强势的中学、大学，常面临考场"无处安放"的问题。尽管各级教育行政部门围绕学校减负做了大量工作，但各学校承担教育考试考场设置、考务组织人员来源的压力仍很重，承接考试的负担沉重，相应权利得不到有效保护，办考的积极性严重缺乏。总体来说，教育考试的实施和创新发展缺乏制度层面的动力机制。

在依法治考环境建设方面，尚待增速扩面。经过从"十二五"到"十三五"的不懈努力，我国已成功实现考试作弊定罪入刑，修订《国家教育考试违规处理办法》，初步建成诚信档案系统，治考法规走向健全。为残障考生参加高考提供便利并制定专门的管理规定，保障残疾人平等参加考试。圆满完成国家教育考试标准化考点工程建设，网上巡查、身份识别、作弊防控等系统投入使用。不断完善国家教育考试部际联席会议制度，形成舆情监控与有害信息处置、疑似泄密信息快速研判等一系列工作机制，有力提升了考试的安全性和公平性。但是，依法治考不能局限于防范、惩治违规作弊违法犯罪方面，它还需要进一步明确教育考试的治理主体及其职责、地位；需要依法保障教育考试的资源供给（如考场设置、考务人员等）；需要进一步保障考生权益，建立依法救济的渠道与措施。这些方面我国教育考试体系中仍有所欠缺。考试活动的主体包括主考和应考者，考生也是教育考试治理的重要主体，依法治考不仅要保障考生的主体地位和权益，还应该为考生维护权益、参与教育考试治理的行为提供法律规范与保障。

随着我国教育考试规模不断扩大，国家和社会对教育考试的公平性、安全性、科学性还会提出更高要求。按照目前教育考试管理体制机制，完全满足人民群众对高质量教育考试的期盼还有相当长的一段路要走。教育考试机构现代化进程中，还需要进一步理顺有关教育考试管理的责权关系，健全教育考试运行的协同机制，完善考试种类体系顶层设计，以及疏通考生参与治理渠道，建立纠纷争议解决机制。教育部教育考试院研究认为，今后完善教育考试治理现代化的总目标是：在教育治理现代化框架下，全面加强党对考试工作领导，明确职责分工，不断完善管理制度、创新管理模式、丰富管理手段，形成依法治考、多元参与、综合治理、有效监督的格局，分类精准提供服务和供给，提升考试组织实施的治理体系和治理能力现代化水平，维护公平公正，确保平稳实施，办好人民满意的教育考试。

第三节　教育考试机构的技术现代化

一、技术变革的认知

在教育考试机构现代化系统中，技术现代化是最重要的要素，是体现教育考试机构现代性的关键特征。教育考试机构实现技术现代化，首先要了解人类社会的技术变革历史与发展趋势，同时明晰与教育考试机构业务现代化所需要的应用技术。

众所周知，科学技术是第一生产力。在科学技术体系中，科学重在探索未知，发现规律；技术发明和技术革新注重科学原理在生产生活中的应用。历史上，蒸汽机的发明和推广应用，推动了人类历史上的第一次产业革命，社会进入机械化时代；发电机、电动机的发明和推广应用，促使人类社会进入电气化时代；随后的信息化和自动化时代的到来，与计算机技术的发明和不断进步密切相关。

人类社会进入 21 世纪以来，新兴的计算机技术、互联网技术、新能源技术和人工智能技术的广泛应用，使经济结构、社会结构、人类生活方式等发生巨大变化，人工智能化时代已经来临。其中的计算机技术、人工智能技术、大数据技术与教育考试机构的技术现代化关系密切。从一定意义上讲，教育考试机构的技术现代化也就是这些高新技术对教育考试业务与管理的赋能应用、深度融合与创新的过程。

计算机俗称电脑，是能够按照程序运行，自动、高速处理海量数据的现代化智能电子设备，既可以进行数值计算，也可进行逻辑计算，还具有信息存储和记忆功能。计算机技术应用广泛，归纳起来，主要用来进行信息管理、过程控制、辅助设计和组成计算机网络服务等。信息管理是以数据库管理系统为基础，辅助管理者提高决策水平。信息处理具体包括数据的采集、存储、加工、分类、排序、检索和发布等一系列工作。据统计，80% 以上的计算机主要应用于信息管理，成为计算机应用的主导方向。过程控制，是利用计算机实时采集数据、分析数据，按最优值迅速地对控制对象进行自动调节或自动控制。采用计算机进行过程控制，不仅可以大大提高控制的自动化水平，而且可以提高控制的时效性和准确性，从而改善劳动条件、提高产量及合格率。计算机辅助技术，包括计算机辅助设计、计算机辅助制造、计算机辅助教学以及计算机辅助命题、阅卷评分等。计算机网络，是由一些独立的和具备信息交换能力的计算机互联构成，以实现资源共享的系统，它给我们的工作带来极大的方便和快捷。人们可以在全球最大的互联网络（Internet）上浏览、检索信息，收发电子邮件，阅读书报，参与众多问题的讨论，实现远程医疗服务、教育服务和考试服务等。

人工智能是研究、开发用于模拟、延伸和扩展人的智能的理论、方法、技术及应用系统的一门新的技术科学。根据人工智能在应用中的表现能力，人们将它分为弱人工智能和强人工智能。弱人工智能又称"特定"人工智能，这样的智能机器只是执行人们交给它的任务，解决某一类问题。强人工智能又称"通用"人工智能，这样的智能机器具有一定的自我意识，能够感知自身和环境的存在，在很多情境中都能应用，甚至人类能做的脑力劳动（如写作、绘画、作曲、考试命题、考试阅卷评分等）它们也能胜任。目前应用性的人工智能技术主要是图像识别、语音识别、物品识别和机器学习。

20世纪60年代，计算机软件科学取得巨大进步，发明了数据库。从此，数字、文本、图片都不加区别地保存在电脑的数据库中，数据也逐渐成为数字、文本、图片、视频等的统称，也即是"信息"的代名词。从数据库到大数据并不仅仅是数字技术的演进，而是思维方式的全面变革。维克托·迈尔-舍恩伯格用"一场生活、工作与思维的大变革"来定义大数据时代，认为大数据开启了一次重大的时代转型，正在改变我们的生活以及理解世界的方式。人类向数字化时代、向互联网社会的全面迁徙，是一个时代性的人类课题和不可阻止的人类命运。互联网、大数据已经成为人类文明的一部分，已经成为人类的一种文化。以互联网为代表的新媒体技术打开了信息所罗门的瓶子，数字化的信息失速狂奔，人类主宰信息的能力远远落在后面。哈佛大学定量社会学研究所主任盖瑞·金认为"大数据技术将触及任何一个领域"。大数据时代会引爆的技术革命，改变的不仅仅是信息生产力，更是信息生产关系。

数据驱动的创新，一般从两个方面展开：一是新技术和新媒体支撑下的人力、物质、信息、资本的全球性、无缝式、智能化连接产生的海量数据，将为文化产品的生产、流通、消费的模式创新和流程再造提供强大的支持；二是移动、智能、社交媒体的普及将彻底改变人们的一切，艺术、教育、媒介这些顶层的文化生态也将重新建构，数据科学的实践本身将成为一种文化创新现象。数据驱动的创新研究旨在对接丰富复杂的数据和各种理论，而不单单是数据的计算和分析。从此出发，数据驱动的创新研究强调数据的社会性、动态性、关联性、语境化、细微性。人们关注的不是让数据自己说话，而是如何跟数据对话。

二、教育考试的技术应用

没有现代技术就没有现代化。以计算机技术、互联网技术、人工智能技术等为代表的新技术是当今世界最具活力、发展最为强劲而且能够渗透到各个领域的科技生产力。教育考试机构的现代化发展，必须得到新技术的支撑。教育考试机构只有将新技术应用到教育考试中，不断提高考试业务的自动化、智能化水平，才能实现教育考试机构的技术现代化。

教育考试机构的技术现代化，重点是信息技术的深度与广度应用。信息资源日益成为重要的生产要素和社会财富。对教育考试机构现代化发展来说，信息化也成为其内生变量、专业特征和服务品质。近些年来，无论是国家教育考试机构还是省市教育考试机构，在持续发展过程中，无不将信息化视为专业化、现代化建设中的基础工程，并且集中力量、加大投入，构建出相应的信息化教育考试业务管理系统，解决命题与试卷设计、考务组织与实施，以及统计分析与评价等环节的"以机代人"问题，可以说教育考试机构的信息化建设初见成效。

在教育考试过程中，教育考试评价格外受人瞩目。教育评价领域充满着不确定性，既有的考试理论如何升级迭代是摆在所有教育考试机构专业化、现代化进程中的难题。客观地讲，国际上先前发生的几次重大的教育考试评价理论与技术创新，我国教育考试机构都没有很好地抓住机会，成为变革的主导者，这与当时我国教育整体水平落后，以及教育考试机构专业化发展滞后有一定的关系。随着我国教育事业的迅速发展，教育考试机构专业化、现代化意识的增强，注重信息技术在教育考试中的广泛和深入融合也会水到渠成。例如，大数据技术的运用，促使教育考试从单一考试向多元评价跃升。未来的招生评价将不再是基于某一时间横断面的信息，借助于大数据和云资源，教育考试招生机构可以收集到考生各方面的资料，从而获得考试申请者全方位的、立体的信息，给招生录取工作带来更可靠的决策。

再如，从 2005 年开始，我国国家教育考试阅卷工作普遍采用网上评卷方式。随着人工智能领域的图像识别、语音识别和机器学习等技术的突破，推动了人工智能测评技术在考试领域的研究应用。在新一代人工智能网上评卷系统设计过程中，可以采用"人工智能测评技术＋网上评卷技术"的基本思路，即实现网上评卷系统和人工智能测评系统在网络层面的相互访问和数据层面的实时共享。新一代人工智能网上评卷系统以现有阅卷组织管理模式为基础，主要包括答题卡扫描系统、智能评分系统和网上阅卷系统三大部分。技术关键在于智能评分系统与网上阅卷系统的有机融合，为此需要增加相应的评卷辅助平台嵌入到二者之间，以平滑过渡方式构造适用的智能网上评卷系统。新研发的人工智能网上评分系统还具有强大的数据处理能力，完备的辅助质检功能，能够提供客观的质量评价标准，从而能够在更大程度上保证评分的客观公正。新一代智能网上评卷系统在技术上具有系统的独立性、数据交换的灵活性、在线控制的实时性、对离线风险的包容性和系统的可扩展性，在新高考网评中已有应用[①]。

三、技术现代化面临的挑战

我国的教育考试技术现代化正在路上，近些年来虽然在新技术应用方面取得了很多成绩，但是在前进的道路上依然还会面临新的挑战。学者杨志明等在《我国教育考试现代化面临的五个方面挑战》一文中提到的"技术应用既要继承又要发展"和"考试现代化需要有一流学科支撑"的观点[②]，就值得教育考试机构在实现技术现代化时深思和采取相应的对策。

自 20 世纪 90 年代以来，发达国家和地区的教育考试机构纷纷研发和实施计算机化考试（CBT）、在线考试（IBT）、计算机化自适应考试（CAT）、计算机化自适应多阶段考试（ca-MST 或 MST），以及计算机化自适应认知诊断考试（cd-CAT）等具有现代化特征的教育考试模式。在这种情况下，我国教育考试机构要做的首件事情，就是要对相对成熟的先进的考试测评技术进行移植与本土化。我国教育考试机构近些年虽然积极吸收消化了若干先进的考试测评技术，但是应用的深度还不令人满意。目前，人们尚停留在对考试项目的试卷扫描、随机组卷、计算机施测等方面，缺乏对考试测评方法背后的软件编程算法的深入探讨，不少先进的考试测评技术（如测验等值）尚未得到推广应用[③]。

其次，我国教育考试的数字化水平亟待提高。目前，各地所实施的数字化考试，主要是采用 CBT 或 IBT 形式，把纸笔测验变成了电子版本的测验。这些做法除了实现计算机化考试，还增加了考生信息管理、题目编写与修改、试卷编辑与制卷、计算机

① 何屹松,徐飞,刘惠,等 . 新一代智能网上评卷系统的技术实现及在高考网评中的应用实例分析［J］. 中国考试,2019(1): 57–65.
② 杨志明,陈一龙,徐庆树 . 我国教育考试现代化面临的五个方面挑战［J］. 中国考试,2023(2): 19–24.
③ 杨志明,夏胜俊,李希 . 教育考试数字化: 模式、特点与启示［J］. 教育测量与评价,2022(6): 3–12.

作答、计算机阅卷评分、简单的数据分析、结果报告和信息存储等功能。对于计算机化自适应考试（CAT）、计算机化自适应多阶段考试（ca-MST 或 MST）以及计算机化自适应认知诊断考试（cd-CAT）等模式，大多数考试服务机构则掌握得不够准确，而且与考试理论脱节的情况较为普遍[①]。

考试具有很强的实践性，也需要科学或学科理论的支持，以确保实践的正确性和可靠性。能够支持教育考试的学科较多，其中考试学就是最基础的学科。考试学是一门研究考试现象及其规律的新兴科学，它的内容涉及社会、自然及应用技术科学领域的多门学科。除了考试学外，心理计量学应该是支撑考试现代化最重要的学科，可以说它是考试现代化的理论基石。美国提供心理计量学博士课程的高校有斯坦福大学等十几所名校，因此能够为教育考试机构提供大量的高素质的教育考试评价专门人才，促使教育考试机构的现代化成长[②]。相对而言，我国在心理计量学学科建设和人才培养方面起步较晚，水平较低，尚难以向教育考试机构提供足够的高素质专业人才。解决教育考试现代化人才需求与人才供给的矛盾，对教育考试现代化来说也是让人揪心的挑战。

四、考试机构的技术积累

教育考试机构的技术现代化是一种高度依赖机构自身素质和条件的活动，面对同样的教育考试环境和资源配给，致力于技术现代化的教育考试机构其表现却各不相同，有的进展迅速，有的进步缓慢。现实表明，教育考试机构能否顺利推进技术现代化，不仅受制于诸多的外部条件，而且与机构的内在因素有极为密切的关系。在诸多的内在因素中，技术积累是决定教育考试机构技术现代化成功与否的重要内在因素。而技术积累不足正是我国教育考试机构当前普遍存在的问题，因而也是我国教育考试机构技术现代化难以推进的深层次原因。大部分教育考试机构对技术积累的概念、内容、途径等问题的认识还相当模糊。实践中，相当部分的教育考试机构的技术积累尚停留在自发阶段，效率低下而又带有较大的盲目性。

1. 技术积累的概念

技术积累（technological accumulation）的定义，目前尚无成熟的界定。对教育考

---

① 杨志明,陈一龙,徐庆树.我国教育考试现代化面临的五个方面挑战[J].中国考试,2023（2）:19-24.
② 杨志明,陈一龙,徐庆树.我国教育考试现代化面临的五个方面挑战[J].中国考试,2023（2）:19-24.

试机构来说，技术积累是指其在从事教育考试技术活动过程中所获得的一种寓于自身组织之中的知识积累和技术能力递进。在这一认识中，包括三个要点。

其一，技术积累包括两个方面：知识积累和技术能力积累。

其二，技术积累的主体是机构，它是组织行为的结果。教育考试机构的技术积累包括两个层次：一个是机构中个人知识技能的积累，它是机构技术积累的基础；二是组织层次的技术积累，体现为教育考试机构整体技术能力的提高。值得指出的是，组织层次的技术积累并不是个人技术积累的简单相加，而是对个人技术积累的结构化、系统化整合。我们讨论教育考试机构的技术积累问题，没有特别说明都是指的组织层次的技术积累。

其三，技术积累不能从教育考试机构外部简单输入，不能靠花钱购买，它是一种过程的产物，是在教育考试机构技术实践过程中通过积淀和递进形成的。教育考试机构的各业务部门，一方面要充分有效应用计算机技术、人工智能技术和互联网技术等高新技术，同时要注意技术积累的要求，因为教育考试机构的技术现代化也可以说是其技术积累的结果。

2. 技术积累的内容

教育考试机构技术积累的内容包括知识积累和技术能力积累。

教育考试机构的业务运作，一般需要两类知识的支持：第一类知识通常称为信息，其特点是具有完全的流动性和可复制性，能够在组织之间或个人之间不失真、不衰减地传播。如对考试事实的描述、考试数据、考试技术规范、考试理论与方法，等等，这类知识可以通过物理手段加以存储，在需要时可随时调用。显然，教育考试机构从事技术活动需要这类知识。积累这类知识并不十分困难，为了提高积累效率，增加积累量，可以设立专门的技术情报和技术档案部门，负责收集、整理、存储相关的信息，供教育考试机构有关部门和人员调阅。此外，教育考试机构中的个人都会不同程度地掌握这类知识，如能建立有效的机构内部信息交流机制，实现信息共享，也能提高考试机构的信息知识积累水平。第二类知识是实践知识，如考试业务过程中的命题技巧、测评诀窍和管理模式，它们具有流动性差，复制困难，无法在组织之间和个人之间不失真、不衰减地传播等特征。教育考试机构在技术实践过程中形成的这类知识带有较强的经验色彩，难以用语言、文字或符号完整表达，而且很难用简单的物理手段进行传播和复制。要完全掌握这些知识，只能投身于相关的实践过程，在技术实践中体会、理解和积累。这类知识能够对教育考试机构的技术活动，尤其是探索性的技术活动给予操作层次上的支持。这类知识积累量的多少是教育考试机构内在素质的重要体现。

教育考试机构从事一种技术活动，特别是复杂的技术活动，客观条件和自身能力缺一不可。对教育考试机构技术活动起支持作用的能力的集合通常被称为技术能力。同样，教育考试机构的技术能力也可以分为个人技术能力和组织整体技术能力。

教育考试机构中不同岗位的人员所具有的技术能力各有侧重，一些关键部门的核心技术人员所具有的技术能力对于教育考试机构整体技术能力的高低有着重要的影响。教育考试机构的整体技术能力是教育考试机构在长期的技术实践过程中通过积累形成的，它与教育考试机构技术实践的历史、机构组织结构、管理模式以及教育考试机构组织文化等一系列因素有重要关系，不能简单地复制和购买。

技术能力包括多个方面，与教育考试机构技术创新相关的技术能力结构体系中，主要有技术创造能力、技术开发能力、技术系统实现能力、技术操作使用能力。如果创新的技术来源为外部技术的购买或模仿，则还需要技术选择与吸收能力的支持。教育考试机构组织整体技术能力的高低是考试机构内在素质的又一重要体现。

3. 技术积累的途径

在教育考试机构技术现代化实践中，知识的积累和技术能力的积累是相互制约、相互促进的。知识的丰富有助于技术能力的提升，而技术能力的提升则有助于增强教育考试机构对知识的选择能力和吸收能力。在许多场合，知识与能力又互为一体，难以分割，如教育考试机构对试题库、数据库技术的掌握，既包括了知识的积累又包括了技术能力的积累。因此，教育考试机构的技术积累，往往是沿着某一特定的技术轨道融知识与技术能力为一体的积累。

一般说来，教育考试机构的技术积累主要通过三种方式进行：吸收、联合和学习。吸收，指教育考试机构通过招聘引进关键技术人才进行技术积累的方式。联合，指通过教育考试机构之间，教育考试机构与科研院所之间的横向协作或联合来进行技术积累的方式。学习，指教育考试机构通过自主学习、探究学习和深层学习来进行技术积累的方式。

教育考试机构技术积累的途径，主要有内生型积累和引进型积累两类基本模式。所谓内生型积累是指教育考试机构在考试技术活动实践中，通过独立的探索，特别是通过自主创新过程发现、掌握或创造新的技术知识，提高自身技术能力的一种自我技术积累模式，其特点在于独立性、探索性和超前性。它主要适用于在教育考试行业中处于技术前沿，不断进行开拓性自主创新的教育考试机构。当今国际上一些著名的教育考试机构的技术积累大多数采取以内生型技术积累为主的模式。

教育考试机构的引进型技术积累，是指在教育考试技术发展相对落后的情况下，后进的教育考试机构通过各种渠道学习先进考试机构的经验，引进、消化、吸收先进教育考试机构开发的考试技术，实现技术积累的一种模式。采用这种模式，可以少走弯路，迅速缩小与先进教育考试机构之间的技术差距，提高自身的创新能力和市场竞争力。当然，这种模式也有其局限性，在多数情况下引进型技术积累必须付出资源、市场等方面的代价。

第四节　教育考试机构的队伍现代化

一、教育考试队伍现状

任何事业的发展，人的作用是第一位的。教育考试机构现代化发展也是如此，即需要注重人的因素，努力造就现代化的考试从业人员队伍。

尽管人们对教育考试机构的队伍建设的重要性有所认同，但是各地教育考试机构的队伍建设现状离教育考试机构现代化要求还有较大差距。突出的问题在于人才结构失衡、核心人才缺乏以及人才管理模式单一等[①]。

人才结构，指人才系统的构成形式，一般包括人才群体的专业结构、知识结构、年龄结构等。我国教育考试机构人才结构性矛盾主要表现在岗位结构、年龄结构、学历结构等方面。在岗位结构方面，管理人员仍然占据主体地位；在知识结构方面，具有教育考试测评知识的人员比例偏低；在年龄结构方面，年龄老化问题明显。

教育考试机构的现代化，是否拥有掌握现代教育考试测评理论和技术的核心人才是重要的评价指标。目前，我国教育考试机构的评价和测量研究主要由命题部门承担，许多省级教育考试机构设有命题处或命题中心，承担着全国高等教育自学考试指导委员会命题分中心以及本省各级各类教育考试的命题组织管理，开展制定命题管理办法和各项考试的命题标准等工作。从总体上看，教育考试测评专业人才的比例甚低，不适应教育考试测评现代化的需求。

核心人才队伍建设，需要科学、有效的管理。借鉴 ETS 的命题管理模式它们一般分为规划、项目设计、测试开发、试测、评分、安全性监测和咨询、研究调整、政策制定、评估等步骤。在评卷教师管理上，多采取外聘模式。相对而言，我国教育考试机构在

---

①　吴若茜.充分发挥人才队伍在建设专业化教育考试机构中的作用[J].教育与考试,2014(2):40-44.

命题、评卷流程设计方面相对单一；在队伍管理方面，从业队伍对考试过程和评卷过程的直接参与程度还远远不够，质量监控的力度也亟待提升[①]。

二、国外考试行业关键岗位要求

1. 命题与测评岗位要求

教育考试机构的人才队伍现代化，重中之重是要造就能够在考试行业关键岗位上的高素质人才团队[②]。在美国，各著名的考试机构（如 ETS、ACT、College Board、Pearson）都设置有测验研发岗位和测评分析岗位，主要向设置有教育测评专业的著名高校招聘人才。

美国考试服务中心（ETS）是目前界上最大的私立教育考试机构，也是一流的考试研究单位。ETS 主要的考试评价项目有：SAT、TOEIC、GRE、CAHSEE（基础教育考试）、ETS（专业发展考试）、PPI（研究生入学考试——个人潜能指数）等。作为专业性的考试评价机构，其评价方法和评价项目对美国乃至世界各国的教育都产生了重要影响。ETS 的命题专家有不同的类型，按照专家来源，有考试机构内部命题专家和外部签约命题专家，以学科专业特长分类。对于 ETS 的命题岗位上的专家需要满足的素质要求，大致如表 3-4-1 所示。

表 3-4-1　ETS 命题专家素质要求

序号	素质要求项目	素质要求项目内容
1	基本要求	(1) 具有规划、研发和评估考试项目的能力;(2) 了解各学科考试的测评结构;(3) 了解课程标准及其发展趋势,熟悉考试研发的所有环节,并拥有丰富的专业知识与技能;(4) 具有很强的学科背景知识,能在考试研发委员会的研讨会上提出有价值的建议;(5) 能与本单位之外专家开展业务合作;(6) 能承担定期向经验不足的命题人员提供指导和培训的任务
2	专业要求	(1) 具有编写和评审题目,参与并管理开放式题目评分工作的能力;(2) 能设计和开发新的测评项目,发明新产品和创造新服务;(3) 能编写试卷生成系统规则,为(CAT)构建小题库;(4) 对来自高层的督查报告和考生询查做出回应,与客户委员会及客户合作开展相关工作;(5) 计划并实施考试项目的信度、效度或可比性研究;(6) 胜任一个或多个考试项目的团队负责人;(7) 针对计分题目提出改进评分工作的提议;(8) 能提出考试项目的题目研发计划,并负责小型项目的管理

① 吴若茜. 充分发挥人才队伍在建设专业化教育考试机构中的作用[J]. 教育与考试,2014(2): 40-44.
② 杨志明,杨笑颖,孔淑仪. 国外考试机构关键岗位的素质要求及其对我国考试行业专业化建设的启示[J]. 教育测量与评价,2020(2): 3-10.

序号	素质要求项目	素质要求项目内容
3	经验要求	(1) 不同级别的命题专家的工作年限要求:初级专家不少于3年、中级专家不少于5年,高级专家不少于7年;(2) 在命题岗位上逐年提高专业工作经历(特别是教育测量、应用统计或教学方面的经历);(3) 了解教育考试相关标准,具有较强的口头表达和书面沟通能力
4	管理要求	(1) 积极参与团队工作,并为团队增值作出贡献;(2) 能以客户为中心,努力与单位内外同事建立相互尊重关系;(3) 掌握考试行业的标准工作流程;(4) 胜任新的考试项目的测评管理工作;(5) 能为测评项目的发展方向提供协助;(6) 能灵活调适工作计划以便按时按质完成管理任务
5	学科要求	依据具体学科提出具体要求,熟悉最新的课程标准
6	其他要求	(1) 能够了解相关领域信息;(2) 具有整合课程标准多维度要求的能力;(3) 能协助咨询委员会参加客户会议

在考试测评分析方面,国外专业性考试机构一般设置两类岗位:心理测量和测评研究。心理测量岗位专家主要负责设计考试项目、制定考试蓝图、开展测验试测、估计题目参数、分析测量信度、收集效度证据、实施测验等值、研制测验常模、设定考试标准,报告测验成绩、维护测验题库、回答客户问询,等等。测评研究岗位专家主要针对考试工作中的各种难题进行科学研究,一般不直接参与考试项目的开发与运行。测评专家的素质要求分职责要求和经验要求两大方面。

测评专家的主要职责要求:

(1) 精通经典测验理论(CTT)、题目反应理论(IRT)和测验等值技术(test equating)的原理和方法;

(2) 熟练使用常见的测量分析软件和统计分析软件;

(3) 了解教育测量理论与技术的发展趋势;

(4) 能与人有效沟通有关问题解决的方案,能与不同受众进行口头和书面沟通;

(5) 具有开展跨功能小组工作和量化研究方面的领导能力;

(6) 能够提出支持并改善本公司的产品或服务质量的建议。

测评专家的主要经验要求:

(1) 测评专家必须具有教育与心理测量学科的博士学位,并且有相应的工作年限,其中初级专家不少于1年,中级专家不少于3年,高级专家不少于6年;

(2) 具有运用心理测量和统计方法分析考试项目的经验,懂得经典测试理论和题目反应理论及其应用,要有主动性、创造性、科研能力与技术专长;

(3) 能全身心地投入科研工作和新方法的探索与应用之中,能在运用当今新兴技术、发明创造和研究成果方面，为公司提供切实可行又具有战略意义的指导建议。

通过国外教育考试机构对考试命题和测评分析这两个关键岗位工作人员素质要求的了解，我们应该明确教育考试工作的确是一项专业性很强的工作。考试命题专家和测评分析专家需要具有很强的专业素养，其专业素养和综合素质的形成是一个比较漫长的过程。教育考试机构的人才队伍现代化，不仅要从高等院校毕业生中招聘关键岗位需要的高素质专业人才，而且要在教育考试机构内部创造有利人才队伍不断成长的环境，让人才能够"知、行、创"合一，在促进教育考试机构专业化、现代化过程中发挥重要的作用。

2. 数据管理岗位要求

随着互联网、全球化和信息化的快速发展，数据管理成为信息技术发展中的一个新兴领域，数据管理的重要性日益显现。国外考试机构已经感受到了数据作为资源的重要性，以及在发展考试数据文化方面所承担的责任和义务，纷纷设置数据管理岗位，引进或培养数据管理专门人才。表3-4-2所示为数据管理人员的类型与素质要求[①]。

表3-4-2　数据管理人员的类型与素质要求

序号	数据管理人员类型	素质要求内容
1	业务数据管理专员	知识工作者和业务领导，被公认为某个主题域专家，对其所负责的业务实体、主题域或数据库的各类数据规范和数据质量最终负责。主要职责包括:(1) 参与一个或多个数据管理制度团队;(2) 识别和定义本领域的企业信息需求;(3) 为其所负责的实体和数据属性提议、起草、评审和优化业务名称、定义和其他数据模型规范;(4) 确保其所负责的数据模型主题域的有效性和相关性;(5) 为其所负责的数据属性定义和维护数据质量需求和业务规则;(6) 维护参照数据值和含义;(7) 辅助数据质量测试计划和设计、生成测试数据与数据需求验证;(8) 确认和帮助解决数据问题;(9) 辅助数据质量分析和改善;(10) 为数据政策、数据标准和操作程序提供意见和建议
2	高层数据管理专员	由高级经理担任的数据治理委员会中的角色，其职责包括:(1) 为积极的数据治理委员会成员提供服务;(2) 代表部门或企业的数据利益;(3) 任命协调数据管理专员和业务数据管理专员;(4) 评审和批准数据政策、标准、指标和操作程序;(5) 评审和批准数据架构、数据模型和规范;(6) 解决数据问题;(7) 支持和监管数据管理项目和服务;(8) 评审和批准数据资产价值评估;(9) 沟通和推广信息价值;(10) 在部门内监控和推行数据政策和实践

---

① DAMA International.DAMA 数据管理知识体系指南［M］.马欢,刘晨,等,译.北京:清华大学出版社,2012:24-25.

序号	数据管理人员类型	素质要求内容
3	数据管理制度推行人	业务分析师,负责协调数据治理和数据管理制度活动,其职责包括:(1) 帮助高管识别和任命业务数据管理专员;(2) 为数据治理委员会、数据管理制度委员会和数据管理制度团队的会议排定发布日程;(3) 计划和发布会议议程;(4) 准备和分发会议纪要;(5) 准备会议讨论材料,提前分发以供评审;(6) 管理和协调解决数据质量问题;(7) 帮助定义和确认数据问题以及潜在的解决方案;(8) 帮助数据管理政策和标准的定义;(9) 帮助理解业务信息需求;(10) 确保数据建模和数据架构过程中业务人员的参与;(11) 帮助起草业务数据名称、定义和质量需求
4	数据管理执行官	IT 部门内,数据管理服务组织中的最高级别管理者。数据管理执行官汇报给 CIO,直接负责数据管理,包括数据治理和数据管理制度活动的协调,监管数据管理项目,监督数据管理专业人员。数据管理执行官可能是经理、总监、助理副总裁、副总裁
5	数据架构师	负责数据架构和数据整合的高级数据分析师
6	数据仓库架构师	负责数据仓库、数据集市以及相关数据整合流程的数据架构师
7	数据分析师 / 数据模型师	IT 专业人员,负责获取数据需求、数据定义、业务规则、数据质量需求和逻辑及物理数据模型,并进行建模
8	数据质量分析师	负责确定数据的适用性
9	数据整合架构师	高级数据整合开发人员,负责设计整合技术,提升企业数据资产的质量
10	业务流程分析师	负责理解和优化业务流程
11	应用架构师	高级开发人员,负责应用系统集成
12	技术架构师	高级技术工程师,负责协调和集成 IT 基础设施和 IT 技术组合
13	IT 审计师	内部或外部的 IT 责任审计人员,包括数据质量或数据安全审计
14	数据中间人	一个组织内的可供订阅使用的数据和元数据提供者
15	政府和监管机构	市场准入的数据管理规则是由不同的政府机构和监管机构定义并推行的,关键领域包括隐私、保密、私有数据和信息等
16	知识工作者	数据和信息的业务分析用户,他们使用数据并为组织带来增值

专业认证是一个领域内知识、技能和经验的标志。国际数据管理协会（DAMA）和计算机专业人士认证协会（ICCP）已经合作建立了数据管理专业人士认证计划（CDMP）。该认证计划为数据管理专业人士提供了一个提升其个人和职业目标,展示其职业发展的机会。CDMP 认证申请人必须参加 3 个科目的资格考试,其中信息技能核心（IS Core）和数据管理核心（DM Core）考试是必考科目,另外一个科目的专业考试申请人可根据自己的工作经验来选择。CDMP 考试主题包括:数据管理、数据

库管理、系统开发、数据仓库、业务智能分析、数据和信息质量、系统安全、数据架构、业务流程管理等[①]。

三、教育考试队伍的现代化建设

关于教育考试机构的人才队伍建设问题，在近些年来的教育考试机构专业化发展过程中已有较多的研究与探索。其中提及的对策与建议，如提高人才队伍素质、优化人才队伍结构、重点建设好几支专业化队伍（如专业的命题评价队伍、科技强考队伍、考试理论科研团队）、加快管理型团队向服务型团队转型以及建立人才成长保障制度（如教育培训制度、创新岗位考核制度、激励机制）等，对当下和未来的教育考试机构现代化建设仍然具有一定的参考价值。新时代的教育考试机构的人才队伍建设思路还可以拓展。基于从传统到现代的转变永无止境，我们认为以下所述的三个对策值得教育考试机构的人才队伍现代化建设探讨。

1. 考试胜任力与考试创造力的协同

近些年来，有人针对教育考试机构对从业人员的招聘、培训、考核等人力资源管理工作缺乏较为系统的理论指导和标准体系的现状，应用心理学和现代人力资源管理理论提供的理论、思维方法和工具——胜任力，提出了提升考试招生队伍"胜任力"的主张或对策，并认为这是为了加快推进专业化考试招生队伍建设，落实使人满意的考试招生要求的关键。

胜任力，顾名思义，是指人们胜任某种岗位工作的能力。对胜任能力的研究和应用最早在管理领域兴起，后来扩展到行政、卫生、教育等多个领域。有学者将胜任力厘定为"组织中绩效卓越成员所具备的可评估与开发的内在和外在要素的集合"[②]。2014年，河北省教育厅人文社会科学研究项目（考试招生专项）"专业化考试机构工作者'胜任力'模型构建及培养方案研究"，将管理科学领域的胜任力理论移植到教育考试领域，研究专业化的教育考试机构队伍建设问题，利用科学系统的方法分析和建立了考试招生专业工作者胜任力模型体系，这一研究成果对于科学构建考试招生人才质量管理标准体系，优化人才招聘、培训、考核工作实践，有效促进队伍职业生涯

① DAMA International. DAMA 数据管理知识体系指南［M］. 马欢, 刘晨, 等, 译. 北京: 清华大学出版社, 2012: 230-234.
② 李明斐. 公务员胜任力模型的构建与检验研究［D］. 大连: 大连理工大学, 2006.

发展，服务考试招生专业工作者素质提升，具有重要的理论意义和应用价值[①]。

在教育考试机构的人才队伍现代化建设中，仅仅发展考试招生专业工作者胜任力还是不够的，在此基础上发展创造力仍是创造时代的必然选择。

著名未来学家 E. 阿西莫夫曾经预言："21 世纪可能是创造的伟大时代。那时机器将最终取代人去完成所有单调的任务。电子计算机将保障世界的运转。而人类则最终得以自由地做非他莫属的工作——创造。"[②] 看看当今世界，未来学家的预言正变成现实。在新的信息时代或智能时代，社会发展和个人发展都会不断要求把人类头脑中的创造潜能解放出来。作为现代化的教育考试机构，在人才队伍现代化建设中不能不将创造力的开发工作纳入变革的视野之中。考试胜任力与考试创造力的协同，将使考试人的智慧倍增。

什么是创造力（creativity）？简单地理解就是创造事物的能力。心理学界对创造力的较一致性看法是：创造力是在运用已知信息和开展能动思维的基础上，产生出某种新颖、独特、有社会或个人价值的产品的智力品质。在这种认识中，包括有三个要点：其一，创造力主要是一种智力品质；其二，创造力所产生的"产品"，既可以是一种新概念、新设想、新理论，也可以是一项新技术、新工艺、新制品；其三，衡量创造力的标准是新颖性和独特性。

教育考试机构的队伍现代化，融入人的创造力开发，具有重要的现实意义和创新价值。无论教育考试智库、数据库和题库的开发，数字化命题、评卷、统计分析和评价的实现，以及高考评价体系的设计，等等，都可以说是人的创造力发挥的结果。世界范围内的教育考试机构之间的竞争，无不依靠考试创造力赢得竞争优势。

教育考试机构人才队伍的创造力开发，主要在于唤醒、发掘个体的创造潜能，进而在教育考试岗位上凸显出自己的创造性成果。在此基础上，教育考试机构将个人的创造力进行整合或集成，使之成为有序的、稳定的组织创造力。

创造学研究认为，创造力不是单一的智力品质或能力，而是一种复杂的心智系统。T.M.Amabile 在《创造性社会心理学》（1983）中，构建了由"特定领域技能""创造性技能"和"创造动机"三部分组成的创造力结构模式[③]。

在创造力结构中，特定领域技能是指人在某种特定情境下从事某项特定工作的认

① 河北省教育考试院课题组 . 考试招生专业工作者胜任力建模设计与应用思考［J］. 社会科学论坛,2017(8)：233—242.

② 肖云龙 . 创造学基础［M］. 长沙：中南大学出版社,2004：23.

③ 肖云龙 . 创造学基础［M］. 长沙：中南大学出版社,2004：63.

知技能，涉及对特定工作领域的知识（如事实、原理、方法、范例、各种观点等）、专门技能（如实验技术、产品设计技术等），以及特定领域的特殊"天赋"。对教育考试机构的从业者而言，特定领域技能就是关于考试命题组卷、统计分析、测验评价、考务实施和制度管理的专门认知技能。特定领域技能是个体创造潜能发挥的基础和获取创造成果的指向。特定领域技能主要是通过学校正规教育和社会非正规教育培养而成。卓越的音乐、美术和体育技能还与个体的"天赋"有关。

在创造力结构中，创造性技能是最突出核心部分，决定个体活动反映或获得的实践成果是否具有匠心独具、推陈出新特质的基本条件。创造性技能的形成取决于三方面的因素：其一，理解事物的复杂性和不确定性，以及突破思维定式的认知能力；其二，有助于开拓思路和促进探究创造性知识；其三，保障开展创造性活动的工作方式和个性特征。创造性技能的形成需要培养和开发，学习创造原理和创造方法，从事创造性劳动是最基本的途径。

在创造力结构中，创造动机是指个人对创造活动作出的心理反应，与对"为何创造""为谁创造"的认知程度相关。对工作岗位上的人员来说，对待工作的态度和对外部压力的认知往往是影响创造性潜能发挥的因素。一个人热爱自己的工作，并且理解所从事工作的意义，有出色完成工作任务的想法，自然就会萌生创造性工作的动机。人生活和工作在社会里，难免不被外部社会压力和环境因素所左右。当一个人为了适应社会转型变革和参与生存和发展竞争时，许多人就会调动潜在的创造动机，期望通过创造改变处境，甚至改变命运。

教育考试机构的创造力开发，不仅要发展"通识性创造力"，还要发展"专业性创造力"。发展专业性创造力的基础是培养与考试活动密切相关的学科能力创造力。

2. 考试"内脑"与考试"外脑"的协同[①]

目前，我国教育考试领域内一般的学业水平考试、区域内学年统考、大规模自考，乃至大部分的高考等，绝大多数教育考试项目的开发与使用，基本上没有脱离小团体经验式的作坊模式，缺乏统一规范化的作业流程，缺乏严格的考试质量管理标准及考试结果使用方法。由于传统观念的影响，学科秘书和命题教师普遍存在重视学科背景、轻视测量专业能力提升的心态。

李勇在谈及高考命题问题时指出，"高校和高中的学科教师对教育测量科学知之甚少，命题时都只关注试题考查的知识点，很少关注试题的认知要求，更不关注试题

---

① 陆建明,韩家勋."教育测量与评价"智库建设与我国考试评价的专业化转型[J].教育与考试,2017(6):54-59.

的认知能力要求与考试考查的心理特质及其行为表现的一致性。"[①]基础教育领域中许多地方推行了多年的新课程标准至今停滞不前,其中重要的原因就也在于其考试项目开发过程中,缺乏专业的教育测量与评价智库力量介入,无序的粗放型随意性色彩相当浓厚,结果基层许多地方的考试评价基本还是老一套,或是内容与形式不断变化,缺乏稳定性,令学校、教师、学生不知所措。因此,我国教育考试评价机构专业化建设的过程中,已有不少研究关注到了"人"的因素。教育部原考试中心主任戴家干早在 2007 年就强调培植核心竞争力、拥有反映考试和评价研究的智库的重要性[②]。

智库,俗称智囊团。例如,美国兰德公司就是世界上最著名的一家智库,被誉为美国政府的重要"外脑"。我国建立的各种经济研究中心、顾问组织,都称得上为智库,它们是以公共政策为研究对象,以影响政府决策为研究目标,以公共利益为研究导向,以社会责任为研究准则的专业研究机构。作为重要的智慧生产机构的现代智库,在国家思想创新和事业发展过程中发挥越来越重要的作用,其发展程度正成为一个国家或地区治理能力的重要体现。

教育考试机构现代化发展进程中,由于会遇到许多不确定的、动态变化的因素,在决策过程中需要分析与思考。如果仅仅拘泥传统的考试"内脑"的经验决策,是无法了解国内外教育考试和评价发展的宏观大势的,也很难制定出科学、可行的教育考试专业化、现代化的发展战略或策略。如果在传承考试"内脑"基础上还能拥有考试"外脑"——"智库",则教育考试和评价的情况可能明显改善。教育考试机构的人才队伍现代化发展,应该开放思维,朝着考试"内脑"经验与考试"外脑"智慧协同的发展模式前进。

借助"外脑"来提升教育考试机构的核心竞争力,美国教育考试服务中心(ETS)的举措之一是创立"研究讲席制度"。ETS 于 2000 年设立了首个研究讲席(Research Chair),开启了在教育考试机构内部建立讲席制的先河。讲席制(Chair System),是以教授为核心的权威型学术活动组织,交织着人、理论、考试评价服务产品的运行机制。ETS 吸引了大批世界一流的教育家、心理学家、测量学家、统计学家入席,确保了 ETS 考试产品始终保持着较高的创新性。ETS 的讲席制度,使得该机构能够深度参与世界教育考试评价活动,并表现出强大的专业竞争力。

诞生在美国的 ETS 讲席制度固然能够促进考试机构核心竞争力的发展,但是如果

---

① 李勇.关于考试机构命题工作专业化建设的思考[J].中国考试,2015(11):49–53.
② 戴家干.谈教育考试机构的职能与定位[J].教育与考试,2007(1):4–6.

直接搬到我国来实施，大概率是"水土不服"的。ETS讲席制度所体现的"外脑思维"，依然对我国教育考试机构的人才队伍现代化建设和提升教育考试机构核心竞争力是有一定启发作用的。由于各种原因的影响，我国教育考试机构要拥有像ETS那样多的高素质考试评价人才是不现实的，但又不能在人才队伍现代化建设方面畏缩不前。我们可以通过传统考试"内脑"经验与现代考试"外脑"的协同，促进教育考试机构的专业人才培养，形成由高水平专家引领教育考试机构专业发展的机制，确立由现代考试评价理论驱动教育考试现代化的策略，进而通过社会主义核心价值观引领树立通过考试评价实现教育目的的观念。[①]

3. 考试法治与考试管理的协同

国家教育考试最基本的原则是公平。作为教育考试管理部门，做好招考工作的起点就是赋予考生平等的受教育权和发展权，这也是教育考试管理部门应该承担的社会责任。教育考试管理部门发布的各类考试管理办法，不依据法律难以保证其合法、合理；在考试和招生工作中只有通过法律规定来行使权力，考试管理才能规范有序运行，才能保障考生享有平等的权利和机会。"[②]

在我国，国家教育考试是最能触动社会神经的大规模社会活动，考试期间维护社会稳定的责任重大。出现任何不该出现的考试活动差错都会被社会媒体刻意放大，可能产生难以预料的严重后果。"[③] 护安维稳可以说是教育考试机构实施国家教育考试活动的头等大事，必须做到事前、事中、事后全程监控，确保无微不至，万无一失。

教育考试机构的队伍现代化建设，必须将考试机构队伍法治化问题纳入其中，通过不断学习、宣传和监控等工作，促进考试工作人员知法守法，特别是有效预防国家考试泄密事件的发生。此外，要有效预防考试工作人员滥用职权、行贿受贿等违法乱纪事件出现，保证命题、制卷、考试、阅卷、录取等招考工作各环节的安全稳定。

教育考试机构队伍法治化建设，需要考虑考试法治和考试管理的协同，在实践层面教育考试机构要注意抓好以下几件事[④]。

其一，加强法治环境建设。法治环境对人的法治意识和法治习惯影响很大。为了促进考试机构队伍人员形成依法办事、依规律己的工作习惯，教育考试机构必须加强法治环境建设。加强法治环境建设的办法很多，如领导通过考务会、座谈会、总结会

---

① 戴一飞.ETS讲席制度对我国教育考试机构内涵式发展的启示[J].中国考试,2019(1):70-77.
② 郭安静.教育招考中依法治考之意义[J].市场周刊(理论研究),2013(1):98-99.
③ 姜钢.国家教育考试安全面临的形势和对策[J].中国考试,2013(2):3-6.
④ 郭安静.对国家教育考试机构队伍法治化建设的思考[J].中国考试,2016(8):59-63.

等多种场合开展依法治考、依法行政宣传教育；制定或优化教育考试规章制度、管理办法，并公示于众；开展全员参加的教育考试法律法规知识测试，补齐学习"短板"；邀请专家宣讲新的考试法律法规，解剖考试违法违纪案件；等等。

其二，对考务人员进行法律培训。在国家教育考试活动中，考务人员的法律意识、执法能力是依法治考的关键，因此对考务人员进行法律培训是十分必要的，也是推动教育考试机构队伍法治化建设的重要举措。法律培训专家应该针对命题、评卷、统分、试卷运送、试卷保管及招生录取等各个环节进行详细讲解法律、权责，列举案例，开展研讨，不断提高培训工作实效。只有经过严格的法律培训的教育考试队伍，才能担当好招考组织者、管理者的重任。

其三，积极引进培养法律人才。目前，我国教育考试机构的专业型法律人才匮乏，需要通过引进培养法律人才来促进以"依法治考、依法行政"为标准的法治型队伍的成长。在积极培养法律人才方面，教育考试机构除了自主运作外，还可以借助外力来协同运作，如尝试和具有法律学科和专业的高校建立联合培养机制，对考试机构工作人员进行分期分批的专业培训。

其四，建立科学合理的管理制度。注重考试法治和考试管理的协同，意味着在强化法律意识和培养法律思维的同时，也需要建设科学合理、符合实际的考试管理规章制度，充分发挥规章制度的激励、推动、约束和管理作用，预防违法违纪事件发生，降低考试安全风险，化解矛盾和纠纷。教育考试机构在单位评优评先、年终考核评定、干部选拔任用等方面，也要考察单位或个人"依法治考、依法行政"的实际表现。

第四章

教育考试机构现代化的专业基石

　　教育考试机构的现代化，不可能是空中楼阁，必须落地于教育考试机构专业化这块基石之上。从教育行政管理机构转换为教育考试专门机构，是一次重要的职能转型，再从教育考试专门机构发展为教育考试专业化机构，则是新的进阶，也是教育考试机构现代化的必经历程。作为专业化的教育考试机构，其业务主要体现在命题组卷、考务组织以及考试测评等环节上，如何体现出高质量、高水平的专业性服务，支撑教育考试机构的现代化发展，是需要认真研究的问题。

第一节　考试机构专业化建设

一、考试机构专业化的界定

　　研究教育考试机构专业化，首先要厘定专业化的概念。在日常生活中我们使用"专业"一词，是指专门的学业或职业门类，以及对一种事物了解得非常透彻的程度。提及"专业化"时，通俗的理解是能够让"专业人去做专业事"的过程。

　　管理学在论及职业的专业化时，往往强调的是根据一定的专业性职业标准来判断某职业单位是否同时出现两种变化的过程：其中一种变化是职业得到发展，职业地位有所提高；另一种变化是专业知识的扩容和专业技术的进步[1]。换言之，考察职业单位是否实现专业化可以用"过程"和"性质"来衡量，即指被评价的单位历经从"普通职业"演变为"专门职业"地位的过程，并且能够表现出一定的专业发展水平[2]。

　　教育考试机构也是一种社会职业，它的专业化也需要历经从"教育行政管理"地

---

　　① 邓金.培格曼最新国际教师百科全书［M］.教育与科普研究所，译.北京：学苑出版社，1989.
　　② 王志跃，杨海明.高校专业课程考试改革探析［J］.扬州大学学报（高教研究版），2008，12（6）：84-86.

位转向"教育考试服务"的地位，服务考试的水平应该达到考试业界认定的考试测量与评价水平以及考务管理水平。教育考试机构专业化的实质是对教育考试事业发展到一定阶段作出的反映，是适应教育考试新环境所进行的"组织优化和组织创新"[①]。

教育考试机构的专业化既然是一种职业发展过程，又需要达到一定的职业标准水平，因此具有一定的复杂性，在专业化系统结构中必然包含有多个要素，如核心价值、功能定位、组织架构、标准建设、技术应用、人力资源和核心竞争力等[②]。

教育考试机构专业化的评价，目前尚缺乏权威性的评价标准。有专家认为，专业化的教育考试机构应满足"四中心"标准要求，即考试理论研究中心、考试技术研发中心、考试政策研究中心和考试评价服务中心[③]。

国家教育咨询委员会在论及我国教育考试机构的专业化时，提出至少应注重以下六方面：一是树立教育考试评价服务理念；二是构建国家教育考试安全体系；三是提高考试评价技术；四是建立国家教育考试评价服务体系；五是建立考试评价质量控制标准体系，把质量控制分解到考试各个环节，以提升整体考试服务质量；六是加强考试评价专业化人才队伍建设[④]。这些要求也可以视为教育考试机构专业化评价标准中的六个一级指标。

以上的论述都可以说是对教育考试机构专业化概念的探究性阐释，据此，我们可以提出教育考试机构专业化的定义：教育考试机构专业化是指各级各类教育考试机构为了满足我国教育考试事业发展需要，基于机构职能所进行的全面系统的专业化设计和实施的发展过程，是推动教育考试机构现代化的重要基石。在这个定义中，包括以下三个要点。

其一，强调教育考试机构专业化的目的性。教育考试机构向专业化方向发展，其目的不仅是为了借助专业化的机制提升教育考试管理与服务的质量和水平，更重要的是为了办好让人民满意的教育考试，促进新时代教育考试事业的持续发展。教育考试事业是教育事业的重要组成部分，教育事业发展与创新的基本价值取向是立德树人，为社会主义现代化建设提供创新型拔尖人才和高素质劳动者。因此，我国教育考试机构专业化是教育考试机构为了适应教育事业发展所作出的一种价值遵循。

其二，强调教育考试机构专业化的职能性。我国正处在新一轮教育考试制度改革

① 王和军.教育考试机构专业化建设比较及其路径的思考[J].中国考试,2011(4):7–11.
② 张静.关于加快教育考试机构专业化建设的思考[J].考试研究,2012,8(6):56–63.
③ 柳博.公共管理视角下的高考制度改革[J].教育理论与实践,2011,31(19):18–21.
④ 李木洲.高考管理制度的改革与变迁:成效、难点及趋势[J].教育研究与实验,2014(3):44–48.

的时代，教育考试机构必须以专业化的高标准要求去落实承担的国家教育考试的各项任务。教育考试机构专业化，应该是基于机构职能所进行的全面系统的考试专业性设计和实施过程。

其三，强调教育考试机构专业化的关联性。教育考试机构专业化建设是近些年来我国教育考试事业发展的一项重要工程。专业化是现代化的基础，坚实的专业化建设有助于现代化的快速推进。从这种关联性出发，我们也可以认为教育考试机构专业化是在教育考试机构现代化发展方向导引下蕴含现代化元素的一种发展过程。

二、教育考试机构专业化的内容

教育考试机构专业化既然是一种发展过程，那么必然内含专业化建设的内容。在这方面，专家学者们有所探索，并撰文表达各自的看法。在这方面最具代表性的观点是：教育考试机构专业化建设内容应该分别在价值、职能、队伍、手段四方面实现专业化[①]。

教育考试机构价值的专业化，是指形成具有职业特色的价值观体系，该体系至少包括服务意识、公平公正、质量保障和创新精神等要素，它们相辅相成、相得益彰，其中服务意识是发展方向，公平公正是基本原则，质量保障是运作成效，创新精神是持续动力。

我国的省市级教育考试机构一直肩负着双重职能，即教育考试的管理职能和业务职能，涉及贯彻国家教育考试的方针与政策、研究开发社会需要的考试项目及提供测量评价的标准尺度、考试的组织与实施、招生与录取等。

在我国的国家教育考试体系中，普通高等学校招生全国统一考试占据核心地位，省市教育考试机构根据全国统考要求和本省市的实际情况，需要编制《考务工作手册》和《录取工作手册》，以对考试考务和招生录取各项工作进行有效管理。

目前，发达国家教育考试改革的共同趋势是开展教育测量评价，科学的教育测量理论和方法也成为教育考试机构的一种核心竞争力。我国教育考试机构过去执行的"只考不评"的做法已显得不合时宜。专业化的教育考试机构为了能够为用户提供考试信息服务，必须开始或加强教育考试的数据统计与分析工作，争取能够为不同用户提供个性化的考试统计分析报告。教育考试机构只有实现职业专业化，才能确保考试的运

① 王志武. 我国教育考试机构专业化建设的内容与途径[J]. 中国考试,2017(1): 58–63.

行完全按照专业化的标准、程序和要求来进行[①]。

教育考试机构队伍的专业化，一方面是指教育考试机构拥有一支结构合理的从事考试命题、测量评价和考务实施管理的专职人才队伍；另一方面是指在核心岗位上要有掌握核心竞争力的高素质人才。经过近些年的人才队伍建设，我国教育考试机构已经人才济济，但结构上还谈不上合理，其中最突出的问题是管理人才的占比较技术人才的占比偏高；在技术人才队伍中，缺乏能够熟练掌握现代考试理论和技术的领军人物。教育考试机构要想实现人才队伍的专业化，一方面要进行人才队伍机构调整和优化，另一方面要对核心岗位的人员进行有组织、有计划、有目的的专业性培训，使其掌握的知识和技能能够适应新时代的教育考试事业发展和教育考试机构专业化、现代化的需要。

教育考试机构手段的专业化，主要是指从传统的落后的作业方式向现代的先进的作业方式转变。教育考试机构手段专业化的主要内容是标准化、科技化和信息化。

教育考试机构手段专业化中的标准化，是在教育考试机构活动范围内，对考试作业过程中实际的或潜在的问题制定共同的和重复使用的考试管理规则的活动，包括专门标准的制定、发布及实施标准的过程。这项工作的目的是使考试产品的生产过程更为科学、高效、合理，使教育考试机构的形象更为专业和权威[②]。

教育考试机构手段专业化中的科技化，是指将现代考试理论与技术赋能教育考试，深度融入与创新教育考试各环节的过程。无论考试的组织与管理（如标准化考场建设、网上报名、考场编排、网上评卷、各类在线考试软件和数字化课程考试体系的开发）还是题库建设、考试评价（如试题难度、试卷信度与效度的评估、考试评价工具的开发、评价模型的构建、考试的定量统计与定性分析等），都需要有科技含量，这对提高考试机构专业化建设水平至关重要。

教育考试机构手段专业化中的信息化，是指运用信息技术对考试业务和组织进行重构的过程。其中工作主要是在详尽了解和分析传统考试的业务流程、组织结构、岗位职责等的基础上，优选恰切的信息化技术，针对教育考试的关键环节进行信息化建模，"平稳、可控地对传统考试业务和组织进行重构。"[③]

显而易见，教育考试机构专业化建设是内含价值、职能、队伍、手段诸多要素专

① 戴家干. 更新观念 创新制度 科学谋划 系统推进——学习贯彻《国家中长期教育改革和发展规划纲要(2010—2020年)》[J]. 中国考试,2011(1): 3-8.

② 王丽. 对建立考试管理标准化系统的思考[J]. 中国考试,2007(6): 15-17; 26.

③ 柳学智. 考试信息化评析[J]. 中国考试,2009(4): 25-28.

业化的系统工程，需要按照系统的方法合理安排，有序推进。值得指出的是，由于不同教育考试机构所承担的职责和拥有的资源条件方面存在差异，在专业化发展问题上不宜搞"一刀切"。国家级教育考试机构需要基于国家意志对教育考试事业发展进行教育考试政策和策略方面的研究，着力进行专业化、现代化建设的顶层设计。省级教育考试机构要在国家教育考试机构专业化发展方案的指导下，因地制宜地制订自己的专业化建设规划，重点解决专业化建设过程中遇到的问题，促使教育考试机构专业化建设按照预期目标顺利前行。县市级教育考试机构则需要围绕国家和省级教育考试机构专业化要求执行各种具体的考务，当然创造性地开展工作也是需要的。

总的说来，教育考试机构专业化建设有助于考试机构真正从管理型向管理与服务型转变，更好地完成国家考试招生制度改革任务，推进素质教育以促进人的全面发展。

三、国外考试机构专业化借鉴

他山之石，可以攻玉。了解国外考试机构专业化状况，对我国教育考试机构专业化有一定的借鉴价值。自从我国加入 WTO 之后，国内教育市场逐步开放，国外考试机构也陆续跨进我国大门，并且将国际上流行的考试项目投向中国社会，给国内教育考试市场带来了新视野和竞争压力。据有关资料统计，国外考试机构目前在中国开考的项目涉及财会、金融、外语、经贸等领域，共有近百个证书考试。特别是近年来随着国内办学主体多元化，美国大学入学考试和用于取得美国大学学分的高级安置测验等均已进入中国，纷纷在中国设立办事处或代办所，他们凭借技术优势不断拓展业务，为国内考试行业提供各项专业化服务。

国外教育考试机构基本上是按照市场化运营的社会中介组织，其专业化的显著特点是以服务政府、教育和社会考试需求为导向，提供优质考试测评服务是其生存与发展的根基。

在考试机构服务理念方面，美国教育考试服务社会的理念是坚持"五做"：做考试的研究者和开发者，做国际评估领域的专家，做专业证书考试和资格证书考试的创新者，做考试公平性和公正性的维护者，做教育政策的参与者。其实，这也是该机构专业化的基本定位。

国外教育考试机构基于服务意识而注重研发考试产品，提供测评服务。例如，美国联邦政府资助的旗舰产品——用于测评各州的基础教育水平的全国教学进步项目，为基础教育教学的改进提供了有益的指导。美国联邦政府也以这方面的信息为依据，思考新的改革决策。

目前，多数国外教育考试机构都研发有告知性考试或诊断性测试软件系统，通过智能化手段掌握学生的考试数据信息，并能进行考试数据的深度挖掘，诊断出学生通过考试得知学科知识的掌握程度，发现自己学习上的漏洞和影响考试成绩的问题所在。考试机构对学生、家长和教师的考试信息反馈，对共同帮助学生有效学习起到了明显的效果。

多数国外教育考试机构在积极推广已有考试项目和提高服务质量的同时，还努力进行市场调查，主动捕捉不断出现的或潜在的测评需求，前瞻性地开发新的测评项目，抢占考试市场的空位，培育新的考试业务增长点，拓展教育考试市场空间，促进考试机构的超越和可持续发展。

基于坚守"一切为了考试服务"的运营理念，国外教育考试机构创建的"精细而周到的服务"模式已成为占领考试市场的法宝之一。他们无论在考前、考中、考后都心有客户，设计相应的服务手段，如考前提供考生《考务手册》、考试模拟盘和网上练习工具；利用地理信息系统进行优化的考点选址服务；针对残疾考生提供特殊的考试文本或录音带以及考场特殊装置；等等。精细而周到的服务不仅为考生提供了方便，而且考试机构在树立良好社会形象和营造组织文化方面也大有收获。

国外教育考试机构竞争激烈，驱使教育考试机构特别注重高素质的人才队伍建设和领先考试科技的研发，将其视为测评服务中具有竞争力的先导性要素。在人才队伍建设方面，组建有研究、运营和管理三支专业队伍，并且注重人才队伍的结构优化，确保核心岗位的关键人才都具有博士学位和丰富的教育测量分析考实务经验。也正是有高素质的考试专业人才队伍的不懈努力，它们才能在高质量的考试产品开发中傲视群雄，在计算机化考试、计算机自适应考试和基于网络的考试等先进考试方面独领风骚。

国外教育考试机构深知驱动各项业务高效运转需要有强大的内动力，这种内动力来自明晰的核心目标和价值追求及其配套的科学管理模式。他们确定的核心目标往往是"通过考试促进教育发展"，其核心价值追求多以社会责任、公平、机遇和质量等为内涵。在构建科学管理模式方面，国外教育考试机构的基本做法是在内化机构的核心目标和价值追求基础上，注重标准化流程管理。为此，他们按考试业务的运作规律设置职能部门，进行组织架构，确保各项业务衔接有序，整体呈闭环的流水作业状况。为了保障标准化的顺利实施，他们编制有从整体到局部的业务标准体系，要求一切"对标"作业。

总的看来，国外教育考试机构的专业化道路和运作模式，其精细而周到的考试服务理念、高素质的专业人才队伍建设以及业务流程的标准化管理，都值得我国教育考试机构学习借鉴。学习借鉴的最终目的在于以优质的考试服务促进我国教育考试事业的发展。

第二节　考试命题与题库建设

一、考试命题及其技术指标

考试本质上是一种心理和教育测量形式，是根据特定的心理学和教育学理论研究确定的量表，对考生的心理特质和教育成就进行定量比较和描述的过程。命题是根据考试要求编写试题、编制试卷的活动，通常也称作出题、拟题、编题等，其目的是"制作"考核内容的载体和工具，在测量时刺激考生做出反应。在考试活动系统中，命题在本质上是进行试题开发（Item Development）的过程，也是考试开发（Test Development）的主体部分，与考试评价模型所依据的教育测量理论以及考试方式有着紧密的关系①。

传统的评价考试的技术指标主要有信度、效度、难度和区分度，其中信度和效度常用于对考试整体质量的分析，难度和区分度多用于针对具体试题的分析。

信度，简单地理解是考试可信与否的程度，也可以理解为考试的可靠性。在命题时，为了提高测验信度，需要尽量保持不同次考试的试卷在试题内容分布、题型结构、题量、难度比例及评分准则上的一致性，并尽量规范试卷格式、试题指导语及答题要求。

效度，指测量结果的有效性程度，也就是已测到的质和量与主试者预测的质和量相符合的程度，也是评价考试准确性的指标。

难度，指试题或试卷的难易程度。在考试分析中，难度系数不代表具体考生在完成试题作答任务时主观感觉到的困难程度，而是反映考试群体对于试题的通过率和得

---

① 柳博.考试命题制度研究［M］.北京:高等教育出版社,2017: 7.

分率，体现了试题内容与考生整体水平之间相互适应的情况。对于高考等以原始分形式报告成绩的考试，试题难度统计分析在考后进行，而影响试题难度的若干因素往往在命题时就已经形成，因此，在命题阶段对试题难度进行设计与控制是有必要的。

区分度，指试题对不同考生的知识、能力水平的鉴别程度。区分度与难度紧密相关，测验过难或过易，会造成考试者都通不过或都通过的结果，这样，测验也就无区分度可言。在理想的测验中，如果清楚地知道每道题的区分度，则可以应用最少的试题达到对考生进行区分的目的。高考在理论上要求所有试题都具有较好的区分度，以提高鉴别效率，但实际上由于考前无法知晓考生群体的真实水平和试题的性能，在实际命题时可以先通过经验进行预估，或是选取一定数量的考生进行试测，从而了解试题的区分度，并因此对试题进行完善，直至达到理想的区分度。

对于高考命题工作，除了上述四项指标外，还可能关注后效作用和可操作性指标。

后效作用指标的含义是指试题可能引起的微观和宏观影响或后果，微观层面指对学生和教师的影响，宏观层面指对教育体系和社会秩序的作用。后效作用的证据主要来自考生和成绩使用方的反应以及其他的利益攸关者的分析评价。后效作用的实质是一种信息反馈，对引导教学具有重要的作用。近年来的普通高等学校招生全国统一考试（简称"高考"）命题体现了德智体美劳"五育"并举的命题内容和方式的变革，深刻影响着传统的"应试教育"模式，产生了巨大的社会反响。为增强高考积极的后效作用、遏制消极作用，命题时不仅需要提高命题的科学性、公平性，而且还要提高试题的规范性、引导性，有利我国考试招生制度综合改革的顺利推进。

可操作性，指命题操作时对所需人、财、物等资源的承受程度。教育考试为追求测量科学性所能付出的代价总是有限的，过高的经济成本和社会成本将导致考试命题工作难以为继。提出宏大的考试目标和测量愿景往往比较容易，而在命题实践中解决更为现实的可操作性问题往往比较困难。例如新高考对劳动精神和创新能力的考查，受常规的考试空间、有限的考试时间和众多的考生人数等因素的制约，如何界定评价指标的内涵，设计科学的试题结构，引用新颖的情景材料，设置准确规范的答案以及保证结果公平的评价标准，都会增加命题可操作性的难度，影响考试目标的实现。

二、传统式命题流程模式

在考试命题工作中，教育考试机构需要对命题流程进行管理，其主要内容包括：

选择何种形式进行命题并组织实施，明确参加命题的人员种类及其职责，提出各命题环节之间的技术规范及衔接要求，制定命题操作中的质量标准及控制措施等。

传统的命题流程模式以完成具体考试需要的试卷为任务目标，以相应的试题命制和试卷组配为主线，从命题任务确定到试卷清样定稿为止，试卷设计、试题编写、试卷审定等环节往往由同一命题专家完成，如图 4-2-1 所示。这种模式在本质上是试卷试题的编制过程，适用于未建立题库或考试后即公开试卷的考试项目，对于不同次考试的试卷平行性或分数等值要求不高。在传统式的命题流程管理中，每份试卷的考试功能和运用范围明确，参与命题工作的管理人员及命题专家保持相对稳定，并且以详细的工作计划为基础，通过封闭或半封闭的组织形式完成命题任务，具有较高的命题管理效率。

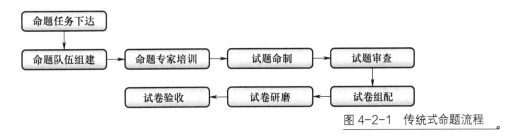

图 4-2-1 传统式命题流程

三、题库式命题模式

综观世界发达国家的许多著名的测验机构，它们的考试命题工作基本上趋向采用以题库为基础的命题模式。例如，ETS、ACT、CITO 等都已建立了各自的题库系统[1]。

题库（Item Bank）一词，源自 20 世纪 60 年代英国的一个全国性考试研究课题，认为传统的离散型的考试命题资料模式不适应大规模的现代化考试需要，应该按照不同的学科门类以及其内在联系进行不同试题的分门别类整理，并将其汇集存储在计算机中，使之成为人们进行科学、高效考试命题的一种"题库"。例如，英国剑桥构建有评价的题库系统（LIBS），系统中存储有试题、任务、试卷、录音文件和统计数据等五类试题材料。美国考试机构 ACT 和 ETS 的题库系统中也储存了包括试卷、试题、统计数据等信息在内的试题相关资料。

根据我国《教育部教育资源建设技术规范》定义，试题库是按照一定的教育测量理论，在计算机系统中实现的某个学科题目的集合，它是严格遵循教育测量理论，在

① 李光明,关丹丹.关于题库建设若干问题的思考[J].中国考试,2014(9):3-8.

精确的数学模型基础上建立起来的教育测量工具。

试题库不同于习题集，习题集只是简单地收集某科目的练习题或考试题，并将其储存在计算机中，是题目的集聚；试题库不仅具有录入存储试题的功能，而且还兼备有查询、智能组卷、分析反馈的功能。

随着教育测量理论及标准化考试技术应用的不断深入，专家们基于统计学原理和方法提出了多种数字化管理试题的理论及题库模型。尽管不同的题库模型各有特点，但在系统结构方面都考虑了试题、参数和关系三大结构要素。其中，试题是题库系统的基本单位，题库中必须包括大量有考核意义的试题。题库试题既可以被独立调用，也可以构成试题组合，如阅读理解题、材料分析题等试题形式。参数，作为描述试题属性的变量，表明试题的基本特征。题库试题通常包括考核知识点、能力、题型、分值、难度、区分度等基本属性，以及试题代码、命题人、审题人、审题意见、试题状况、背景材料、使用时间、休眠时间等辅助管理属性。为了区分和定位题库中的试题属性，一般需要设置试题参数进行识别，这也体现了试题库管理的精细化程度和专业水平。关系，即建立试题与参数相互联系的组织结构和管理模型，是题库功能实现的内在机制[①]。

随着教育考试专业化发展，题库建设有了长足发展。通过题库建设的方式组织命题、储备试题、选题配卷，实施命题流程管理，是当今专业化考试机构的主要命题管理模式。题库式命题流程管理模式如图 4-2-2 所示。

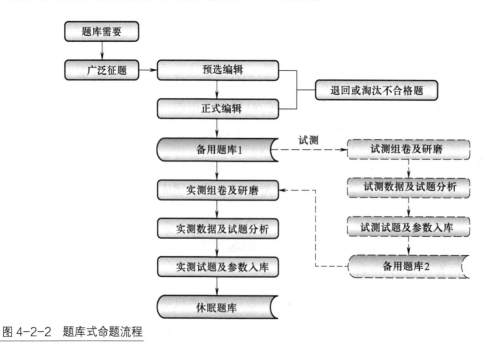

图 4-2-2 题库式命题流程

① 柳博.考试命题制度研究［M］.北京：高等教育出版社,2017：195—196.

（1）征题。征题是题库式命题流程的首要环节，是题库建设的基础性工作。征题开始前，需要制定试题编写说明书、规范题例和欲征集试题的类型及数量，然后招聘命题专家，对命题专家进行培训，签订责任和权利书，说明适当的试题用途。征集的试题进入征题库，分类存好。

（2）预选编辑。对所征集的试题进行初步筛选、审查和修改，将不合格的试题退给命题者修改，无法修改的试题直接淘汰。此时，教育考试机构的学科命题人员与命题者应该进行充分的沟通交流。

（3）正式编辑。教育考试机构以召开编辑工作会议的方式，请学科命题专家对预选试题进行集体审查和修改的环节。通过正式编辑的试题，不应该在质量上再有硬伤或存疑，并且要按照有关规范及要求，为每道试题配置相应的试题属性参数。这些编辑合格的试题正式进入备用题库1，供下一步工作使用。

（4）实测组卷及研磨。根据命题细目表的参数设置从备用题库1中抽取试题，组配成试卷，并完成相应的排版工作。对于组配试卷的格式规范、内容结构、相互提示、预估难度、答题空间分配等进行研磨，对不适合的试题进行更换，在确保试题质量合格后，签字定稿，以备调用。一般情况下，每次考试至少应组配两套试卷备用。

（5）实测数据及试题分析。在考试后及时收集有关考试数据，统计难度、区分度、效度、信度等参数，与原设计参数进行对比分析，评价试题的质量。

（6）实测试题及参数入库。经过考试使用的试题成为宝贵的试题资源，能够为其他试题的参数预估提供参考，发挥题库系统优化试题的功能。为防止已考过或已曝光的试题被错用，因此必须对它们进行明确标记，存入休眠题库管理。

值得指出的是，对于有的考试项目，为了保证选题组卷和考试标准的准确性，会通过试测的方法来获取有关参数。在题库式命题流程中，虚线所示的环节就是如此。经过试测的试题及其参数被存储在备用题库2中，当考试需要从该库选题组卷，则再按照程序完成命题流程。教育考试机构如果长期依赖传统的考试命题工作方式，各类考试的难度、区分度等指标就容易呈现随机性，考试内容与形式也可能缺乏稳定性，考试的科学性、公平性自然大打折扣，这最终将影响考试与评价的成效。

四、我国的题库建设

题库技术的发展为考试模式的变革奠定了基础，而考试模式的变革也推动着题库技术的不断进步。当前，西方发达国家在考试的信息技术方面已达到了极端高度的智能化水平。美国 ETS 拥有自然语言技术处理（NLP）、信息撷取技术（IR）、DST 动态模拟考试、RET 真实环境考试、非线性多元组卷技术，等等。这些技术使得美国 ETS 每年能够从容地承接 200 多种项目的设计及实施数以千次的考试。而且能够设计富有创意的评价手段，具有帮助学校诊断与提升教学效果的功能[①]。

为了改变传统的命题模式，实施标准化的题库命题方式，我国的教育考试机构理所当然地会重视题库建设。内容丰富、方便使用的题库是教育考试机构专业化的一大重要标志，也是教育考试机构拥有核心竞争力的体现。

2006 年，教育部考试中心开始建设教育考试国家题库，投入使用后即在几个全国性考试项目上初见成效[②]。2014 年 9 月，国务院发布的《关于深化考试招生制度改革的实施意见》提出，加强国家题库建设，到 2020 年基本建立中国特色现代化教育考试招生制度。目前，国家题库系统已进行了升级，但在关键系统、核心技术和行业标准等方面还缺乏竞争力，考试业务和信息的融合不够，存在"两张皮"的不良现象[③]。面对发达国家题库技术开发和应用高速发展的情况，我国教育考试机构如何提高题库建设的技术水平，建设具有中国特色的教育考试题库，是教育考试机构专业化、现代化必须思考的问题。专家学者为此进行了大量的探索，其中具有代表性的对策建议如下所述[④]。

其一，确立题库建设的核心地位。长期以来，我们都将考试命题与评价水平的提升寄托在专家们的知识与经验之上，计算机技术的应用被视为一种辅助手段。现在，我们必须更新观念，朝着以题库为基础的命题与评价工作方式的专业化、现代化方向挺进。国家考试题库建设工作要在题库的系统性、持续性、高效性等方面进行优化与提升。考试题库建设不仅是提升试题质量的基础，也是开展考试评价工作的基础，因此，着力推进题库建设应该是我国教育考试机构专业化转型战略的关键切入点，将题库建设置于我国教育考试改革发展中的核心地位。

其二，采用专项工程建设方式实施。工程推进是我国政府办大事的常用举措。国家题库建设是一项重大的系统工程，采用专项工程建设方式实施对策是必要的、合理的。国家主管部门应该统筹各个关键层次方面的工作，设立专门的研究工作小组，保

① 万雅奇.国内外教育考试信息化现状与发展[J].中国考试,2005(4):37-41.
② 于涵.不忘初心 推进新高考改革 面向未来 构筑现代化考试[J].中国高教研究,2018(3):17-23.
③ 姜钢.教育考试信息化面临的挑战和任务[J].中国考试,2017(6):1-5.
④ 陆建明.我国教育考试命题与评价机制及其专业化转型考量[J].教育测量与评价,2017(12):19-25.

障各种所需建设资源的及时到位。专门成立国家题库管理软件开发工作组（理论结构研究工作组、程序设计开发工作组）、国家题库命题工作组（命题管理制度与规范设计工作组、学科命题员资格培训工作组），等等[①]。

其三，循序渐进地提升题库质量水平。科学、高质量的题库建设涉及技术与管理的方方面面，而且是一个比较长期的动态探索与实践过程，需要循序渐进地提升题库质量水平。在题库建设的过程中，要想提高试题的质量，就得对题库试题进行一定的试测，以获得必要的统计参数，但为了保证题库的安全性，只能实现部分题目的逐步试测。随着库容的扩大，以及试题评价的需求，题库试题的试测比率、试测方案、等值方案等问题的解决将成为题库工作推进的一个关键[②]。毋庸置疑，由于受到人力、物力、技术力量特别是保密条件等方面的制约，建设科学、高质量的题库不可能毕其功于一役，而是一个循序渐进、逐步完善的过程。特别是在至关重要的高考命题过程中，需要先建立起满足《中国高考评价体系》的内容要求、试题表达形式的规范要求、题目难度的专家预估要求等基本的数据库，然后把这些题目在各次高考后的相关测量学参数积累储存到库中，通过累积渐进的方式，不断完善高考各学科的题库质量水平。

第三节　教育评价模式的改革

一、教育评价改革的趋势

21世纪以来，国际社会主流舆论认为，教育考试只考不评或者只评价而不对学校教学进行引导，都是不负责任的表现。现代化的教育考试机构组织实施考试的作用已不仅在于人才选拔和职业资格认证，而且还要为促进考生的个人发展服务。

为此，美国2001年出台"No Child Left Behind Act of 2001"法案，规定美国教育考试机构此后所有实施的测验必须提供评价诊断信息给家长、学生和教师。目前，美国国家教育进展评估（NAEP）、美国学术能力评估测试（SAT）以及美国许多州的学业水平考试，都会给考生提供一份考试报告，内容包括：考生的总分、学科考查目标、能力表现水平、所处排名位置、学习弥补等反馈建议或诊断性评价等[③]。

---

① 李光明.如何做好题库建设——来自英美考试机构的启示［J］.中国考试,2011(12):3-8.
② 教育部考试中心题库小组.谈教育考试国家题库建设现状及展望［J］.中国考试,2008(6):53-56.
③ 俞如旺,洪小玲,郑丽对.分数报告的国际经验译介及其本土化的思考［J］.教育评论,2014(6):3-7.

由于考试技术及历史文化等多方面的原因，我国传统的考试评价基本上还是以简单的原始分数来标记与区分各类学生。这些年来，教育考试机构在考试评价方面也做过一些有益的探索。例如，教育部 2011 年实施"云海工程"，即在云南、海南两省高考的分数报告办法上进行了改革尝试，推出高考成绩分析报告单。报告单除了包括考生个人的单科成绩和总分或综合分，还有个人每门学科成绩在全省同类考生中的百分比排序、在各不同学科内容和能力结构上的得分以及升学指导测验结果等内容[①]。中国教育学会曾经联合相关专业人员研发出 ACTS 学业评价技术、ICTS 综合素质评价技术，其融合了认知诊断理论技术、表现性评价方法等，能够实现对学生学科学习的三维目标评价[②]。但由于这些方案和技术尚不成熟，只能在小范围试验。

为了改变单一分数报告局面，考试分数诊断报告应不断深入细化。由于认知诊断的理论及技术还不十分成熟，在一次考试中同时考查与评价学生在学科问题解决方面的相应知识、能力、策略等内隐心理特征状况，还是难以实现的。因此，当前教育考试评价的维度可能还是宜粗不宜细。在考试成绩报告中的评价内容上，可以根据相应考试学科的考查目标，从提供最基本的标准参照指标、常模参照指标、知识掌握状况或能力状况、考试误差开始，逐步深入细化。除此之外，教育考试机构应该充分挖掘多次考试结果的潜在价值，推进针对考生个人、学校、区域的考试增值性评价报告工作，实现考试评价的动态化管理与应用，为广大用户提供更广的教育咨询服务，为政府部门提供更多的决策服务。

在教育和教育考试事业发展的新时代，专业化的教育考试机构在考试评价理念上要与时俱进，在行动上要改变仅仅提供考试原始分数的传统做法，转向还能提供具有引领学校教学、促进考生全面个性化发展的考试评价报告的创新模式。此外，教育考试机构的评价手段也要创新求变，逐渐摆脱靠经验主导评价的模式，主要依据教育测量理论指导评价实践。

二、教育评价的理论依据

教育测量理论和方法的形成源自 20 世纪初兴起的一种教育测量运动，它以追求考查教育效果的客观性为目的。教育测量一般指对教育现象进行定量化测定的一门教

---

① 葛为民,李金波. 高考成绩报告方式的改革研究[J]. 教育科学研究,2012(9): 37—41.
② 杨念鲁. 中国教育学会中小学教育质量综合评价改革实验区工作报告[EB/OL]. (2015—07—20)[2023—02—25]. http://www.360doc.com/content/15/0720/18/358614_486244869.shtml.

育科学，主要研究教育或训练效果测量的原理和方法。教育测量的目的主要是检测学生通过接受教育所形成的学科知识和能力构建。

教育测量的核心概念是"测量"。1946年，美国心理学家史蒂文森首次提出测量是"为根据法则给客体或事件指派数字"，后来测量学家罗德等人在此基础上发展，认为"测量就是给实验单位的特定性质指派数字（分数或测度）的一种方法，以便在行业领域中刻画和保持各种特定的关系。"[①]据此，测量包含有对象、法则和结果三要素。其中对象指所要测量的客体的属性；法则指测量行为所依据的科学原理或基本规律；结果指在一定的量表中对测量对象的定量描述。在教育测量中，无论是作为测量对象的人的心理特质和教育成就，还是作为测量工具的测量项目或试题，其实质都是人类思维的产物，也具有心理结构的特征。为了描述测量结果，需要构建特定的量表作为推断和决定测量结果的基础和标准。如果以量表作为测量结果，显然缺乏确定性和不方便比较，于是心理测量学家创造出"分数"的概念，用分数来反映测量的心理属性的程度，不仅解决了确定性和比较性问题，也使得测量结果具有直观性。

随着心理学和教育测量学理论的研究与实践，先后出现不同的心理与测量理论，其中最具代表性的是经典测量理论（CTT）、项目反应理论（IRT）、概化理论（GT）和认知诊断理论（CD）[②]。

经典测量理论（CTT）于20世纪初提出，至20世纪50年代臻于完善，亦称"真分数理论"。该理论的数学模型为：$X = T + E$，其中，X为观测分数，代表考生在实际测量中得到的分数；T为真分数，代表被测者在所测特质（如能力、知识、个性等）上的真实值或真实水平；E为测量误差，即观测分数与真分数之间的差值。以真分数模型为基础的CTT理论，发展形成了包括信度、效度、难度、区分度等理论在内的相对完整的教育测量理论体系，不仅能够对考试分数进行合理的解释，而且还可以对命题组织、考试管理和试题评阅等进行有效的质量监控，成为应用最广泛的一种教育测量理论。

项目反应理论（IRT）也称潜在特质理论或潜在特质模型。在测验中，潜在特质一般是指潜在的能力，并经常用测验总分作为这种潜力的估算。项目反应理论通过项目反应曲线综合各种项目分析的资料，综合直观地体现项目难度、鉴别度等项目分析的特征，从而起到指导项目筛选和编制测验比较分数等作用。

① ［美］M.罗德,R.诺维克.心理测验分数的统计理论［M］.叶佩华,译.福州:福建教育出版社,1992:7.
② 关丹丹.认知诊断理论与考试评价［J］.中国考试,2009(4):8-12.

概化理论（GT）从 20 世纪 60 年代诞生到 1976 年提出多元 GT，在理论和方法上不断发展，通过改进经典测验理论的数学模型、引进方差分析技术等方法，把分数变异细分为多种来源，为测验决策提供了系统的理论和方法。

20 世纪 80 年代后期，GT 迅速发展，与 IRT 和 CTT 形成三足鼎立的局面，三种测量理论构成了现代人才测评的理论基石。

认知诊断理论（CD）是把认知理论和心理计量模型结合起来，实现对参测者优势、劣势诊断的一类验证性模型。简单地说，类似于把题目涉及的知识点/技能/思维过程转化为矩阵，套在模型里面，产生出学生在各项中的掌握程度报告。目前，认知诊断理论的研究主要围绕诊断模型的提出、模型诊断性能的评估、模型诊断结果的报告三个方面展开。

三、高考评价体系及其实施

1. 高考评价体系产生背景

在我国国家教育考试体系中，最重要的是高考。我国高考招生制度初建于 20 世纪 50 年代，70 年代末恢复。历经半个多世纪，其基本框架已经形成，对选拔和培养人才、维系教育公平发挥了极其重要的作用。

人类社会进入 21 世纪以来，随着知识经济的迅猛发展，网络时代的快速到来，我国经济社会和教育领域面临着新的社会转型，主要表现为从"生存型"向"发展型"社会转型、从"计划经济"向"市场经济"转型、从"精英化高等教育"向"大众化高等教育"转型。在追求发展的社会转型冲击下，人们对优质教育的需求激增，传统的高考招生制度已不能适应从进一般性大学的竞争向进高水平大学的竞争转变。市场经济的发展对人才需求呈现多样化趋势，过于划一呆板的高考招生制度越来越不适应人才市场的期望。在大众化高等教育现实背景下，传统的高考招生制度也不适应不同类型高等学校人才选拔的要求。总之，经济社会和教育领域的重大转型迫使我国新一轮的考试招生制度改革势在必行。

考试招生制度是国家基本教育制度，涉及以什么标准选才和怎样实施选才的重大问题，合理的制度设计方能确保教育质量、正确引导教育教学和人才培养过程。现行的考试招生制度也明确要求全面考核评价学生，但由于某些制度特别是诚信制度的缺失，在实际运作中，考试分数的权重越来越大，几乎成为选拔（录取）的唯一依据，升学竞争也逐渐演变为"分分计较"的分数竞争[①]。如果让这种情况继续下去，应试教育模式的顽疾会久治不愈，教育功利化将越发严重，这会给我国的基础教育造成严重的后果。在"唯分数论"价值导向下，学校教育无疑会轻视甚至忽视学生的思想品德、审美情操、身心发展和实践能力的培养，把育人的宝贵时间花在组织学生"刷题"备考上，阻碍学生科学思维、人文思维和创新思维的发展，扼杀学生的个性和创造性。为了改变这种不利局面，需要进行教育综合改革，其中的考试招生制度改革是最重要的突破口。

自从 1977 年恢复高考招生制度以来，高考改革一直走在路上。教育主管部门围绕考试科目、考试内容和考试方式进行了多次调整和完善，2010 年颁布的《国家中长期教育改革和发展规划纲要（2010—2020 年）》进一步明确提出"分类考试、综合评价、多元录取"的改革模式。2019 年 12 月，教育部考试中心制定的《中国高考评价体系》的发布和逐步实施，拉开了我国深化新时代高考内容改革的大幕。

2. 高考评价体系总体特征

教育部考试中心制定的《中国高考评价体系》由总纲、一核（高考核心功能）、四层（高考考查内容）、四翼（高考考查要求）组成。其结构形态如图 4-3-1 所示。

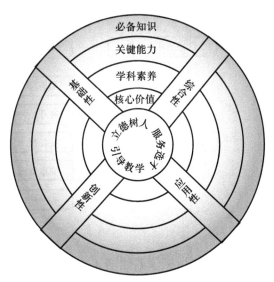

图 4-3-1　中国高考评价体系

① 顾明远,翟博.新高考来了 怎么看 怎么办［M］.北京:高等教育出版社,2016:6.

在中国高考评价体系中，占住体系中心的"一核"是指高考的核心功能，即立德树人、服务选才、引导教学三大功能。核心之外的"四层"分别是核心价值、学科素养、关键能力、必备知识，规定了高考的考查内容。连接核心并与"四层"交汇的"四翼"分别是基础性、综合性、应用性、创新性等高考考查要求。整个体系回答了高考"为什么考""考什么"和"怎么考"的基本问题。高考评价体系最关键的组成部分是评价指标体系，针对"一核"有核心价值指标体系，针对"四层"有相应的学科素养指标体系、关键能力群和必备知识要求。

高考评价指标体系的核心价值指标体系如图4-3-2所示，该体系包括3个一级指标（政治立场和思想观念、世界观和方法论、道德品质和综合素质）、10个二级指标（理性信念、爱国主义情怀、以人民为中心的思想、法治意识、正确的世界观和方法论、品德修养、奋斗精神、责任担当、健康情感、劳动精神）。

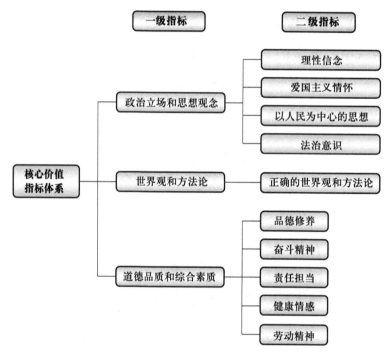

图 4-3-2 核心价值指标体系

高考评价指标体系的学科素养指标体系如图4-3-3所示。

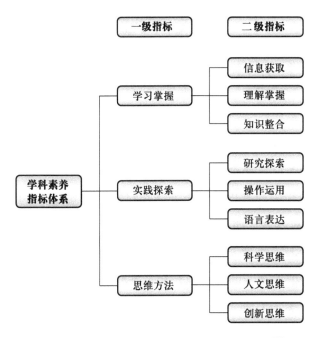

图 4-3-3　学科素养指标体系

高考评价指标体系的关键能力群如图 4-3-4 所示。

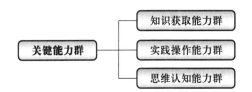

图 4-3-4　关键能力群

高考评价指标体系的必备知识，是指以学科素养为导向确定的必备知识，与过去的高考考查知识有所不同：其一，内容有所更新，吸纳补充了自然科学和人文社会科学领域的新研究和新认识成果。如在思想政治学科中，新增加马克思主义中国化方面的内容；其二，内容有所增删，如数学学科根据《普通高中课程标准》的修订情况以及文理不分科的新高考要求，对知识内容进行了调整；其三，考查方式有所变化，过去喜欢直接考静态知识，新高考将注重考查可迁移的知识上，以体现考能力和考素养的要求[1]。

高考评价指标体系的"四翼"是高考的考查要求，其基本内涵如图 4-3-5所示。

---

[1]　教育部考试中心 . 中国高考评价体系说明［M］. 北京：人民教育出版社，2019：23-24.

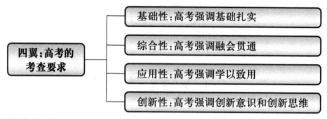

图 4-3-5 "四翼"的基本内涵

从总体上看，高考评价体系是一种以价值为引领的评价体系，是系统的、科学的、创新的评价体系。《中国高考评价体系》是深化新时代高考内容改革的基础工程、理论支撑和实践指南，对发展素质教育、促进教育公平、实现教育现代化、建设教育强国、办好人民满意的教育具有重要意义。全面把握高考评价体系的总体特征，深入理解高考的核心功能，准确把握高考的考查内容和考查要求，灵活运用不同类型的试题情境，恰当使用高考评价体系，有利于通过高考落实立德树人的根本任务，发挥高考对素质教育的促进作用。

教育考试机构的专业化，也必须遵循我国新时代的考试招生制度改革总体部署，调整或优化自己的事业发展理念和规划，按照新高考的评价体系做好考试命题、测量评价以及考试信息服务等方面的业务工作，不断提高专业化服务质量和发展水平。

3. 新高考命题的变革

教育部考试中心制定的《中国高考评价体系》的实施，开启了高考内容改革的新阶段，是教育领域政策的一个重大变化。在这种变革中，传统的《普通高等学校招生全国统一考试大纲》（后简称《考试大纲》）将在全国范围内分步取消，《中国高考评价体系》成为高考命题和考生应考的重要指南，这对引导教学和高考综合改革具有纲领性的意义①。

通过对高考评价体系，尤其是"关键能力"和"学科素养"的分析，我们不难发现，新高考命题改革的主要指导方针和内容规定充分体现了创新和批判性思维的要求。新高考改革的主旋律之一，就是创新与批判性思维的考查，这与培养具有创造性的高水平人才的国家人才战略紧密相关。

审视新高考评价体系试行的 2019 年高考试题，我们可以发现所有的考试科目的命题都秉承高考的核心功能要求，注重立德树人的考查，突出各科特色，尤其在体美劳方面进行了重点考查，对创新思维能力、批判性思维能力进行了必要考查，意在引

---

① 国务院办公厅.国务院办公厅印发《关于新时代推进普通高中育人方式改革的指导意见》[EB/OL].(2019-06-19)[2023-01-25].http://www.gov.cn/xinwen/2019-06/19/content_5401610.htm.

导中学教学改革。在"四层"与高考命题方面，高考试题着重考查必备知识、关键能力、学科素养和核心价值。在学科素养方面，高考评价体系主要是依据 2017 年版《普通高中课程标准》来制定的，各学科都有自己的学科化内容。"高考对高中课标的核心素养、课程内容、学业质量水平的规定内容进行全覆盖，做到无差别、无遗漏。"[1]

在"四翼"与高考命题方面，实际上将"四翼"考查要求视为试题质量的指证。除了传承过去的静态知识或陈述性知识的考查外，还采用设置生活实践或学习探究问题情境来考查考生对迁移性或探究性知识的掌握情况[2]。以创新和批判性思维为代表的思维品质考核作为考查考生综合素质和能力的有效手段，在 2019 年的高考命题全国卷和地方卷中普遍呈现，达成共识，这对推动高考命题改革具有重要的意义。

过去，对广大学生来说，教科书提供的文本，是他们接触陌生世界的第一现场，也是他们意象中最熟悉的场景。学生可以在学习教科书中寻找到未知世界的答案。因此，走出"死记硬背"和"解题套路"，提升学科的思维品质，培养高阶的思维能力，将是未来"教与学"的主攻方向。2021 年的高考命题与情境的结合相当突出。情境多元，复杂性增强，解题的"万能模板"已变得无效。各科的试卷都很注重探索情境类命题的设计，在情境创设方面力求创新，采用了很多图片和表格，图文并茂，加强了情境的新颖性和开放度。高考评价体系下的命题情境将进一步呈现出复杂性、综合性和创新性的特点，就是要通过各类情境的设置，考查考生综合运用知识的能力和水平，考查考生独立思考、敢于质疑、发现问题、逻辑论证和批判性思维的能力，考查考生发现新规律、研发新理论、开发新技术、解决新问题的能力。在考试试卷中很少见到"简单情境"或"无情境"的试题，也少了传统意义上的"静态知识"。对广大学生来说，大量刷题、熟悉解题套路、寄希望于猜题押题等传统做法就显得无能为力了。高考命题改革的立意无非是要加大对"高阶思维能力"或"核心能力"的考查力度，从而积极引导学生在学习实践中实现从"单纯知识的占有"到"知识与能力并重"的转变[3]。

总的看来，高考命题较过去有了新的特点，分析近几年的高考命题，可以发现以下几点变化：

其一，命题量大、要求高。相对过去高考试题，新高考试题数量变大，多以大篇

---

① 于涵．新时代的高考定位与内容改革实施路径［J］．中国考试，2019（1）：1-9.

② 教育部考试中心．精选试题情境素材 深化高考内容改革——2019 年高考化学试题评析［J］．中国考试，2019（7）：20-24.

③ 徐尚昆，杨汝岱，郝保伟．中国高考报告（2022）［M］．北京：新华出版社，2022：11-12.

幅的材料题呈现，而且要求考生首先快速阅读文本，理解文本基本内容和逻辑结构，其次是结合所熟悉的知识点去嫁接整理过的文本信息，再运用逻辑推理、批判性思维和科学验证方法去求解试题中的各种具体问题。新高考试题增大了探究性，扩大了开放性，体现了创新性，鼓励考生表达出有独特见解，有思想水平、有创新精神的答案。这种高考试题足以能够对考生的必备知识、关键能力、学科素养和核心价值进行较全面的考查。

其二，命题联系现实问题。新高考的命题紧贴生产生活和科学实践等现实问题，考查考生运用相关学科知识解决实际问题的试题有所增加。人文学科命题与社会政治生活和经济活动的热点问题挂钩，自然学科命题则与生产生活实际和科学技术发展相联，高考试题呈现出实际性、应用性和学科性有机结合的特点。

学科应用能力的考核是对学生通过课本学习是否具备科学素养的初步考查，也是知识迁移的初级要求。为了加强实践应用能力培养的导向，试题常常融入较多的知识点，要通过知识点之间的应用才能解答好题目，这也是对学生的综合思维能力的考验。高考不但没有了《考试大纲》，而且还要考生直面较多的开放、创新和复杂的情境，这也要求考生具有良好的抽象思维能力。

其三，命题具有时代感。例如，2021年的高考试题中出现了中国共产党成立100年、北斗三号全球卫星导航、"一带一路"、碳中和、生态文明、抗疫经验等话题，这些新事物信息没有在教科书上出现，但被及时地应用在考题的背景上，对改变学生平时不主动关心国家大事、社会热点焦点问题和科技发展前沿的习惯具有积极意义。

四、计算机辅助评价（CAA）

在现代教育考试事业发展进程中，教育考试评价的功能越来越得到重视，评价的内容、方法和形式也不断更新迭代。随着计算机技术的迅速发展和社会信息化水平的不断提高，人们可以看见越来越多的教育考试机构开始使用计算机代替纸和笔实施考试和评价，发展这种计算机辅助评价（computer-assisted assessment，简称 CAA）已是大势所趋。走在前面的专业化教育考试机构，有可能将 CAA 的应用视为一种核心竞争力。

1. CAA 及其实施流程

什么是 CAA？简单地说就是基于计算机的评价。在这种评价中，以计算机和网络技术为工具或支撑环境，它引发了评价内容、方法和形式的深刻变革[①]。CAA研究的最初动机是给学生提供即时反馈并减少教师的阅卷负担，因此CAA大多以选择题的形式存在。目前，CAA研究主要关注如何利用形成性评价与反馈促进学生的学习与发展，特别是基于Web的评价环境。

在词义上，评价与测量是不同的，但在应用中二者密切相关。评价，是指通过收集考试信息，以便分析或评判受试者在相关考试项目的表现的过程。测量，是按照某种规律，用数据来描述观察到的现象，即对事物作出量化描述的过程。从这个意义上讲，测量为评价提供价值判断的基本数量事实，即测量是评价的基础；而评价往往是测量过程的延续，是对测量结果的解释与应用，并朝着价值判断与释放教育功能的方向拓展。在实际的教育评价中，通常很难区分测量与评价的含义，例如进行一次测验，既可以说在"测量"学生的成绩，也可以认为是评价学生的成绩，人们很少注意它们之间的区别。一般认为，术语"评价"含义更广。CAA中的"评价"一词，同时含有"测评"的意思。

评价一般具有重复性、反馈性、误差性和可被精确定义的特点。人工评分容易产生错误，而且不同的评阅人对错误（特别是复杂错误）的解释可能并不一样，从而且导致评价标准的不一致。相对而言，计算机参与的评价过程，可以提供快捷、准确和一致的评价，并能自动对结果进行统计分析，从而大大提高了评价的专业化水平。

随着网络技术的发展和应用，基于Internet的考试日渐流行，这对远程教育的发展具有重要的意义。传统的远程教育，对学生进行评价是一件非常困难的事情，不仅要花费大量的人力物力，而且往往只能进行次数很少的总结性评价。CAA的应用使得这种状况大为改观，例如通过网络题库和在线测评系统，考生能够及时得到关于自己考试的准确评价，并获取有针对性的反馈信息，从而有效地"缩短"了远程教育考试的距离。

基于不同的分类标准，CAA的分类可以有不同的方法。如按测评依据的理论分类，有基于经典测量理论的测评、基于项目反应理论的测评；按测评的内容和目标分类，有对知识水平的测评、对技能水平的测评；按测评内容的传递手段分，有基于试卷的测评、基于计算机的测评、基于Web的在线测评；按测评使用的题型分类，有使用客观题的测评、使用非客观题的测评。CAA分类问题的讨论，主要在于明确每一类型的CAA能够做什么，创建某种类型的测评系统需要解决哪些问题，不同类型的CAA有

---

① 许骏,柳泉波.IT技能测评自动化[M].北京:科学出版社,2005:3.

什么优点和不足之处等。对于这些问题，不同专业背景的人可能会从不同的角度去理解。此外，明确 CAA 分类体系，对确定研究重点也具有导向作用。

CAA 的实施并没有统一的固定模式，如图 4-3-6 所示的 CAA 实现流程可供参考。流程中主要包含传输、评分和分析等环节。其中的评价传输标准 BS7988 标准由英国标准协会（British Standards Institution，BSI）制定，目的是保证试卷提交和传输的安全性及评价过程的一致性等。CAA 系统的不断开发，不同系统之间的资源如何共享，如何互操作，成为 CAA 系统面临的新问题。CAA 标准的制定促进了系统之间的互联互操作，例如 W3C 组织制定的 web content accessibility guidelines 标准等。基于 XML 规范的 IMS QTI 提供了一种标准格式，能够实现评价信息在不同系统之间的互操作和重复使用[①]。

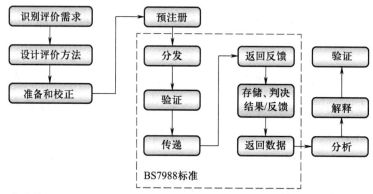

图 4-3-6　CAA 实现流程

2. CAA 系统的迭代发展

（1）第一代 CAA 系统。最早出现的 CAA 系统，其特征是 OMR（optical mark reader）和 OCR（optical character reader）技术在测评过程的应用。考生坐在教室里，监考员发给每个考生一份试卷、一张答题纸，并指导考生如何填写答题纸、涂写答题卡等，最后将考生的答题纸收集起来，借助光标阅读器 OMR 进行评分。这种 CAA 系统已经得到了比较广泛的应用，例如高考试卷中客观题的评阅。OMR 软件对每份试卷的每个问题进行阅读和评分，并自动生成详细的统计分析报告，因此能够对学习者理解知识的程度进行分析。由于这种 CAA 系统只能处理客观性试题，应用范围受到很大限制。应该指出的是，这种测评方式是一个线性、批处理的过程，计算机仅用于阅卷评分以及对结果进行统计分析并生成各种统计报表，被试与计算机之间没有实质性

① 许骏,柳泉波.IT 技能测评自动化［M］.北京:科学出版社,2005:6.

交互。为了增强 CAA 系统的数据统计分析能力，可以将其与 Excel、Access 等应用软件相结合。

（2）基于计算机的测评（CBA）。这种测评形式目前使用较多，其主要特征是学生与计算机之间存在交互关系。试题通过软盘、CD-ROM 光盘或局域网提供，考生坐在 PC 机前，看着屏幕上的试题，通过鼠标和键盘答题。考生既可以在完成每道试题后立即得到反馈（主要适用于形成性评价），也可以在整个测评结束后得到最终的反馈（主要适用于总结性评价）。此外，CBA 系统还可以采用多媒体形式呈现试题，这可以改善试题的表达，有助于高级认知技能的测评。自动测评与自动反馈也是 CBA 系统追求的目标，但通常仅限于客观题。对被试者来说，在计算机屏幕上答题与传统的纸笔考试存在一些差异，这是一个不能忽视的问题。特别对于数学这样的学科，通常不能根据某一试题的最后答案确定得分，计算和证明过程也要进行评分，因此就带来评分不合理的问题。

（3）基于 Web 的在线测评。这种测评形式的流行与 Internet 应用的普及相关，它具有 CBA 的全部特征，而且允许考生从连接到 Internet 上的任何计算机上获得试题，因而非常适合于网络学习。对于形成性评价，基于 Web 的在线测评允许学生不受时间和空间的约束，根据自身知识、能力水平和时间情况申请测评，并得到及时全面的反馈。对于总结性评价，基于 Web 的在线测评系统允许广域范围的考生在同一时间参加统一测试，其显著特点是跨地域和大规模。此外，这种测评形式能够连接到 Internet 上所有可利用资源，这对形成性评价尤其具有重要的意义。在线测评的主要缺点是难以确认被试的身份，测评工作的安全性难以保障。

（4）集成 CAA

由于传递测评内容与手段的差别，形成了前面所述的三类 CAA 系统。在实际应用中，人们可以综合它们的优点形成如图 4-3-7 所示的集成 CAA 形式[①]。显然，题库

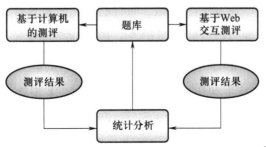

图 4-3-7　集成 CAA 模式

①　许骏,柳泉波.IT 技能测评自动化［M］.北京:科学出版社,2005:18.

是该系统的核心。题库结构设计与参数设置必须满足自动组卷的要求。统计分析模块负责对 CAA 结果进行统计分析和深层次的数据挖掘，目的是提取隐藏在其中的规律、模式和趋势，用于优化教学过程并辅助教育决策。

3. 测评自动化

长期以来，对学生或考生的评分都是人工操作，工作量大，更重要的问题是评阅者对评分标准的理解总会存在差异，无疑也会导致评分的不一致。采用计算机自动阅卷则可以避免或减少这种评分不一致的问题，并能够实现自动及时信息反馈。因此，测评自动化是 CAA 发展的主要方向，研究的重点是解决以下三类问题。

（1）客观题的自动评价与自动反馈。目前进行的无纸化考试，主要是指在客观题测试中，从试题的呈现、学生答题到自动阅卷的全过程都在计算机上完成的情况。客观测试的主要难点在于试题的编制以及试题库的建设，试题的质量直接决定了测试的效果。客观题测试的优点是：评分是客观的，评价结果具有比较高的信度；时效性强，可以快速给出评价结果；试题的表现形式丰富，能够综合应用多种媒体（图像、视频、音频等）；在测试过程中或测试结束后，可以自动提供相关反馈；可以从题库中随机地选择测验题目；给学习者提供灵活的自测机会；管理上的优点主要表现在自动阅卷，它能节省时间，尤其是对大规模的测评活动。评阅情况能自动进入信息管理系统和学生记录数据库，这有助于快速生成统计分析表，大大提高教育管理机构的工作效率。

CAA 系统目前的题型还局限在客观题，因为方便自动阅卷。以多项选择题为代表的客观题，通常认为只能有效地测量出再认记忆，无法测量更为复杂的认知过程，即客观题更适合于评估知识覆盖型和事实记忆型为主的课程，而不适合对介入了高级心理活动过程的解决问题能力的评价。

（2）主观题自动阅卷。教育考试的发展越来越要求命题设计增加主观题目，主观题也称开放式题目，通常指填空题、简答题、论述题和作文题等，它们适合于测量认知分类中较高层次的目标，特别是综合、评价两个层次。主观题鼓励被试积极地组织资料和表达观点，有利于培养被试解决实际问题的能力。但主观题没有统一明确的标准答案，评分易受主观因素影响，误差较大。主观题自动阅卷通常是指对短文、简短回答或自由文本响应的自动评价。目前，主观题自动评分系统主要应用于大规模学生评价（如应用在开放大学的远程学习测评）和作为第二语言的英语测试（如 GMAT、TOEFL 和 GRE 等）。如果能在更多的学科考试中实现主观题的自动评分，将节约大量的人力和时间，并且还能对评阅情况进行自动记录，从而方便教师、学生和管理人员获得反馈信息。

（3）技能的自动测评。这类测评既不同于客观题测评，也不同于主观题测评，而是使用计算机对学科技能的自动测评。目前已经有一些比较成熟的系统如WordTask、SpreadTask、CourseMaster能够完成 IT 技能、电路检测和医学诊断技能的测评工作。它们都具有程序性的特征，伴随问题解决过程有外显行为，即与外部环境有交互。这类技能的培养通常与实践教学有关，并且需要在特定的交互学习环境中完成。对这类技能的测评实际上就是通常所说的实验能力和实践技能考核，要让被试在真实或模拟环境下完成特定的技能任务，采用客观题测试的方式显然是不科学的。这是因为尽管可以用多媒体描述和表现技能活动的动态过程，但它无法测量被试在特定情境中应用规则办事的决策能力，与实际技能水平并不显著相关。与此同时，对这类测评过程通常需要安排一对一的考生与主考，这在大批量的测评中很难做到。因此，研究这种技能自动测评技术确有必要。

技能自动测评过程一般包括以下四个步骤：（1）定义评价目标和要求，设定目标技能及其测评标准（评价规则）；（2）收集体现被试技能水平的事实（信息）；（3）将事实和测评目标相匹配，最简单的方法是将被试的答案与标准答案进行对比，找出差距，复杂一些的问题往往要应用知识推理方法；（4）根据测评标准，将这些差异与被试所表现出的技能水平联系起来，判定被试是否已具备相应的技能[1]。

测评自动化是指事实的收集和分析能自动进行。可供分析的事实（证据）主要有两类。

一类是被试提交的文档，它通常是以某种格式存储的文件，通过构造文件解析器可获取相关的事实；另一类是被试完成技能任务过程中的动作序列——事件流。为保证测评精度，同时收集结果信息和事件流进行综合评价是必须的，因为事件流可以提供更多的过程信息。

技能自动测评系统是复杂的，原因就在于应试者的行为在很大程度上是自由的，他们提交的答案与标准答案只有很少或几乎没有共同之处，很难进行测评环境的建构与非客观题的自动阅卷。为了从根本上解决这些问题，必须对技能自动测评自动化的一般性理论和方法作系统深入的探索。

---

① 许骏,柳泉波.IT 技能测评自动化［M］.北京:科学出版社,2005:27.

五、学校教育的增值评价

长期以来，我国的教育评价存在"唯分数"的不良倾向。这种以考试成绩作为唯一依据的评价模式，使得学校的办学和学生的成长呈现出高度的同质化，不仅影响素质教育的深入推进，而且从根本上异化了基础教育的定位和作用。为了扭转这种不利状况，中共中央、国务院于2020年10月发布《深化新时代教育评价改革总体方案》，方案明确提出要改进结果评价、强化过程评价、探索增值评价、健全综合评价，充分利用信息技术提高教育评价的科学性、专业性和客观性。在这四种评价要求中，增值评价的要求让人眼前一亮，值得理论研究和探索实践。

增值评价是教育评价的一种新理念和新方式，它以学校教育可以为学生的成长增加价值这一假设为前提，对教育价值的增长量进行评判。这种评价不以学生的考试成绩作为评价学校和教师的唯一标准，注重纵向比较，强调自我进步。

增值评价思想源于1966年科尔曼报告（Coleman Report），该报告认为，评价学校的成功与否，只能检查它是否能减少学生对社会出身的机会依赖，教育机会均等的学校不仅意味着资源均等，还包括教育效能均等。学校不仅是被动提供平等的教育资源，而且要提供一个解放孩子潜能，使其免于因为出身和社会环境而带来的不平等教育环境。科尔曼报告的研究结论引发了世界范围对学校作用的争论，并催生了增值评价理念。

1984年，美国田纳西大学的威廉·桑德斯和罗伯特·麦克莱恩撰文，首次提出对学校和教师的效能进行统计学分析评价，分析所用的样本信息是若干年中学生当年考试分数减去前一年考试分数的数据——增值分。由于使用这种"增值评价"方法需要运用较复杂的统计分析技术，相对传统的使用学生考试原始分进行分析的方法，推广普及起来有一定的难度。直到1992年，美国田纳西州为了有效遏制学校对生源的争夺，激励落后学校增值发展，推进学校的均衡发展，才开始采用桑德斯倡导的增值评价模式，对学校进行效能评价。此后，英国、法国、加拿大等国家先后跟进，增值评价成为教育管理部门对学校进行监督与评估的一个重要手段。

20世纪80年代以后，随着教育测量技术的快速发展，教育评价开始广泛使用统计模型。如果能够采集到连续若干年间学生考试成绩的数据样本，就可以获得增值信息，借助多元线性回归模型对学生进行增值分析；如果要区分不同层（学生、学校）之间的效应，通常使用分层线性模型；如果要研究教师教育的影响从而导致学生在评价等级上发生的变化率，则需要运用马尔科夫链模型。[①] 无论采用哪种增值评价分析模型，都对数据的要求甚高，这也是增值评价缺乏实践案例的原因之一。

目前，在教育评价，尤其在高中学校评价的语境下，增值评价的内涵主要是对学校教育提升学生学业水平的程度做出定量分析，如学生高考成绩与中考成绩的比较、某科目每学年考试成绩之间的比较等。这意味着增值评价将关注点从学生的某次成绩是否达标转移到其学业的纵向进步上，以达到提高学校教育质量的目标。上海市教育考试院曾经对增值评价方法的应用进行过研究，在《上海高考研究报告 2017—2019》中介绍了运用分层线性模型对上海市中考三门科目（语文、数学、英语）和秋季高考三门科目（语文、数学、英语）考生的成绩进行分析的情况。应用实践包括分析样本确定、学业增值分析和分析结果讨论。研究表明，通过运用增值评价模型，已经能清晰看到招生政策的作用。如果有完整的数据积累，可进一步将与学业联系紧密的学校师资队伍、教育教学模式、设施设备环境等因素加入模型，这样的评价结果也会更科学，更有说服力，真正起到评价指挥棒的作用[②]。

值得指出的是，广义的教育增值评价，不仅仅是学生的考试分数增值，还应该包含一定时期内学生身体、心理、知识、技能、价值观等各方面的增值。要实现这种德智体美劳全面的教育增值评价是一项长期的、需要不断探索的过程。实施这种全面的增值评价，需要做好两方面的工作：建立指标体系和构建指标获得路径。

一般说来，针对中考、高考等大规模的学业测评，可以较为科学地对学业水平进行界定和度量，而且能够直接运用增值评价模型。但对于包含身体、心理、知识、技能、价值观等全方位增长的价值评判，首先需要进行指标体系的设计，这是实施增值评价的前提。然而，许多方面的增值很难数字化，这是影响增值评价广泛运用的技术归因。

在新高考试点过程中，上海市制定并实施了《上海市普通高中学业水平考试实施办法》《上海市普通高中学生综合素质评价实施办法》，制度性地将学生综合素质培养纳入学校教育教学体系之中，体现立德树人的教育根本任务，促进学生的德智体美劳全面发展。同时，高考综合改革也促使高中教育不仅强化思想、行为、知识等公共基础的培养，更鼓励学生特长、兴趣、爱好等个性的发展，并包含学生所有学习活动的过程性评价。如果能够将学生发展成果数字化，就有可能对学生的成长情况进行增

---

① 边玉芳,王烨晖.增值评价:学校办学质量评估的一种有效途径[J].教育学报,2013(2):43-48.
② 郑方贤,等.上海高考研究报告(2017—2019)[M].北京:人民教育出版社,2021:15-37.

值性评价。

在构建指标获得路径方面，标准化测试是目前增值评价指标获得的主要路径，这是因为标准化测试能够直接反映学生的认知能力及其增值，其测评结果客观且方便收集和统计。但是，随着高考综合改革的推进与高中学生综合素质评价报告的普遍实施，也使得学生自陈式量表的建立成为新的需求。上海市新高考的投档录取已经将高中学生综合素质评价报告随高考成绩及高考志愿表同步发送给高校，但高校普遍反馈，这一反映学生学习过程和成果的报告形式因为不是量化表达，所以难以被检索和评价。尽管增值评价目前还遇到技术上的障碍，但是高中学生综合素质评价报告毕竟为形成自陈式量表创造了条件，只要深入开展对综合素质测试信息的数字化研究和实践，适应新高考改革需要的全面的教育增值评价总会有新的突破。

第四节　教育考试的专业化管理

一、考试管理功能及实施

1. 考试管理功能

在考试活动中，总伴随有考试管理。所谓考试管理，是指为实现考试既定的目的，依据一定的管理理论、方法与程序对考试要素进行有效控制的一种社会活动过程。考试管理具有多种功能，主要体现在以下三方面。

其一，协助社会人力资源控制。社会为了发展和维护和谐关系，需要对社会人力资源的流向、质量和数量进行导向和控制，教育考试就具有这方面的协调和帮助作用。

其二，维护考试甄别选拔权威。任何考试都具有、鉴定个体心理特征别差异，并最终选拔、录用优秀者的目的，这其中必然存在竞争。考试活动所负的责任和所要达到的目的的特殊性，使考试活动需要一定的权威性。考试的组织者——国家、社会机构、社会团体为了达到其预期目标，也的确需要以政策、法规或其他形式来赋予其权威性。在维护考试权威性的过程中，能够保证考试活动顺利进行并达到预期目的的考试管理就成了考试权威的最可靠的维护者。

其三，保障考试功效的实现。为了使国家或社会组织获得所需人才，有利于社会中的人才各得其所，提高公民的科学文化素养，考试功能不可或缺，但要真正实现考试的功效，光设置考试项目不行，还需要有考试管理的保障。

2. 考试管理实施

考试管理的实施，是管理主体运用管理理论与方法对具体的考试项目进行一系列管理活动的实践过程。在这种管理过程中，既要研究并弄清楚考试活动过程的一般规律，应遵循的一般原则和程序，而且要根据具体考试项目的特点、要求、条件等实际情况去编制实施方案。由于考试活动涉及人、财、物、信息、时间、空间等诸多要素，可见它是一项系统工程。实施方案一旦确定，就成为某一考试活动具体实施的依据，对具体考试的成功与否关系重大，因此专业化的考试管理必须认真思考实施方案的设计与优化。

考试管理是人们追求预期目标和讲究效率的活动，所以对其结果情况进行评价，就不仅是教育考试机构的需求，而且也是考试管理者自身的要求。因为只有通过评价，才能知道某一具体考试活动是否真正达到了预期目标。所以，专业化的考试机构应该认真研究考试管理的评价理论与评价方法。

在考试管理系统要素中，信息的作用不可轻视。能否及时、准确地发出信息和反馈信息，是关系考试管理成功与否的重要条件。从一定意义上讲，考试管理的过程就是考试信息交流的过程。保证所控制的系统内的一切要素、一切环节之间的信息传递快速、准确，是实现系统正常、有序和高效运转的重要前提。考试管理是一种多要素的综合性系统，且其在运行过程中与社会外部环境又无时无刻不存在接触，信息传递的及时、准确就显得格外重要。所以，专业化的考试机构应该注重对考试活动中的信息技术的应用、融合与创新的研究。

考试管理运行过程主要表现为每一具体考试管理活动运行的历程及其行径环节的秩序规范。具体而言，考试管理活动运行过程的构成要素主要有考试计划管理、考试实施管理、考试监督管理和考试总结评价管理[1]。

考试计划管理是考试管理的首要环节，是从考试管理目的或任务出发，基于考试环境、条件约束，运用系统方法对考试管理全过程运行状态进行设计规划的过程。计划管理对考试管理过程具有指导、协调、控制、激励和稳定工作秩序的作用，是管理过程的依据，是考试管理人员行动的纲领和实施管理的蓝图。

考试实施管理是考试管理过程的中心环节，是将计划（或设想）变为现实的过程，是检验和调整计划的根本依据，也是连接计划与目标之间的唯一桥梁。实施管理是时

---

① 梁其健,葛为民.考试管理的理论与技术[M].武汉:华中师范大学出版社,2002:108-114.

空跨度最长、实践性最强和情况最复杂的管理环节，其中需要发挥实施组织的作用，对被管理者进行及时、科学和强有力的指导，对各种矛盾进行协调处理，以及正确运用各种激励措施。

考试监督管理的任务是调查了解实施考试管理计划过程中的执行情况，总结推广成功的尤其是创新性的经验，对执行中偏离计划的行为进行纠正，确保整个实施过程始终严格按照管理计划规定的运行方向和路径前行，最终实现考试管理的预定目标。因此，检查监督是促进计划实施正常运行的必要手段。

考试总结评价管理是考试管理系统中的最后环节，其任务是通过对整个考试管理过程的回顾、分析和评价，总结成功的经验和失误的原因，加深对考试管理活动规律的再认识，为新的考试管理计划编制和组织实施提供借鉴。

二、高考考务与招生管理

在教育考试机构的考试实施管理中，对高考的实施管理处于最重要的核心地位，除了命题管理外，工作量最多的莫过于考务管理和招生录取管理。其管理的现代化，主要体现在管理工作的科学化、制度化、规范化、程序化等方面。

1. 高考考务管理

普通高等学校招生全国统一考试，简称"高考"。符合国情的高考应该是全国统一考试模式。高考考务工作涉及组织考试报名、实施考试、考分统计分析等事务，是任务繁重且非常重要的业务。专业化的教育考试机构在高考管理方面，应该按照科学化、制度化、规范化、程序化的要求进行考务工作方案设计并组织实施，确保高考的顺利推进并达到预期目标。

根据教育部有关高考考务工作规定，各省、直辖市、自治区的教育考试机构都编制有年度使用的《考务工作手册》,一切活动按照此手册要求严格实施。《考务工作手册》一般包含三大部分：普通高等学校招生全国统一考试考务管理细则；考务主要岗位工作要求、操作规程及有关表格；有关文件资料汇编。

图 4-4-1 所示为某省 2021 年普通高等学校招生全国统一考试考务管理细则框架。由此可知，考务管理是一项系统规划、细致严谨和需要岗位落实的复杂性工作。

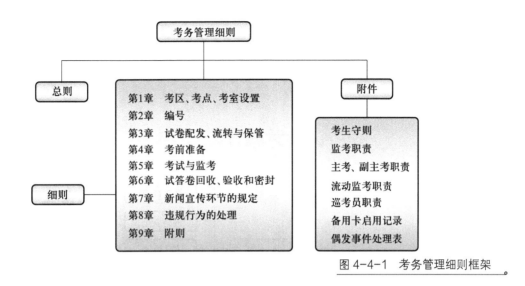

图 4-4-1　考务管理细则框架

2. 招生录取管理

我国普通高校招生录取工作都是在教育主管部门的监督指导下，由省级教育考试院统一组织进行，全部采用远程网上录取方式。为确保普通高校招生录取工作平稳顺利进行，各省市都需要结合本省实际，制定相应的年度高考招生录取工作方案。

高考招生录取工作的总体目标是：保平安、保质量、保公平。录取工作的基本原则是：公平竞争、公正选拔、公开透明，德智体美劳全面考核、综合评价、择优录取新生。

高考招生录取工作按照教育部提出的"学校负责、招办监督"的原则实施，高校按照向社会公布的招生章程中的录取规则进行录取。省级教育考试机构需要成立录取工作领导小组、录取现场指导监督小组、录取操作小组，规定了各组的职责，实行组长负责制。现场工作组的结构如图 4-4-2 所示。

招生录取工作的保障措施主要为：（1）严格执行各项制度，加强录取现场管理。一是全面规范录取操作，二是加强对录取工作人员的严格监管，三是对录取现场实行全封闭管理。（2）深入实施"阳光工程"，建立健全内外约束机制。（3）认真做好咨询和信访接待工作，进一步提高服务水平。（4）层层落实责任，严格实行责任追究制。

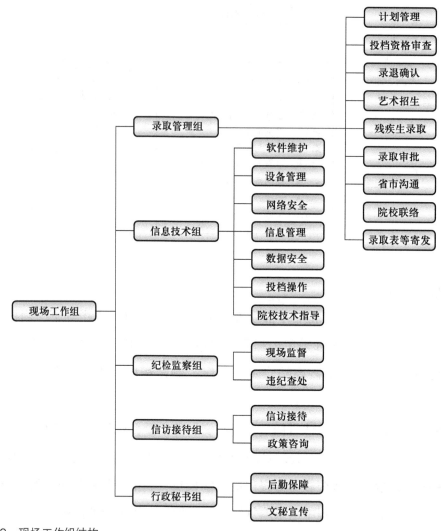

图 4-4-2　现场工作组结构

三、教育考试的安全治理

考试安全是教育考试的第一要务和永恒主题。为了保障各项考试安全平稳实施，充分体现"一切为了考生、为了一切考生"的服务理念，取得良好的社会反响，教育考试机构必须有所担当，切实做好考试安全维护工作。

随着考试规模的不断扩大，考情越发复杂，考生的焦虑、家长的期盼、社会的关注、命题的困难，多方压力传导叠加，进一步加剧了考试安全保障的难度。

考试舆情已经成为考试安全最大的不确定因素，具有十分明显的"高、大、快"特点："高敏感"，所有涉考话题高度敏感，沸点极低；"大规模"，网络的大规模、指数型传播效应；"快传播"，自媒体、互联网传播速度极快。特别是涉考话题极易被培训机构和资本推手煽动炒作。

近年来，教育考试机构在考试作弊综合整治方面取得了显著成效，特别是《中华人民共和国刑法修正案（九）》和《刑法修正案（九）》的司法解释公布后，再加上各地通过不断加强诚信教育宣传、提升考务人员素质、增加预防措施等，考试作弊人数呈快速下降趋势，但也呈现出一些新的特点：一是作弊方式以手机为主，进行"独狼"操作，也就是几个人帮忙作弊。原有的高科技作弊设备，如作弊橡皮、作弊眼镜之类大幅减少。二是藏匿位置更加隐蔽。在手机作弊考生中，挖空心思将手机进行隐藏，增加了发现的难度。三是社会容忍度很低。近几年的手机作弊都是个案，但造成巨大的舆情事件，带来了很大影响，高层领导对此都做了批示。这也充分说明，社会公众对考试作弊以及考试公平的容忍度越来越低。

从公安部门通报的作弊案件以及部分地区暴露出来的安全保密、考场事故等问题，也说明教育考试机构内部管理中仍然存在薄弱环节。主要是思想认识不到位、人员管理不到位和制度执行不到位。

教育考试机构在确保教育考试各项工作安全平稳方面，要分析考试安全工作面临的风险，在清楚判断形势之后就要集中力量，抓住主要矛盾，切实做好自己的事。一般来说，教育考试机构要确保"四大安全"：其一，狠抓制度预案，确保前置安全。其中涉及制度流程要完善，工作预案要充分，培训演练要到位，信息对接要加强。其二，严守底线红线，确保保密安全。安全保密是考试工作的底线、红线。100−1=0，就是保密。考试人要深刻认识做好考试安全保密工作的极端重要性，把保密工作贯穿考试全过程。教育考试机构要管好自己人，抓实教育管理。其三，强化综合施策，确保考场安全。确保考点考场安全，需要多措并举，打出"组合拳"，既要加强人防，更要加强技防。在技防方面，要强化入场安检技防措施，如积极配备智能安检门、金属探测器、充分发挥视频监控系统功能。其四，坚持疏堵结合，确保舆论安全。在这方面要坚持线上线下、引导和管控相结合，即一方面加强正面引导和主动宣传，另一方面要加强舆情管控和及时应对。

专业化的教育考试机构，要有构建教育考试"大安全"工作的格局，必须做到守土有责、守土尽责，对外求支持求联合，对内建队伍建生态，不断构建完善"三大机制"建设：主动承担作为，强化责任落实机制；凝聚内外合力，强化系统联动机制；完善治理体系，强化能力提升机制。

面对错综复杂的安全形势，专业化的教育考试机构必须建强考试治理体系，持续提升考试治理能力和水平。在这方面，推进数字化转型是有必要的。

教育部教育考试院把 2022 年作为数字化转型年，以高考时间为节点，实施"教育考试数字化战略百日攻坚行动"，重点推进国家教育考试数字化指挥平台、教育考试国家题库（智慧考试）、教育考试服务端三大升舱工程，对全国教育考试机构具有示范作用。

各地在数字化建设方面也取得了很多突破，如北京的入场人脸识别；辽宁、四川通过人工智能图像识别防范考场作弊；江苏开发劳务人员在线考核平台；福建研发评卷教师遴选申报系统并建立评卷教师"黑名单"制度；江西省实行考务管理"十统一"；广西实施"云上看考场"；贵州搭建无纸化高考体验系统，提高体验效率和准确性，解决漏检、误检等问题；青海全省统一配置金属安检门，并定制了 900 个具有定位、轨迹回放、开箱报警等功能的专用试卷保密箱；宁夏通过考点校园广播平台服务器上区分设置，实现不同语种听力同步播放；新疆实现考试全流程线上办理等，有效提升考试治理水平。

四、ISO9000 国际标准的参照

我国教育考试机构从行政管理角色向服务考试角色转变之后，做好教育考试全方位的服务与管理是应尽之责。现代化的教育考试机构在提高服务与管理质量方面，也应该有新的思路和举措。例如，天津市教育招生考试院在专业化、现代化建设过程中，参照质量管理和质量保证系列国际标准——ISO9000 质量管理体系，对原有的《质量手册》《程序文件》和《作业手册》等规章制度和工作程序文件进行全面梳理、修改和完善，形成更加科学、规范的现代化管理与服务体系。这种做法是值得在业内推广应用的。

参照 ISO9000 质量管理体系进行教育考试机构管理与服务质量现代化，首先需要对 ISO9000 标准的价值有所了解。19 世纪初期开始，随着工业化大生产的发展，如何客观地评价商品，成为人们开始关注的问题。英国是世界上产品质量认证的发源地，1975 年英国标准协会（BSI）公布 BS5750 质量保证国家标准后，第二年 BSI 就举办了第三方进行的组织质量体系评定、注册业务，受到各方欢迎。从质量体系认证的实践中，英国感到这种质量认证模式适应面广，灵活性大，会给生产者和顾客双方带来效益，

有向国际社会推广的价值，于是 BSI 于 1979 年向国际标准化组织 ISO 建议，希望 ISO 制定有关质量保证技术和实施的国际标准，ISO 采纳了 BSI 的建议，并于 1987 年发布了世界上第一个质量管理和质量保证系列国际标准——ISO9000 系列标准。该标准的诞生是世界范围质量管理和质量保证工作的一个新纪元，对推动世界各国工业企业的质量管理和供需双方的质量保证，促进国际贸易交往起到了很好的作用。

目前，我国有国家认可的权威机构负责 ISO9000 品质体系认证，并且对企业的品质体系的审核是非常严格的。企业参照 ISO9000 标准进行产品设计制作与品质管理，可以极大地提高工作效率和产品合格率，迅速提高企业的经济效益和社会效益。就企业对外经营而言，当顾客得知供方按照国际标准实行管理，拿到了 ISO9000 品质体系认证证书，并且有认证机构的严格审核和定期监督，就可以确信该企业是能够稳定地提供合格产品或服务，从而放心地与企业订立供销合同，扩大企业的市场占有率。

教育考试机构虽然具有与企业不同的属性和职能，但在转型考试服务之后同样需要树立质量意识、高标准地建设考试质量文化，参照 ISO9000 质量管理体系无疑是实现这一目标的可取路径。

教育考试机构参照 ISO9000 标准建立的质量管理体系，一般包括以下内容。（1）文件支持：形成文件化的质量管理体系、建立质量手册、控制文件和记录；（2）管理承诺：以顾客为中心、建立质量方针、建立质量目标并策划实现过程、确定职责权限并确保有效沟通、开展管理评审活动、确保质量管理体系的持续性；（3）资源管理：供质量管理所需的资源、人力资源管理、基础设施管理、工作环境管理；（4）产品实现：策划产品实现过程、管理与顾客有关的过程、设计和开发、管理与监测；（5）测量、分析和改进：监视和测量顾客满意度，分析产品质量，改进管理与服务方式。

教育考试机构参照 ISO9000 标准实施质量管理，需要遵循以下 8 项原则：（1）以用户为中心，树立教育考试机构依存于其考试用户的理念，理解考试用户当前和未来的需求，满足其要求并争取超越他们的期望；（2）领导作用，教育考试机构的领导应建立组织协调一致的考试事业发展宗旨和方向，为此，他们应当创造并保持使员工能充分参与实现组织目标的内部环境；（3）全员参与，教育考试机构的各级人员都是组织之本，只有他们的充分参与并发挥主观能动性和创造性，教育考试机构才能有所收益；（4）过程方法，将教育考试活动和相关的资源作为过程进行管理，可以更高效地得到期望的结果；（5）系统化管理，将教育考试相互关联的过程作为系统加以识别、理解和管理，有助于教育考试机构提高实现目标的有效性和效率；（6）持续改进，发展永无止境，教育考试机构应该将持续改进整体业绩作为机构的一个永恒目标，不断与时俱进；（7）基于事实决策，改变依靠经验决策的习惯，尽可能基于事实进行有效决策，特别要培养基于数据信息分析决策的能力；（8）与考试用户建立和谐关系，教育考试机构建立与考试用户相互依存和互利的和谐关系，可增强双方创造教育考试价值的能力。

第五章

教育考试机构现代化的智慧洞察

当今世界，信息技术得到广泛应用，信息化成为各行各业现代化的一种标志。借助信息化推进现代化，是教育考试现代化的一种基本策略。教育考试信息化不仅追求考试业务流程的以机代人，更重要的是希望通过信息技术赋能，创造新的价值。我国的教育考试机构在完成信息化基础建设和信息化应用阶段后，应深入推进信息技术的融合创新，以适应国家教育数字化转型和智能升级战略实施的需要。然而，如何实现这种变革呢？将数据信息视为战略资产的智慧洞察和数据管理技术值得尝试。

第一节　教育考试信息化

一、信息化的基本认知

教育考试信息化，是在教育信息化背景下展开的，其同时也是国家信息化战略实施的重要组成部分。研究教育考试机构信息化问题，首先要对国家信息化和教育信息化有所认知。

1. 国家信息化

回顾历史，国家信息化战略问题的研究始于 20 世纪 60 年代。当年的日本政府在组织专家研究社会经济发展战略的一次研讨会上，基于对人类社会曾经历过"机械化""电气化"时代的认知，有专家认为随着大量的难以捉摸的信息产品的开发并称霸市场，信息化产业也会在产业结构中占据优势地位。因此，日本政府接受专家们的观点和建议，将发展信息产业和实现产业信息化作为推动国家经济发展的重要战略。从此，信息化、信息产业的概念开始在世界各国传播开来，信息化成为产业界发展的新潮流。

"信息化"作为名词，通常指现代信息技术的应用，特别是促进应用对象或领域（比如企业或社会）发生转变的过程。例如，"企业信息化"不仅是指在企业中应用现代信息技术，更重要的是深入应用现代信息技术所促成或能够达成的业务模式、组织架构乃至经营战略转型。

"信息化"常指对象或领域在信息技术的深入应用中所达成的新形态或状态。例如，"信息化社会"指信息技术应用到一定程度后达成的社会形态，它包含许多只有在充分应用现代技术才能达成的新特征。

20世纪80年代，中国迈入改革开放新时期，建设现代化国家的宏大战略目标提出了信息化的理念和基本要求。对于信息化的概念，学界目前还有不同的见解，有的认为信息化就是"计算机 + 通信 + 网络技术"的综合；有的将信息化阐释为从传统加工制造产业向信息产业的转型过程。

按照国家的信息化发展战略，国家信息化是指在国家统一规划和组织下，充分利用现代信息技术，开发利用信息资源，促进信息交流和知识共享，提高经济增长质量，推动经济社会发展转型，加速实现国家现代化的进程。在中共中央办公厅、国务院办公厅印发的《2006—2020年国家信息化发展战略》中，信息化的基本内容包括：信息产业化与产业信息化、产品信息化与企业信息化、国民经济信息化、社会信息化等。

信息化在国民经济和社会发展中具有重要战略意义。中国自20世纪90年代起，政府都将信息化纳入国家重大发展战略目标范围。随着国家信息化工程的启动，各行各业都会迈上信息化的道路。

2. 教育信息化

在实施国家信息化发展战略过程中，需要教育提供信息化人力资源的支撑。首先，培养人才的教育机构自身就应提前实现信息化。教育信息化，简单的理解就是信息技术在教育领域的充分和有效利用。在提出教育信息化初期，教育技术学专家南国农教授认为，教育信息化是指在教育中普遍运用现代信息技术，开发教育资源，优化教育过程，以培养和提高学生的信息素养，促进教育现代化的过程。教育信息化建设包括硬件建设、软件建设和潜件建设[①]。

随着多媒体、5G网络、移动互联网、物联网、AR/VR以及人工智能的发展，信息技术领域的边界不断扩大，人们对信息技术的价值认识也不断深化，学界对教育信息化内涵的诠释也处在新的变更之中。例如，有学者对教育信息化的概念有了如下的

---

① 南国农.教育信息化建设中的几个理论和实际问题（上）[J].电化教育研究,2002:3-6.

新诠释：教育信息化是指在先进的教育思想指导下，在教育领域充分而有效地运用现代信息技术，建资源、构平台、拓空间、筑体系、创模式，促进教育改革，促进师生的全面发展和创新发展，促进教育公平，促进教育质量提升，推动新时代教育现代化加速实现的过程[①]。显然，这种诠释的特点对教育信息化的作用寄托了更大的期望。在教育信息化的构成要素方面，也从"三要素说"发展到"五要素说"（网络、资源、应用、产业、人才）、"八要素说"（信息网络与平台、信息资源、信息技术应用、信息技术和产业、信息化人才、信息化政策法规和标准、信息与网络安全、信息化理念和理论）。

3. 美国教育信息化的借鉴

教育信息化是一种国际潮流。美国在教育信息化领域内建立了系统化、科学化的教育信息化体系以及教育信息化培养体系，其一举成为引领世界信息技术教育改革的先行者，受到全球的广泛关注。在推进教育信息化对策方面，美国有两点值得我们借鉴。其一，强化认知和政策支持力度。美国在思想上认为信息技术是社会与经济变化的体现和手段，必须通过更新政策法规来改善信息化基础设施、加大资金投入、设施多样化评估、界定利益相关者权责，这一系列举措促使美国教育信息化得到快速发展。其二，根据时代的变化及时进行教育信息化的历史转向。美国教育信息化的发展从20世纪50年代至今，历经了从孕育萌芽阶段、崛起成长阶段到全面发展阶段的演进；实现了由工艺教育到技术教育、再到信息技术教育的发展转型；完成了由角色转型到问题解决，再到技术赋能的历史转向；实现了由教育信息化的基础建设到普及应用，再到融合创新的跨越[②]。

19世纪60年代至20世纪50年代，是美国教育信息化的孕育萌芽时期，其最初的模式是实施传统手工艺训练的工艺教育。随着职业教育的发展，受到杜威（Dewey）实用主义哲学的影响，教育信息化逐步形成工艺教育职业性的特点。杜威对"工艺教育"的实施作出了巨大贡献，他一方面从理论上澄清和确定了"工艺教育"的价值，另一方面倡导了"项目教学法"在工艺教育实践中的应用。

不过，当技术变革开启后工业时代的篇章后，社会对学生的要求不再局限于会机械操作，而工艺教育的培养模式未能跟上时代要求的变化，因此教育信息化面临新的变革。1947年，美国著名的技术教育家沃纳（Warner）提出，以"手工艺训练"为核

---

① 陈琳. 以教育信息化推动教育现代化研究 [M]. 北京: 科学出版社, 2020: 2.

② 李欣桐, 李广, 徐哲亮. 技术赋能: 美国教育信息化的历史转向及未来发展趋势 [J]. 现代教育管理, 2002 (6): 120–128.

心内容的工艺教育应该转向包括多种行业（如动力、运输、通信、建筑、机械制造等）更广泛的技术教育。教育界接受了沃纳的主张，开始了技术教育的进程。至此，美国的教育信息化完成了第一次角色转型。

20 世纪 50 年代末到 80 年代初，美国教育信息化进入崛起成长阶段。这一时期国际环境风云变幻，特别是 1957 年苏联人造地球卫星的成功发射，震惊了美国整个技术教育界。可以说，苏联在技术领域的重大突破直接影响到了美国教育的系统性变革。美国国家优质教育委员会发布了《国家在危机中：教育改革势在必行》报告，这更引发了美国国家层面对信息技术教育的重视，继而出台了一系列信息技术课程政策。这些政策围绕"问题解决"进行教育信息化变革，并将服务教育信息化的基础设施建设提到议事日程上来，加快工程实施。

20 世纪 80 年代以来，美国教育信息化跨进了全面发展的阶段，这一期间的主要特点是注重"技术赋能"，或者说"技术赋能"是美国全面教育信息化阶段改革的核心内容。这种改革的目标主要体现在三个方面：

其一，培养 ICT 能力。着力于信息技术批判性思维、信息技术能力结构以及信息技术创造性思维的培养，促进课堂教学过程中的参与者整合信息技术能力的形成，最终实现参与者问题解决能力的塑造。

其二，培养知识创造能力。以助力教师实现教学手段的跨学科思维培养，成为信息技术整合者与知识的创造者。在信息技术整合不断深化过程中，获得信息技术能力是前提与基础，技术赋能强调从传统知识向知识建构的转变，主张课程主体积极参与到信息技术与课程整合的实践中，在跨学科思维引领下和信息技术整合实践中形成信息技术能力。

其三，培养组织与管理能力。为了助力教师适应智慧课堂发展的需要，智慧课堂为学生提供了先进的多媒体设备和丰富的网络学习资源。这就要求教师能够把不同的技术、工具、教学内容整合到整个课堂、小组、个别学生活动中去，并使之融合到教学过程当中，以实现信息技术从根本上促进教学资源、教学环节、教学方式与方法的改变。智慧课堂管理的首要前提是教师的信息素养及运用信息技术能力的培养。

二、教育考试信息化的定义

随着教育信息化的实施，与之密切相关的教育考试信息化也应运而生。教育考试信息化，也成为教育考试机构的一种内生变量、发展动力。

教育考试信息化是一种发展过程，一般分为起步、应用、融合、创新阶段。当教育考试信息化发展到高级阶段时，观念、理论显得特别重要。教育考试机构的信息化建设工作，需要有与之匹配的科学理论指导。探究这种理论的起点应该是树立起新时代考试信息化的新观念，这涉及对教育考试信息化定义、内涵及特征的诠释。

我们认为，新时代教育考试信息化的定义是：在教育考试理论指导下，卓有成效地应用现代信息技术建构科学、适切的教育考试信息体系的过程，其目的在于促进教育考试改革、促进教育考试机构专业化、现代化，促进教育考试公平，促进教育考试质量提升，进而推动新时代教育事业的持续健康发展。在这一定义中，新时代教育考试信息化包含以下四个要点：

其一，强调考试理论的指导。长期以来，由于考试自身发展和人们对考试现象认识的局限，一直把考试看作一种手段、方法和工具。其实，考试是一门科学，是涉及考试现象及其规律的新兴社会科学[1]。考试科学研究所揭示的考试原理（如人本原理、差异原理、系统原理、动态原理、控制原理），是对考试活动根本属性和本质联系的高度概括，从考试原理中可以推演出可供各种考试设计、实施务必遵循的基本原则。因此，考试原理具有普遍适应价值，它对教育考试事业的革新发展有着极其重要的理论指导意义。新时代的教育考试信息化必须基于科学的考试理论进行理性思辨。只有具备科学考试理论指导的教育考试信息化，才有可能成为开放的充满活力的"熵减系统"[2]。

其二，强调信息技术应用。信息技术日益成为信息时代最重要的生产力。信息技术在教育考试中的应用是教育考试信息化建设的出发点和初始态，离开这种应用，教育考试信息化就不复存在了。因此，教育考试机构在信息化建设中始终以"应用驱动"方针指引，使教育考试中的信息技术应用水平得到极大的提升。新时代的教育考试信息化强调卓有成效的应用信息技术，主要表现在两方面：一是要充分利用信息技术来为教育考试机构的各项业务管理服务；二是要对不同信息技术的应用进行效率、效果和效益的评估，做到择优选用。

其三，强调信息体系建构。教育考试机构的信息化建设，不仅要注重考务工作的信息化，而且要形成教育考试管理与服务信息化体系建设的意识和规划。新时代的教

---

① 廖平胜.考试是一门科学[M].武汉:华中师范大学出版社,2003:144.
② 陈琳.以教育信息化推动教育现代化研究[M].北京:科学出版社,2020:2.

育考试机构信息化，应该达到"建资源、构平台、拓空间、筑体系、创模式"的体系化建构要求，这是新时代教育考试信息化作用扩展的体现和走向更高水平的标志。

其四，明确的应用目标。新时代的教育考试信息化应该立意高远、追求卓越。明确应用目标，不仅能让教育考试业务获得信息化的手段，还能发挥目标促进教育考试改革、促进教育公平和教育质量的提升等效能。

三、教育考试信息化特征

以教育考试信息化推动教育考试现代化，就是为了充分发挥信息技术先进生产力的作用，变革教育考试，创新教育考试新模式、新业态，使教育考试与时俱进。要达此目的，必须对考试信息化的特征进行必要的探索，以便人们对其有清晰、系统和深刻的认识。

一般说来，探索教育考试信息化的特征可从技术和考试本身两个维度进行审视，这分别构成了教育考试信息化的技术特征和考试特征。

1. 教育考试信息化的技术特征

从技术的视角看，教育考试信息化至少包括数字化、多媒体化、网络化、数据化和平台化等技术特征。

（1）数字化。数字化是教育考试信息化最为底层的技术特征，是其他技术特征的基础。因为有了数字化，才产生了数字化教育、数字化考试、数字考试管理和数字化考试服务。从功能效果上看，数字化意味着教育考试信息的高速度、高质量、高效率和低成本，这正是教育考试信息化在新时代的发展特征和水平标志。

（2）多媒体化。即多媒体的普及应用化。直至 20 世纪 90 年代初期，人机交互方式主要是通过基于文字或简单图形的界面来实现，枯燥而单调。多媒体技术可以使信息表征多元化，使文字、图形、图像、声音、视频、动画等媒体形式浑然一体，这样人们可以采用最佳的信息形式表达和呈现教育考试内容、为教育考试最优化实施创新条件。这为人机之间的信息交流提供了使用方便、易于操作的全新手段。多媒体技术的显著特点是人机交互和及时反馈，这正是教育考试信息化所需要的技术特征。传统的教育考试过程很难做到考试活动的交互、反馈和过程评价。通过多媒体技术的应用，有可能让注重人的个性发展的教育考试模式有所创新。因此，在教育考试信息化的过程中，人们普遍需要具有多媒体的学习能力，以及多媒体的采集、加工、处理、呈现能力。对于教育考试机构的信息化专门人员来说，他们更需要具备多媒体考试资源设计、开发、评价能力，多媒体考试设备使用与维护能力，多媒体环境建设与保障能力，多媒体考试培训能力，以及多媒体应用创新能力。

（3）网络化。网络化对人类社会的发展影响深远，相应地产生了互联网经济、互联网教育、互联网生活等。我国政府专门出台了《国务院关于积极推进"互联网+"行动的指导意见》，通过互联网+的方式将互联网技术与经济社会各领域进行深度融合，推动技术进步、效率提升和组织变革。因此，教育考试信息化也应该将网络化视为重要的技术特征。

（4）数据化。数据化是指因大数据的发展应用而带来的考试信息化的新技术特征。数据化不对立于数字化，而且数据化是数字化进程中的一个方向。最明显的区分是：数字化对应的基本单元是比特（bits），数据化对应的典型对象则是字节（bytes）和字（words）。

国务院在《国务院关于印发促进大数据发展行动纲要的通知》中提出要"探索发挥大数据对变革教育方式、促进教育公平、提升教育质量的支撑作用。"[1]在这种背景下，教育考试信息化的大数据化成为理所当然的事情。具有大数据技术特征的考试信息化无疑也会增强教育考试机构具的洞察分析力、流程优化力和业务决策力。

（5）平台化。随着云技术、宽带网络技术、海量存储技术的发展，平台化也成为考试信息化的一种新技术特征。它以互联网平台思维为基础，通过"平台+教育考试"的方式赋能教育考试的管理与服务。我国《教育信息化2.0行动计划》提出，要实现教育信息化基于大平台、大项目、大基地、大学科的整体布局和协同发展。在这种背景下，教育考试信息化的平台化也会迎来春风化雨的局面，教育考试信息化发展的平台化特征将更加明显。

教育考试信息化的平台化，必须要求教育考试机构具有平台思维和相应的学习能力。对于考试信息化的专门人员，更应该具备相应的平台管理与平台资源应用能力。

2. 考试信息化的考试特征

（1）恒久性。从根本上讲，考试是人类追求活动效率、满足自身及社会发展之内在需求的产物，它与人类社会共始终。从古代、近代、现代到当代，考试活动总有发生。尽管不同时代的考试理念、考试制度和考试方式有所区别，但其基本功能是相

---

[1] 国务院关于印发促进大数据发展行动纲要的通知［EB/OL］.（2015-08-31）［2023-01-02］.http://www.gov.cn/zhengce/content/2015-09/05/content_10137.htm.

近的，即通过考试这种方式来鉴别人的心智个别差异、促进人的社会化、服务社会分工和社会流动，通过人的活动效率，满足人及社会发展的需求。因此，从时间维度上看，考试活动具有长流不息的恒久性特征。

（2）普遍性。如果说，凡是具有交互与共同关系，并表现交互与共同行动的一群人，都可成为社会，那么，凡有人群共同从事社会活动的地方，就可能有教育活动出现。为了督导受教育者的学习过程和检验教学效果，实现教学目标，就需要考试。考试既是识别人才、发现人才、遴选人才和评价人才的基本方法，也是社会各部门获取决定人员培训、使用、提拔、奖惩等客观依据的主要途径，更是调节部门人才结构的有力杠杆和推动部门事业发展的重要手段。正因为如此，从空间的视角看，考试具有普遍性特征。

（3）社会性。考试是一种社会活动，其主、客体都是人。人之所以为人，本质上并不在其自然属性，而在于其社会属性。考试活动是人存在和发展的一种方式，它在人的社会联系中进行，并在其运动的过程中"创造、生产人的社会联系、社会本质"[①]。考试活动，特别是有组织安排实施的考试，无不是为了满足社会发展的某种内在需求，体现组织逻辑或组织意志。为此，代表社会的考试主管部门和考试执行机构必须明确考试活动为何考、考何人、考什么、如何考等问题。因此，考试活动具有社会性是不容置疑的。

（4）组织性。现实中，任何一种考试活动都不是孤立的个人行为，而是一种组织活动，需要有专门的组织机构来对某种考试事务进行计划拟定、组织实施和过程管理，协调施考主体与应考主体间的交互关系，维持考试活动过程的有序运行。考试活动的这种组织性，不仅是考试活动运行和存在的方式，也是考试活动其他属性存在的内在依据。

（5）目的性。人类有意识的活动都带有某种目的性，考试也是如此。作为现实存在的考试者，他们的考试活动行为既是其现实存在的方式，又是为着达到预期目的的发展方式。正因为如此，源自人及社会发展需要的考试目的，既是考试活动的出发点，也是考试活动的归宿，其活动的一切内容、规程、方法和手段，都必须服从考试目的的需要。或者说，考试目的是形成和完成考试活动的基本前提，它反映了外部客观需求，决定考试的类别、程序、内容、标准、方式、手段及组织形式，引导考试活动运行的

---

① 卡尔·马克思,弗里德里希·恩格斯.马克思恩格斯全集:第四十二卷[M].中共中央马克思恩格斯列宁斯大林著作编译局,译.北京:人民出版社,1972:24.

方向。

（6）选择性。考试这种社会活动具有高选择性，主要体现在三方面。其一，根据社会本位和个人本位的需求，考试组织者设置不同类型或不同项目的考试，如国家主导的教育考试就有普通高考、研究生考试、自学考试和成人高考等类型，这些考试对施考者和受考者都有着不同的要求。其二，考试具有测度、甄别、评价人的心智个别差异的功能，对考试结果具有事实判断和价值判断的双重性质。在考试中，人们不仅要判明考试结果"是什么"，更关心考试结果"应当怎样"，即是否达到预期目的的需求。基于考试与人及社会发展的利害得失，以及每一具体考试直接目的的需要，考试的设计、实施及结果的应用，都必须对相关资源和环境进行慎重的选择，尽可能地实现预期考试项目的程序、内容、方法、手段、环境等的优化。其三，考试对人的身心素养的测评只是一种抽样测评，而不是人的身心素养内容的全部。因此，每一具体考试的测评要素及内容，只能根据考试目的的需要进行选择，即首先遵循部分能够反映整体的原理，对测评要素进行抽样。然后，再根据需要测评的要素，精心选择并确定能够测出预测要素的具体测评内容。

3. 教育考试信息化的本质特征

考试信息化的技术特征和考试特征的内涵比较丰富，但是这众多的特征尚不足以高度表征考试信息化的本质，因为技术特征属于观念性特征，考试特征属于运用特征，这些仍属于表象特征。一般说来，只有经过抽象概括提炼的由表及里的深刻特征，才是本质特征。那么，究竟什么是考试信息化的本质特征？从考试信息化越来越表现出的变革考试的重要作用看，考试信息化的本质特征是"信息技术变革考试"，推动考试走向新时代的专业化和现代化。

我们应该清楚地看到，我国教育考试机构的信息化建设，不仅仅是满足教育考试事务的信息化实现，更重要的是通过信息化来塑造一个创造价值的不断迭代进化的过程。绝大多数的教育考试机构在信息化发展规划中，基于信息化的技术特征和考试特征展开思考和行动，这样做是有必要的，也是有效果的，但是也存在不足之处。例如，这导致考试信息化更多的是使教育考试机构发生外延式发展。新时代的考试信息化应该从考试信息化的本质特征出发去谋划考试信息化发展，力争在教育考试机构在外延式发展基础上通过现代技术的赋能实现内涵性发展。

显而易见，以考试信息化推动教育考试机构专业化和现代化，既要在考试工作的全部实践中综合彰显教育考试信息化的诸多技术特征，用其所长，又要充分体现教育考试信息化的考试特征，使教育考试符合考试规律。更值得认真思考的是，怎样通过对教育考试信息化本质特征的认识来指导教育考试信息化的战略思考和务实设计，力争为人们奉献新的教育考试环境、考试资源、考试模式、评价模式、考试服务体系和考试治理路径，办好让人民满意的教育考试。

第二节　教育考试机构信息化转型

一、考试机构信息化现状

我国教育考试机构在现代化过程中，无不将信息化纳入其中，视其为重要的一大策略。自 2010 年以来，各省市教育考试机构集中力量、加大投入、顶层设计、整体规划，力图构建一个高度信息化教育考试业务管理体系。

例如，在试卷设计与命题系统中，建立了以数据库技术、网络技术和信息管理技术为依托的基于题库的信息化命题工作平台；在考务组织与实施系统中，实现了考试报名、电子试题投送、答题结果采集的全程网络化；在考务管理系统中，建设了高度信息化的考务管理平台，开发了自主知识产权的机考和网考系统，探索和研究了作文等大型主观题的自动评分系统；在统计分析与评价系统中，建立了国家考试评价综合信息数据库。

尽管我国教育考试机构信息化建设工作已取得初步成效，但是对照《教育信息化 2.0 行动计划》的高标准要求，以及发达国家教育信息化的发展趋势，还存在一定的差距和问题，主要表现在两方面。

其一，信息孤岛现象成为影响信息化系统发挥效能的一块"短板"。信息孤岛，又称信息竖井，是指教育考试机构各部门生成的信息数据沉淀在业务竖井之中，没有形成有效的"信息流"，这意味着各业务部门的信息数据之间缺乏沟通，无法达到信息共享的要求。要彻底解决信息孤岛问题，除了加强信息技术的更新换代外，还要优化信息化管理制度模式。

其二，信息化转型发展的主动性不够。这主要表现为：重视信息技术基础设施建设，轻视信息技术可行性迁移实现[①]；缺乏以"问题解决"为导向的信息化变革理论架构，仅仅停留在信息技术应用阶段，而没有积极主动向"技术赋能"阶段推进[②]。

技术赋能是教育考试信息化全面发展的典型特征，主要表现为着重赋予"人"以信息技术创造性思维、创造能力，实现"人"的自由发展。从这个意义上来讲，"为何赋能""赋以何能""如何赋能"是教育考试信息化"技术赋能"的根本问题。教育考试机构从完成了教育考试信息化的基础建设到普及应用，再到融合创新的跨越，是教育考试机构全面信息化发展的趋势和最终奋斗目标。

二、考试机构信息化转型思路

创新驱动发展，转型指引未来。我国教育考试机构在"十四五"阶段的信息化除了补齐前段遗留下来的信息孤岛短板外，重点是推进教育考试信息化的技术赋能发展，促进教育考试机构从信息技术普及应用向信息技术与考试业务深度融合创新转型，进行教育考试机构的生态重构。

近年来，教育部围绕教育数字化转型战略进行顶层设计，提出"应用为王、服务至上、简洁高效、安全运行"的行动纲领，以建设国家智慧教育公共服务平台为抓手，加速推进教育数字化转型和智能升级。在这种变革中，最重要的工作是将数字资源的静态势能转化为教育改革的强大动能，为全面支撑引领教育现代化和教育强国建设奠定重要基础。基于国家教育数字化转型战略的实施，教育考试机构理应跟进，将信息化的技术赋能与数字化资源的充分发挥结合起来，教育考试的大量数据不再是业务应用的副产物，而是不停地驱动新的业务，催生新的应用的战略资产。

教育考试机构在认定信息化转型的需要后，可以依据国家教育信息化发展的政策，寻找恰切的理论，以指导信息化转型的实践。

三、智慧洞察理论及其恰切性分析

1. 智慧洞察理论

美国企业在寻找信息化转型对策时，发现IBM公司提出的"智慧洞察理论"（Smarter

① Roumell E A，Salajan F D .The Evolution on of U.S.E-Learning Policy：a Content Analysis of the National Education Technology Plans［J］.Educational Policy，2016，30（2）：365-397.

② 李欣桐，李广，徐哲亮 . 技术赋能：美国教育信息化的历史转向及未来发展趋势［J］. 现代教育管理，2022（6）：120-128.

Analytics）具有一定的指导意义和应用价值。

IBM 是国际商业机器公司（International Business Machines Corporation）的简称。1911 年，托马斯·沃森在美国创立了 IBM，它是全球最大的信息技术和业务解决方案公司。进入 21 世纪初期，IBM 基于对企业信息化的技术赋能转向的发展趋势，提出了"智慧的分析洞察"理念，构建一种 3A5 步模型，由此构建出"智慧洞察"理论。"智慧"，指具有辨析判别和发明创造的能力；"洞察"，指观察得很清楚，很透彻①。在信息化视域中，智慧洞察的应用价值就在于基于信息技术的创造性洞察力去分析和解决业务问题。

IBM 智慧洞察理论提出的客观背景是：在企业信息化初期，人们的投资主要集中在业务流程自动化方面（即实现无纸办公），以便让企业的业务处理速度更快，成本更低。但随着信息化基础设施的到位和信息技术的普及应用，企业再朝这方面投资已不能给自己带来可持续的竞争优势。相反，一个全新的以信息为中心，以洞察力为导向，以数据分析驱动决策的企业生存环境逐渐出现，智慧洞察能力成为企业创造竞争优势的关键，据此，企业可以寻找新的业务增长点，实现对客户需求的快速响应，规避不易控制的市场风险，提升企业的经营效率②。

在《IBM 斯隆管理评论》和 IBM 商业价值研究院联合举行的企业发展调查报告会上，专家们用大量案例说明了智慧洞察成为核心竞争力的客观现实。该调查报告指出，在对待智慧洞察问题上存在两类不同的企业：一类企业认识到智慧洞察的价值，并着力进行数据分析，并将数据分析成果整合到战略和运营之中；另一类忽视智慧洞察的价值，习惯以过去的经验判断来进行经营决策。结果表明，前一类企业的市场竞争优势明显高于后一类企业。

IBM 调查报告还指出，基于智慧洞察进行信息化转型的企业逐渐形成三项有利竞争的能力：信息管理能力、数据分析能力和以数据为导向的文化力。此外，这类企业的智慧洞察集中运用在企业内部的三个关键领域上。

其一，决策速度。通过构建企业信息单一视图，帮助企业基于实时数据构建敏捷的业务分析流程，为决策提供快速响应和支持。

其二，管理企业风险。通过在整个企业内全面使用分析技术监控、监测和预测各种事件，对战略风险、市场风险、操作风险和财务风险等进行管理，避免不必要的风险。

① 中国社会科学院语言研究所词典编辑室. 现代汉语词典［M］. 北京：商务印书馆，2005:303–1759.
② 程永. 智慧的分析洞察［M］. 北京：电子工业出版社，2013：3–4.

通过持续的重新评估和重新定义其战略决策，帮助企业获得战略优势。

其三，了解客户。通过使用客户分析技术对客户进行细分，要求维度越来越多，粒度越来越细，并针对每个客户分群做详细的市场调查，得出每个客户群的详细特征（客户画像），在与客户进行沟通时越来越将客户视为一个个体，使个性化服务成为可能，通过多种渠道满足客户不断增加的需求。

IBM 在调查研究过程中，逐步感悟到智慧洞察在企业信息化转型中的作用，并经过理性思辨，构思出图 5-2-1 所示的"3A5 步"模式[①]。

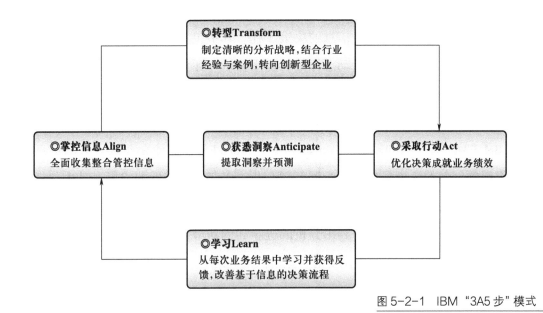

图 5-2-1 IBM "3A5 步" 模式

由图 5-2-1 可知，IBM "3A5 步" 模式由掌控信息（Align）、获悉洞察（Anticipate）、采取行动（Act）以及学习（Learn）和转型（Transform）等环节组成，各环节相互关联和相互作用，共同完成将信息数据转化为战略资产和实现数据分析决策的任务。

在 "3A5 步" 中，掌控信息（Align）是首要环节，这一过程主要是围绕企业业务全面收集整合管控信息，部署来自业务策略中的信息和大数据策略。其中包括：创建一个可信的信息基础，整合和治理信息以确保企业对业务的信心，控制对企业经营信息的捕获、管理、治理和分享，为利用大容量、高速增长、类型多样的企业内外部信息提供基础。

获悉洞察（Anticipate），是提取洞察并进行预测，形成业务成果的过程。其中包括：发现并分析趋势和异常，预测潜在的威胁和机遇，计划、预算和预测资源，评估和风

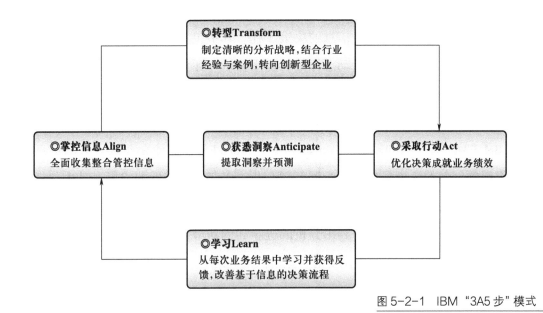

① 程永 . 智慧的分析洞察［M］. 北京 : 电子工业出版社,2013 : 8.

险管理，比较经营情境，测量和监控业务表现，掌握企业经营决策。获悉洞察活动不是少数人的作为，而是集中企业所有信息人员的所有信息和对信息应用的多种建议，以进行非同寻常的深度观察与分析的过程。

在获悉洞察取得成果的基础上，企业需要采取行动（Act），以优化决策，成就业务绩效。在此活动中，需要将企业的业务系统转化为智能的流程，也就是将前期分析的结果与企业现有流程进行整合和优化，打造一个数据驱动决策制定的机制，基于建模技术和假设分析，企业可以决定下次采取的最佳行动。

IBM"3A5步"中的学习（Learn），是要求企业信息人员从每次业务结果中学习并获得信息反馈，以改善基于信息的决策流程。其中包括：从证据和成果中自我学习并进行思考，对复杂问题进行动态评估，运用分析和评估能力对相关信息进行优化响应，持续摄入和分析大数据，以发现新模式和发展洞察力。通过这种深度学习，促使业务人员从传统知识转移向知识建构的转变，信息能力得到提高[①]。

IBM"3A5步"中的转型（Transform），是通过分析促使企业从一般的信息应用向数据引领创新的高度发展，成为创新型企业，以获得突破性的成果。其中包括：根据业务优先事项和预期成果，制定一个明晰的分析战略；挑战当前的思维，探索新的思路，并遵循事实进行创新；利用分析的进步和创新增强现行方法；利用经过验证的行业解决方案、案例，快速提供价值；除解决问题之外，还识别新的机遇和价值来源。

2. 智慧洞察适切性分析

在美国，IBM智慧洞察理论被推荐给企事业信息化转型应用，能否满足我国教育考试机构信息化转型需要，有必要对其进行逻辑学上所说的恰切性分析。恰切性，词义上是指事物是否具有恰当、贴切的属性。一个事物对另一个事物是否有恰切性，一般需要满足相容性、对称性和排中性三个基本逻辑要求[②]。

由于信息化是席卷全球的发展趋势，是世界各国和各行各业实现现代化的必由之路，信息化发展的大趋势对不同国家和地区是大致相同的。教育考试机构与企业虽然是两种不同性质的组织，不过在为社会提供产品方面，二者并没有根本的区别，仅在所提供的产品性质上存在差异，即教育考试机构所提供的教育考试产品是一种公共产品而非私人产品。教育考试机构服务的对象（考生、学校和相关单位）也可以说是它

① Wiebe C. Nguyen A K,Mattheis A. Visualizing Technocratic Power: a Cyber-Archaeological Analysis of the US National Education Technology Plan[J].Discourse: Studies in the Cultural Politics of Education,2021,42(2): 282-294.

② 张功耀,曹志平.科学技术哲学教程[M].长沙:中南大学出版社,2001:69.

的用户或信息数据消费者。智慧洞察理论强调企业要从以职能为中心转向以服务为中心，从以产品或服务为中心转向以客户为中心，与教育考试机构要从行政管理为中心转向服务考试为中心的发展思路相类似。因此，在信息技术领域，企业的智慧洞察与教育考试机构的智慧洞察具有相容性。

在信息化时代，企业注重智慧洞察的运用导致企业市场竞争优势的形成。反之，企业市场竞争优势的形成与智慧洞察的运用密切相关。这种因果对称性也适合教育考试机构的智慧洞察。在日趋复杂的教育考试环境里，有作为的教育考试机构也会考虑通过智慧洞察形成核心竞争力，以更好地进行技术赋能。核心竞争力与智慧洞察的因果关系也符合对称性的逻辑要求。

智慧的分析洞察本质上是一种解决复杂问题的系统方法论，人们也不可能做出与此完全相反的排中性解释。我国教育考试机构属于国家事业单位，虽然相互之间不存在激烈的竞争，但随着我国招生考试制度改革的深化，特别是自2014年以来实施"分类考试、综合评价、多元录取"的新高考综合改革，以及教育部考试中心制定的《中国高考评价体系》提出的"一核""四层""四翼"三部分组成的高考评价体系在全国的推广实施，教育考试的复杂性更加凸显，教育考试机构需要运用智慧洞察来进行分析决策是可取的。

通过智慧洞察对我国教育考试机构信息化的恰切性分析，我们认为借鉴智慧洞察的基本原理和运作技术来促进我国教育考试机构信息化转型是具有可行性的。

第三节　智慧洞察理论的本土化

一、智慧洞察的本土化模式

尽管 IBM 智慧洞察理论对我国教育考试机构信息化转型具有恰切性，但也不意味着可以照搬照套，拿来就用。毕竟国情和信息化政策不同，组织机构属性有异，我们对 IBM 智慧洞察模式进行本土化，是一种知识迁移和技术移植过程。据此，我们设计出图 5-3-1 所示的一种本土化智慧洞察模式。该模式从我国教育考试机构信息化转型的现实需要出发，遵循智慧洞察基本原理，整合教育考试机构各种资源，开展与教育考试业务相关的 3A5 步活动，以达到信息化转型所期望的下述战略目标：适应国家推进教育数字化战略的需要，促使教育考试机构将数据视为发展的一种战略资产；促进教育考试机构从技术应用到技术赋能的转型，实现教育考试机构信息化的普及应用到融合创新的跨越。

在智慧洞察视域中的教育考试机构信息化转型模式中，3A5步活动居于核心位置，无论其中的掌控信息、获悉洞察、采取行动、学习和转型，都要依据我国教育考试机构的服务职能要求开展有的放矢的活动，确保教育考试信息流的正常运行与数据的有效管理。

在智慧洞察视域中的教育考试机构信息化转型模式中，围绕智慧洞察3A5步中心框设置有7个活动小框，左边是输入、供给者和参与者；右方是可交付成果、消费者和评价指标；下方则是信息工具。由此可知，智慧洞察视域中的教育考试机构信息化转型不是一种单调的变革，而是涉及信息主体、信息客体和信息中介等诸多要素的非单调变化过程，是解决教育考试机构信息化转型这种复杂性问题的系统方法论的运用[①]。

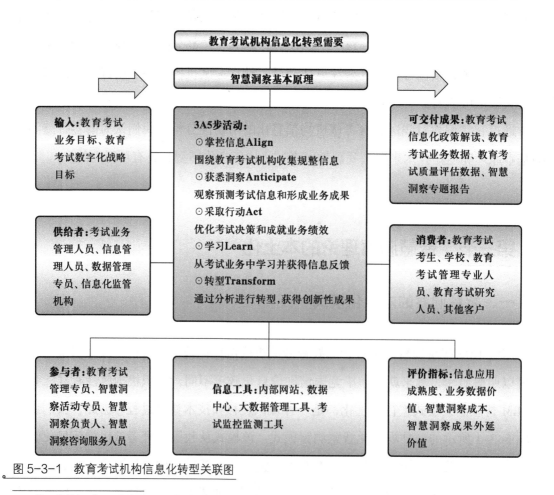

图 5-3-1 教育考试机构信息化转型关联图

---

① 埃德加·莫兰.复杂性理论与教育问题[M].陈一壮,译.北京:北京大学出版社,2004:2.

二、智慧洞察的驱动机制

基于智慧洞察视域中的教育考试机构信息化转型模式，我们可以思考相应的行动策略，其中需要运用驱动智慧洞察活动的运行机制。一般说来，相应的驱动机制有以下几种。

1. 信息议程规划的导引机制

运筹帷幄，决胜千里。教育考试机构智慧洞察的开展，需要信息议程（Information Agenda）的引导机制。所谓信息议程，简单地说就是关于开展智慧洞察的一种战略愿景和行动方案。编制信息议程可以从四个方面着手：战略愿景、信息基础架构、路线图、界定和治理。战略愿景部分，主要是确定信息化所能影响到的教育考试业务主要目标，助力组织建立以信息为导向的战略目标。信息基础架构，是指标识那些能够满足信息化需求的技术组件及功能，并充分利用现存的信息资产获得速度和灵活性的举措，其作用是帮助教育考试机构优化信息组件的连接和划分，是将信息作为战略资产进行管理的关键因素。为了解决过去存在的信息孤岛和信息离散问题，信息架构应该具有系统性和灵活性，能够动态地为应用提供整合的信息（可信的全景信息），使用户可以在规定的时间和地点拿到准确、一致、完整和及时的数据。路线图，是为实现教育考试机构信息化转型而制定的具体而循序渐进的执行计划和行动路径。数据的界定与治理，是指通过协调人和业务流程安排，保持业务数据的一致性，提高业务数据的质量、可用性和完整性，以实现对业务数据的可靠有效管理[①]。

2. 两种模式配合的协同机制

教育考试机构实施智慧洞察一般有两种模式：协作化模式和专业化模式。

协作化模式是指通过创建贯穿整个教育考试机构的数据中心，构建教育考试信息单一视图，使各个业务部门可以开发和共享洞察力，并使用各种数据分析手段来改进教育考试机构的管理与服务绩效。采用这种模式的优点是可以实现横跨业务职能部门的信息共享和利用，使得各个业务单位和职能部门处于基本相同的信息化水平。

专业化模式是指在教育考试机构特定的业务或职能部门内使用专业的分析技术和技能，开发深层次的数据挖掘系统，用于改进特定的业务评价指标，缩短业务流程处理时间，提高效率并减少运行成本。该模式的优点是能够在教育考试业务信息化方面

---

① 程永.智慧的分析洞察［M］.北京：电子工业出版社，2013：17–18.

形成突破性成果，凸显教育考试机构信息化的技术分析水平，但缺点是难以打破教育考试机构间的组织壁垒，实现贯穿整个教育考试机构的信息共享和传播，无法在各个业务部门之间进行协作，同时在构建面向数据的组织文化方面也不如协作化模式那样有所作为。

既然两种实施模式各有所长和所短，我们就可以扬长避短，采用两种模式配合的协同机制。在实施过程中需要组建具有共同愿景和心灵契约的信息化活动团队，按照智慧洞察"3A5 步"要求开展相应的业务信息分析。

3. 数据库技术的支撑机制

实施智慧洞察，是一种专业性较强的活动，需要有信息技术的支撑，其中最重要的信息技术是合适的数据库。数据库（Database）是随着信息技术和市场发展的产物，其基本形态是按照数据结构来组织、存储和管理数据的仓库，是用户所需要的各种数据管理的方式。数据库支持是数据管理的核心，在所有数据管理实践中数据库管理也许是最成熟的实践[①]。拥有功能强大和信息完整的数据库及其管理技术，是驱动智慧洞察开展的支撑机制。

我国教育考试机构在专业化建设过程中有一个必要环节，那就是构建可以满足教育考试命题需要的试题库，设计具有一定信息化服务功能的数据库或数据中心。随着我国考试招生制度新一轮改革的深入推进，教育考试机构的业务环境呈现复杂多变和持续创新的特点，过去建立的数据库已经难以提供针对教育考试业务的全面和优化服务，难以预防新的考试安全风险出现。因此，期望应用智慧洞察模式进行信息化转型的教育考试机构，应投入人力、财力、物力进行新一代教育考试数据库的建设。由于教育考试机构处理数据的类型不同，数据库可以有不同的设计，常见的有关系型数据库、非关系型数据库和混合型数据库等基本类型。

关系型数据库，通常以结构化的关系型数据为主，结合少量半结构化和非结构化数据来构建数据存储层，实现教育考试机构全部或部分结构化数据的物理或逻辑集中，通过完善的数据治理和统一的元数据管理，以及个性化服务提供支持，帮助教育考试机构优化业务流程，构建创新型应用。

非关系型数据库，除关注结构化数据外，这一数据库同时对大量的非结构化数据进行管理，并通过教育考试机构业务内容分析获取对非结构化数据的洞察力。

---

① Ambler,Scott.Agile Database Techniques：Effective Strategies for the Agile Software Developer［M］.Hoboken：John Wiley&Sons,2003.

混合型数据库，即大数据平台，既具有关系型数据库的高效性，又有将大量非结构化数据纳入其中的兼容性。它对关系型数据使用数据仓库（或关系型数据库）进行存储，对非结构化数据用企业级的信息平台进行存储，对结构化数据和非结构化数据实施全面的数据治理，对业务规则、流程、逻辑及信息供应链所有组件进行统一的元数据管理，构建贯穿整个教育考试机构的、涵盖所有数据类型的信息单一视图，使用动态发现和可视化工具为教育考试机构提供内部信息导航，通过流计算工具进行实时数据处理和分析。

相对而言，智慧洞察模式视域中的教育考试机构信息化转型更需要数据库能够提供深入的智慧分析和实时的决策支持，因此在创建新一代数据库时更注重混合型数据库技术的应用。一般说来，教育考试机构新一代数据中心应实现如下目标：（1） 通过跨系统实现各地教育考试机构的数据共享，解决信息孤岛问题，提升数据质量；（2） 构建教育考试机构信息单一视图，实现结构化、半结构化和非结构化数据的统一管理与洞察；（3） 提供完善的考试管理服务业务模型建构、定义和管理，并在此基础上提供实时决策支持；（4） 提供准确有效的考试用户特征管理，为考试用户细分，提供服务的深入洞察；（5） 构建数据治理体系，保证数据的一致性，消除信息的冗余、冲突和缺失等问题；（6） 提供高效、实时和准确的多维数据分析、报表统计、即席查询、多媒体分析、流分析和内容分析等功能，为教育考试机构运行提供全面支持；（7） 提供数据挖掘的支撑，能从大量数据（包括文本）中"淘金"，帮助机构发现业务的趋势，揭示已知的事实，预测未知的结果[①]；（8） 提供协同工作、规则引擎和事件处理功能，为基于全面分析能力的各种应用间有效协作提供支撑；（9） 提供完善的安全管理、综合监控和教育考试机构的资产管理等。

值得指出的是，除了上述目标，在构建新一代数据中心的过程中也会面临各种挑战。例如，教育考试机构如何构建面向数据的文化，如何打破组织壁垒，如何控制整合项目的实施周期和风险，如何克服在技术上的复杂程度，等等。

4. 智慧洞察评价的促进机制

在现代教育教学中，评价是保障教育质量和提升教学水平的重要机制，智慧洞察的开展与发展，也可以运用评价的促进机制。评价，泛指衡量人物或事物的价值。在教育领域，评价被认为是通过测量收集信息，以便分析或评判学习者在相关工作任务的表现的过程。从这个意义上讲，测量为评价提供价值判断的基本数量事实，

---

① 许骏,柳泉波.IT 技能测评自动化［M］.北京:科学出版社,2005:3-4.

即测量是评价的基础；而评价往往是测量过程的延续，是对测量结果的解释与应用，并朝着价值判断与释放事物功能的方向拓展。教育目标分类学研究促进了测量与评价的整合。评价主要包括形成性评价和总结性评价两种。形成性评价是为了促进学习与发展，总结性评价是为了给出一个结论。

教育考试机构信息化转型所需要的智慧洞察评价，主要是一种形成性评价，而且最好是采用增值性评价方式。因为增值性评价注重发展，与激励教育考试机构实施智慧洞察的期望相恰切。不同级别和地域的教育考试机构，其信息化基础不同，发展水平各异，如果使用同一尺度去测评他们的信息应用水平，显然是不恰当的，也不会达到评价的目的。增值性评价的特点是"以入口定出口"，以相对过去进步的表现作为评价标准，体现的是"努力就是优秀，进步就是成功"的理念，是一种关注发展变化的评价模式。通过这种评价，可以使基础差的教育考试机构看到希望，重树信心；对于成绩好的教育考试机构，则要不骄不躁，树立更高的目标，用更大的努力保持现有的优势。教育考试机构智慧洞察所需要的评价，其基本价值取向是促进信息技术在考试业务中的应用、融合与创新，因此对于智慧洞察的评价重在看教育考试机构在信息应用方面的发展水平，相应的评价标准如表5-3-1所示。该标准包含从低到高的5个等级，也体现出教育考试机构信息价值利用方面的成熟度。在上述的五级成熟度中，一级和二级基本上属于信息技术应用阶段水平，三级到五级可以视为信息技术赋能阶段的水平。

表5-3-1　智慧洞察水平评价标准

水平等级	评价项目	主要表征	备注
一级	数据支撑业务运行	关注数据储存和业务报告,提供的业务流程报表比较简单,缺乏跨系统的监控数据	技术应用水平
二级	应用信息管理业务	已构建策略性的数据管理系统,实现基本的信息交互与数据互动;与小型数据库实现链接并支持业务管理	
三级	灵活的信息架构	在业务处理过程中能够提供所需信息。通过采用服务导向架构的虚拟化原则,将非结构信息和结构来源相互整合。开始用信息引导业务创新	技术赋能水平
四级	应用信息促进业务创新	为组织机构提供实时的单一信息视图。主要专注于运用信息来创造新的业务流程,甚至主动进行业务发展预测	
五级	信息应用成为差异性竞争的关键	促进业务的发展和创新,竞争力大为提高	

三、智慧洞察的综合应用

任何理论都是在实际应用中体现出它的价值的。教育考试机构智慧洞察模式的应用价值，在于将自己掌握的大量的教育考试信息转化为战略资产，借以深化新时代教育考试改革、提升教育考试治理效能，推动现代化教育考试机构建设。原则上讲，凡需与海量信息打交道的业务都可以应用智慧洞察模式，并获得不同的业务业绩。下面列举智慧洞察在教育考试中的几种应用，以供举一反三，触类旁通。

1. **助力考试命题质量提高**

在推进教育考试治理能力现代化方面，提高考试命题质量问题深受关注。例如，目前实施的"新高考"，其命题内容要求从"考知识"转向"考能力"，从"解答题目"转向"解决问题"，以发挥高考"指挥棒"正确育人导向作用。那么，作为高考科目的语文、数学、英语、物理、化学、生物、政治、历史、地理的命题，是否符合"新高考"改革的初衷，其命题内容和形式是否真正能实现"五育并举"，补齐体美劳？[①]这都让人心存疑虑。传统的信息抽样评估固然可以获得关于命题质量的报告，但往往对命题质量缺乏预见性和可靠性。应用智慧洞察进行考试命题质量分析，可以获得更令人满意的结果。

应用智慧洞察助力考试命题质量提高，需要在教育考试机构搭建的教育考试数据平台的支撑下进行专业化、规范化和保密性的操作。在掌握信息环节，主要采集和整理有关高考科目的命题内容和命题方式。在获悉洞察环节，主要进行高考命题的效度、信度、难度、区分度等统计分析，同时判断命题与"五育并举"要求是否恰切，并对命题质量进行预测。在采取行动环节，主要是根据预测情况对命题者进行内容修改、方式变更和结构优化方案，保证高考科目命题的高质量。智慧洞察中的学习，主要是要求实施者通过智慧洞察活动进行"干中学"，学习考试命题原理、命题组卷技术，熟悉考试命题制度和标准规范，并通过学习的迁移和迭代机制，提高命题者的科学思维、人文思维和创新思维水平，确保高考命题技术制度和管理制度得到有效落实。智慧洞察中的转型环节，在于促使教育考试机构的高考命题质量提高从"基于经验的反思"向"基于数据的预测"的方式转变，使教育考试机构的命题管理信息化和智慧化。

此外，应用智慧洞察提高考试命题质量的活动，对健全"教—考—学"衔接沟通机制，拓宽与教育行政部门、学校、考生等信息沟通渠道，促进高考命题信息化都具

---

① 杨学为.考试蓝皮书：中国高考报告（2019）［M］.北京：社会科学文献出版社,2019：32.

有积极的作用。

2. 助力高考综合素质评价实施

2014年启动的新一轮高考综合改革，将高中生综合素质评价纳入高校录取招生体系，这一政策的实施成为社会关注新高考的一个焦点。由于学校提供的学生综合素质"个人档案"的真实性和可信性可能要大打折扣，因此很多家长都担心这种政策在实施过程中的公正公平是否能够得到确保。

综合素质"个人档案"的建立，主要是指学校在一定情境下对学生进行观察、记录和评价所获得的表格、图像、视频、文本等数据。之所以构建综合素质"个人档案"，是因为高校录取人员无法依据传统的阅读分析手段，从大量的"个人档案"中获得可供高校选录新生所需要的信息。

为了充分照顾到高校对综合评价过程中的关注点、选择性、个性化的需求，一些高中学校近年来开始构建综合素质评价"个人档案"电子平台，这比传统的整编个人档案袋的做法有了进步。尽管高校可以从这种电子平台查阅到学生的成长日志、活动情境和评价结论等信息，但要想获得标识明确的结构化数据是困难的，这无疑会影响到综合素质评价过程中的数据分析和数据挖掘。如果能够基于智慧洞察应用改进或优化综合素质评价"个人档案"电子平台，将会使综合素质评价方式能够得到广泛应用。

在智慧洞察过程中，实施者进入学校搭建的学生综合素质电子平台，可快速调取高考入围考生的"个人档案"，掌握考生个性、特长等信息，再进行智慧洞察，分析考生填报志愿与高校学科专业需要的匹配程度，预测学生的专业能力发展前景，然后采取行动，做出录取决策，或进行录取计划调整。在智慧洞察学习环节中，主要是深化学习综合素质评价原理与政策要求，并利用学习的迁移和迭代机制提升智慧洞察者的业务水平。在智慧洞察转型环节中，主要是促使教育考试机构的综合素质评价从"基于档案的静态判断"向"基于数据的动态评价"方式转变，使新高考的综合素质评价工作信息化和智慧化。

智慧洞察助力新高考综合素质评价，不仅可以帮助高校获得考生综合素质方面的信息以实现选才，同时也可以向高中学校提供学生群体综合素质评价数据，为提升学校素质教育教学质量，提升学校素质教育管理水平发挥科学评价的导向作用。

3. 助力教育考试安全保障

国家教育考试（特别是高考）安全保障至关重要。当前，考试领域安全风险呈现类型交织、多维度重叠的趋势，可以预见和难以预见的风险因素错综复杂，各种突发因素往往超出预期，带来很大的不确定性、不稳定性。面对错综复杂的安全形势，教育考试机构必须加强考试治理体系，持续提升考试机构治理能力和水平。

基于上述情况，教育考试机构也可以应用智慧洞察助力考试安全保障。在实施智慧洞察前，教育考试机构需要通过调查研究，了解当前教育考试面临的不同风险，如组考防疫风险、考试压力风险、舆情燃爆风险、隐蔽作弊风险和内部管理薄弱风险，以及风险防范的机制和对策。在智慧洞察实施过程中，掌握信息环节的工作重点是基于教育考试机构信息平台，将考生、考点和相关人员信息全部入库，实现入场实时掌握、考试实时监控、人员实时调度。在获悉洞察环节，需要将考试情境的视频流进行视频转换，为动态目标和特定图像构建特征索引，进行动态数据与模板数据的实时匹配，探索风险发生的一般规律。在采取行动环节，主要是进行实时预警，就风险防范提出合理化建议。智慧洞察中的学习，主要是促使实施者在"干中学"的过程中深入了解考试风险的产生机制与防范机制，提高考试安全保障意识和考试安全治理能力。智慧洞察中的转型，主要是指促使考试安全保障工作从"基于事后亡羊补牢"向"基于事前有备无患"方式转变，使教育考试机构安全保障工作信息化和智慧化。

4. 助力社会考试项目开发

教育考试机构除了要承担国家教育考试中的学历考试组织管理，还要依国家授权、社会行业或组织委托组织实施非学历的社会考试，如全国大学英语四、六级考试、全国计算机等级考试、中小学教师资格考试等。

社会考试既是我国职业资格体系的认证机制，也是我国人力资源开发与建设的重要机制[1]。随着我国由农业社会向工业社会转型、产品经济向知识经济转型，在社会分工专业化、职业化和精细化加深的背景下，社会考试需求必然高涨，社会考试项目的种类将不断拓展，考试评价结果的"含金量"将有所增加，相应的价值矛盾和利益博弈随之凸显，现有的社会考试政策体系也会显得不甚完善，需要进行调整、优化与创新，以填补政策空白、协调政策关系和提高政策成效。如何基于国家教育考试逻辑或国家意志去发展社会考试政策，实现办好人民满意的社会考试，值得进行多视角探索。

社会考试事业的发展需要供给机制的保障，该机制的核心是解决教育考试机构能够提供哪些社会考试服务项目的问题。考试服务项目供给取决社会对非学历考试的需求，这种需求有很大的不确定性和风险性。教育考试机构要开发哪些新的社会考试项

---

① 贾劲松. 社会考试管理探索［M］. 武汉: 湖北人民出版社, 2010: 3.

目，仅仅凭过去的经验和主观认识是行不通的。如果想要进行科学、精准的社会考试需求分析，可以借助智慧洞察模式来实施。

应用智慧洞察模式助力社会考试服务项目开发，首要环节是借助公共网络平台掌握相关信息，如哪些社会群体有非学历考试证书的需求？设置怎样的社会考试项目比较适合需求？在获悉洞察环节，需要对采集的大量信息进行统计分析，分辨某些社会群体和特定群体对社会考试项目的需求属现实需求还是潜在需求、虚假需求还是真实需求、短暂需求还是长期需求？拟开发的社会考试项目是否具有强劲的市场生命力？教育考试机构能否为新开发的考试项目提供有效的服务？在采取行动环节中，教育考试机构人员则需要根据需求与可能制定社会考试服务项目开发方案，明确考试项目名称、服务对象和市场定位，进行考试项目命题、组考和评价方案的制定。借助智慧洞察中的学习，教育考试机构人员可以通过社会调查和信息洞察深入学习社会考试原理与方法，领会国家社会考试政策法规，并利用学习的迁移和迭代机制提升洞察者的创造性思维和社会考试能力。在智慧洞察的转型中，教育考试机构人员需要促使社会考试项目开发工作从"被动服务"向"主动服务"方式转变，使教育考试机构的社会考试项目开发工作信息化和智慧化。

第四节　信息化的数据管理

一、数据的概念

新时代教育考试机构的信息化，是信息技术与考试业务深度融合与创新的过程，它不仅需要智慧洞察模式视域中的信息化转型，而且需要加强对数据的有效管理，即将相关的数据信息用来帮助教育考试机构更智慧地进行考试管理和服务。

教育考试机构正处在教育考试现代化转型的过渡时期，数据的贡献对于教育考试机构的生存和发展至关重要。现代化的教育考试机构应该认识到，数据是一种资产，能帮助他们洞察考试用户、产品和服务，以实现其发展战略目标。尽管如此，目前我国大多数教育考试机构还处在对教育考试数据库的常规管理阶段。相对而言，发达国家的教育考试机构在面向考试市场进行数据资产开发利用方面更注重数据治理，他们比较认同信息化时代的数据和信息不仅是组织为获取未来价值而投资的资产，而且也是机构日常运营所需要的"信息经济货币"。

什么是数据？《新牛津美式词典》将数据定义为：收集到一起进行分析的事实和统计信息。美国质量协会（ASQ）将数据定义为：收集到的一组事实，并把数值数据分为两种类型：测量数据或变量数据、计数数据或属性数据。国际标准化组织（ISO）将数据定义为：以适合于通信、解释或处理为目的，以形式化方式对信息重新解释的表达（ISO 11179）。该定义强调数据的电子性质，并正确地假定数据需要标准，因为它是通过信息技术系统管理的。

在信息技术中，数据被理解为以数字形式存储的信息（尽管数据不仅限于已数字化的信息，而且与数据库中的数据相同，数据管理的原则也适用于纸面上的数据）。但是今天人们可以获得如此之多的电子信息，与这些早期不可能被称为"数据"的数据，如姓名、地址、图书、资料等有关。此外，技术可以测量各种事件和活动（如考试、学生心态），可以收集、存储并分析从前不被视为数据的各种事/物的电子版本（视频、图片、录音和文档等），这几乎超越了人们将这些数据合成为可用信息的能力。大多数人认为数据代表事实，数据是这个世界中与某个事实结合在一起的一种真实表达。但"事实"并不总是简单或直接的。数据是一种表示方法，它代表的是除自身以外的事物（Chisholm，2010）。

数据和信息是什么关系？数据与信息相互联系，数据是抽象体现真实世界客观事物的典型特征，通过对数据的定义、采集和存储，以及明确的规则约定，确保其在一定范围内被准确地表达和理解，形成有价值的信息，比如对数据的标准化管理，有利促进信息的传达和传播等。数据和信息都需要被管理，如果再将两者的使用和人们的需求结合在一起进行管理，则两者应具有更高的质量。一般情况下，人们常常将信息与数据这两个术语互换使用。

在信息化时代，数据是一种组织资产。资产是一种经济资源，能被拥有或控制、持有或产生价值。资产可以转化为货币。尽管对将数据作为资产进行管理意味着什么的理解仍在不断发展，但是数据已经被广泛认可为一种组织资产。许多组织把自己定义为"数据驱动"型组织。想要保持竞争力的组织必须停止基于直觉或感觉做出决策，而是使用事件触发和应用分析来获得可操作的洞察力。数据驱动包括认识到必须通过业务领导和技术专业知识的合作关系，以专业的规则高效地管理数据。

二、数据管理

人们每天都会获得许多与自己业务相关的数据，如果要从数据中获取价值，不可能依赖直觉与灵感，需要有目标、规划的数据管理。数据管理（Data Management）是业务管理的一部分，通过对数据资源的识别、诊断、分析，促进数据资源共享、资产化，赋能业务改进和创新，为企业在商业中获得差异化竞争优势而制定的基于整个数据生命周期的计划、建设、运营等活动，是企业应对未来不确定性风险的数据基本能力。数据管理也可能指一个项目群，即包括了几个相互关联的项目所带来的持续举措。数据管理职能的使命是：通过对数据要素的配置和管理，构建企业级的数据组织能力，培育数据文化，驱动业务和管理的变革和创新，从而优化业务模式，重构业务生态，支撑企业按节奏推动业务数字化转型。

在许多组织中，构建新技术的动力和拥有更可靠数据的愿望之间存在着持续的紧张关系，就好像这两个方面是对立的，而不是彼此必需的。成功的数据管理需要对技术做出正确的决策，但管理技术与管理数据不同。组织需要了解技术对数据的影响，以防止技术诱惑推动它们对数据的决策。相反，与业务战略一致的数据应该推动有关技术的决策。因此，数据管理需要技术的和非技术的双重技能。管理数据的责任必须由业务人员和信息技术人员两类角色共同承担，这两个领域的人员需要相互协作，确保组织拥有满足战略需求的高质量数据。

《领导者的数据宣言》（The Leader's Data Manifesto）（2017）认为，组织有机增长的最佳机会在于数据。许多人不知道他们拥有什么数据，或者对业务最关键的数据是什么。他们混淆了数据和信息技术，并对两者进行了错误管理。他们没有关于数据的战略蓝图，同时低估了数据管理相关的工作，这意味着会面临管理数据的挑战。

数据管理涉及一些相互依赖的功能，每个功能都有自己的目标、活动和职责。数据管理专业人员需要考虑从抽象的数据资产中获取价值、平衡战略和运营目标、特定业务和技术要求、风险和合规性需求，并理解数据所包含的内容以及数据是否高质量。组织机构为了能够对数据跟踪管理，需要一个框架来全面了解数据管理，并查看其组件之间的关系。

三、DAMA 数据管理模型

国际数据管理协会（DAMA 国际）作为一个国际性的专业机构，其最为人知的两项贡献是：一是构建了适于企业的数据管理知识体系（Data Management Body of Knowledge，DMBOK），二是开展了企业界数据管理专业人士认证（Certified Data Management Professional，CDMP）。

DAMA 国际制定的 DAMA 数据管理框架（DAMA 车轮图）和知识领域语境关系图，前者呈现的是一组知识领域的概要，后者显示每个知识领域中的细节。这样使得企业数据管理知识体系（DMBOK）更加深入、清晰和丰富。

DAMA 车轮图（图 5-4-1）界定了数据管理知识领域。它将数据治理放在数据管理活动车轮的中心，因为治理是实现功能内部一致性和功能之间平衡所必需的知识。其他知识领域围绕数据治理运转，它们都是成熟的数据管理功能的基本组成。在现实中，不同组织机构可根据自己的需求进行不同的功能选择。

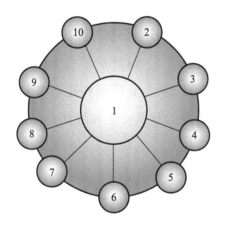

1. 数据治理
2. 数据架构
3. 数据开发
4. 数据操作管理
5. 数据安全管理
6. 参考数据与主数据管理
7. 数据仓库和业务智能管理
8. 文档和内容管理
9. 元数据管理
10. 数据质量管理

图 5-4-1　DAMA 数据管理车轮图

数据管理侧重流程和机制，是确保对数据资产进行有效控制和使用的数据能力机制，比如数据质量管理，数据安全管理等。数据治理强调顶层的策略，从顶层设计、战略规划层面制定策略，是数据管理活动的总纲和指导。数据治理是实现智慧洞察、构建数据中心的一个关键流程，可以帮助组织避免各种操作违规、降低合规性风险。

数据架构管理是指定义组织数据需求，设计实现数据需求的主要蓝图，一般包括对业务流程、业务目标、组织架构、组织角色的通用设计和标准，组织机构会从这种有效的架构中大大获益。组织的数据架构一般是一套规范和文档的集合。

数据开发是指通过业务解决方案设计，明确数据来源、数据责任、数据安全等业务管理诉求，实现业务需求到平台功能落地的数字技术活动。比如 API 接口开发等。

数据操作管理是指在包括采集、传输、存储、处理、交换、销毁六个环节的数据全生命周期内，数据从创建到销毁的整个操作过程，保障业务连续性和平稳运行。

数据安全管理是指通过采取必要措施，确保数据处于有效保护和合法利用的状态，以及具备保障持续安全状态的能力，比如环境隔离、数据脱敏等。

主数据和参考数据是资源型数据，是参与业务事件的主体或资源，主要特点有：它是业务系统的关键数据，数据变化速率较慢，需要在不同系统间共享。主数据具有高业务价值，俗称"黄金数据"，比如客户、供应商、产品、人员等。参考数据是指用于对其他数据分类的数据，比如国家、单位、订单类型等。

数据仓库和业务智能管理是指通过数据应用实现辅助业务决策，开展的从数据、信息、知识到智慧的过程进行的一系列活动，通过数据汇聚、整合实现业务可视。

文档和内容管理是指针对存储在关系型数据库之外的数据和信息的采集、存储，访问和使用过程的管理。其重点在于保持文件和其他非结构化（比如图片、视频等）或半结构化（比如邮件等）信息的完整性，并使这些信息能够被访问。

元数据，简单地说是"关于数据的数据"，相当于图书馆中的目录卡片。元数据管理是指通过对元数据的识别和梳理，从企业层面构建业务和数据一致性理解，避免两张皮的重要手段，从而保障企业的数据安全和隐私，促进数据的共享和消费。

数据质量是指数据满足业务的可信程度。数据质量低下会导致不正确的信息和不良业务绩效。数据质量管理是指通过建立数据标准化，明确数据责任、质量标准和质量规则，构建监控业务质量的一系列计划、实施和控制活动。数据质量的六大评价标准包括：完整性、及时性、准确性、一致性、唯一性和有效性。数据质量管理的一种通用方法是戴明质量管理模型的应用，即"计划—实施—学习—行动"或"计划—实施—检查—行动"的问题解决模型。

DAMA 国际描述的数据管理知识领域语境关系图如图 5-4-2，图中包括通用语境（定义、目标）、业务驱动因素（活动、工具）、参与人员及输入输出流程等。每个语境关系图都以知识领域的定义和目标开始。业务驱动因素中的活动居于语境关系图的中心，这些活动产生出满足利益相关方需求的可交付成果。目标驱动的活动分为 4 个阶段：计划（P）、控制（C）、开发（D）和运营（O）。从左侧流入活动中是输入和供给者，右侧从活动中流出是交付成果和消费者，参与者列在活动下方，底层是影响知识领域各个方面的方法、工具和度量指标。

在图 5-4-2 所示的语境关系图中，各组成部分的基本内涵为：

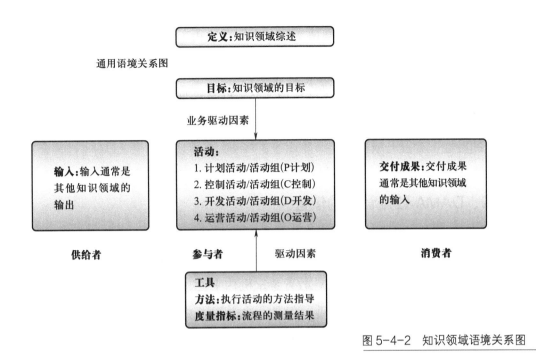

图 5-4-2 知识领域语境关系图

（1）定义，为知识领域的简要定义。

（2）目标，它描述了每个知识领域内指导活动执行的目的、基本原则。

（3）活动，它是实现知识领域目标所需的行动和任务。一些活动按照子活动、任务和步骤进行描述。活动分为4类，即计划、控制、开发和运营。计划活动（P）为实现数据管理目标设定战略和战术工作。计划活动为经常性活动。控制活动（C）是持续地确保数据质量，以及数据存取和使用的完整性、可靠性和安全性。开发活动（D）是围绕系统开发的生命周期（SDLC）开展的分析、设计、构建、测试、准备和部署等活动。运营活动（O）是支持系统和流程的使用、维护和增强，通过这些系统和流程进行数据的存取和使用。

（4）输入，它是每个知识领域启动其活动所需的有形事物。许多活动需要相同的输入。例如，许多领域需要了解业务战略并把它作为输入。

（5）交付成果，它是知识领域内活动的产出，是每个职能部门负责生产的有形事物。交付成果可能以其自身或其他活动的输入为目的。几个主要的交付成果是由多个功能创建的。

（6）供给者，负责提供或允许访问活动输入的人员。

（7）消费者，直接受益于数据管理活动产生主要交付成果的消费方。

（8）参与者，执行、管理或批准知识领域活动的人员。

（9）工具，它是实现知识领域目标的应用程序和其他技术。

（10）方法，它是用于在知识领域内执行活动和产生可交付成果的方法和程序。它还包括共同约定、最佳实践建议、标准和协议以及新出现的一些合适的替代方法。

（11）度量指标，它是衡量或评估绩效、进度、质量、效率或其他影响的标准。这些指标用于定义每个知识领域内完成工作的可量化事实。度量指标也可以用于测量更抽象的特性，如提升或价值。

四、DAMA 数据管理的借鉴

DAMA 数据管理模型主要是一种面向企业数据管理的知识体系，对我国企业加强数据管理具有一定的借鉴价值。就教育考试机构来说，它所承担的业务毕竟不同于需要参与市场竞争和产品开发的企业。但是，这也不能说 DAMA 数据管理模型对教育考试机构一无是处，二者之间完全没有恰适性可言。我国目前的教育考试机构的组织属性不同于西方教育考试机构，在国家教育考试活动中不能照搬 DAMA 数据管理模型，但对 DAMA 数据管理模型中所涉及的数据管理活动和活动要素之间的关联知识，对需要信息现代化的教育考试机构来说是有一定的参考或借鉴价值的。

教育考试机构要以信息化推进现代化，树立数据是一种资产的理念是可取的。在考试领域（特别是社会考试领域）强调服务职能的转型，也需要进行考试市场或考试产品的开发和服务，也应该从数据价值开发的高度去联系 DAMA 数据管理模型的意义。在信息化时代，教育考试机构应善于发现和利用相关数据，发掘数据的价值，充分利用数据价值反哺基础教育教学改革和质量提升。

对于 DAMA 数据管理车轮模型，信息化的教育考试机构可以借鉴，但不能乱开发（数据治理），而是要做好顶层设计（数据架构）和数据开发设计，规范数据操作，保障数据安全，编制数据目录，建设数据仓库及业务管理、元数据管理，适时对数据质量进行评估。

教育考试机构如果需要进行新时期的社会考试产品开发服务，其产品开发团队在数据管理方面可以借鉴 DAMA 数据管理的知识领域语境关系图，以便从中得到启示。

第六章

教育考试机构现代化的学习变革

　　21 世纪是一个信息和知识总量迅速膨胀的时代，知识的有效周期越来越短，更替越来越快，这对教育考试机构现代化建设提出了严峻的挑战。教育考试机构无论专业化还是信息化，仅仅依靠传统的经验和知识来建设已难以如愿，唯有重新学习，掌握新的专业知识和技术，才能心想事成。在教育考试机构现代化建设进程中，学习型组织的创建、学习方式的变革以及开展深层学习都是值得采用的策略。

第一节　学习型组织的创建

一、适应变革的新思路

　　研究西方发达国家的教育考试机构后发现，它们之所以在世界上具有明显的核心竞争力，与它们勤于学习和善于学习先进的教育测量与评价理论与方法密切相关。相对而言，我国教育考试机构在命题、测量与评价方面还是有一定的差距，这是因为我们的教育考试机构在学习先进考试理论与方法方面起步较晚，学习动力不足，学习方式落后，在加强学习方面缺乏学习性组织的体制机制保障。

　　在讨论教育考试机构的学习问题之前，我们不妨简单回顾一下教育改革的问题，因为其中存在一定的内在关联。

　　教育学家迈克·富兰在评价 20 世纪 60 年代西方国家开展的旨在提高课程教学质量的教育改革时，忧心忡忡地认为人们进行的是一场"毫无结果的艰难的战斗"，因为事实上"收效甚微"[①]。其实，我国教育界在 20 世纪 80 年代中期开始倡导的素质

---

① 迈克·富兰.变革的力量——透视教育改革[M].中央教育科学研究所,加拿大多伦多国际学院,译.北京:教育科学出版社,2000.

教育改革，也遭遇到富兰所说的情况，辛辛苦苦的素质教育所取得的实际效果在应试教育面前黯然失色。这中间究竟存在什么问题？值得深思。

按理说，在基础教育阶段推行素质教育是贯彻党的教育方针，培养德智体等全面发展的有用之才的应尽义务，但是学校却在实际的教学过程中做得不够。其中存在的一个重要原因，就是长远目标规定与现实客观需求之间存在不可调和的矛盾。学校教育教学的有限课时绝大部分花在"题海战术"之中。

迈克·富兰认为，教育改革是一种"变革的力量"，特别是由政府主导的"自上而下"的教育改革，如果想达到预期的目的或目标，必须要构建有效的监督体系。理论上如此，现实中不可行。因为要想监督短期内无法测量的长远教育目标，无论从管理学和经济学上看都是困难的。当然，在富兰看来，这种问题并非无解，他提出的主要对策就是抓两点：一是找准教育改革的突破口；二是抓好学校的组织转型。针对我国的基础教育而言，教育改革的突破口在哪里？其实就在教育评价上面。如果不改变"唯分数"的教育评价制度和评价标准，任何关于素质教育的努力都会付诸东流。此外，仅仅靠教育评价制度和评价标准的素质教育化，而不要求学校进行管理创新，转型成为"学习型组织"，也只能造就合格的素质教育学校，无法创造真正高质量的素质教育学校。

一般说来，转型为学习型学校的目的是使学校成为校本知识的创造者，使学校管理有利于激发教师的创造性，使学校教育从简单的知识传授与技能培养转变到让学生学会学习、学会创造，使学校成为社会的融合机制（social inclusion），而不是社会排除机制（social exclusion）①。

适应素质教育改革的学校应该发展成为新时代的学习型组织。基于同样的道理，适应教育考试制度改革的教育考试机构也应该向学习型组织方向进化。长期以来，工业经济时代的标准化管理和传统的教育行政管理模式的影响，致使我国各级教育考试机构的管理模式像学校一样强调秩序与控制。这种模式并不是错误，只是不适应大规模、专业化、信息化教育考试环境里的高效率和高质量管理的需要。承担国家教育考试重任的教育考试机构固然需要按照既定的业务标准规范和程序运行，但是也需要在不确定的非单调变化的考试环境里发挥主观能动性和创造性。这些年来的教育考试变革，即使不是全部，也绝大部分来自政府或学者的倡导。这实际上表明，现行的教育考试机构不是知识的创造者，最多算是成功经验的低级模仿者。在知识经济时代和高

---

① Jane Bumpers Huffman, Kristine Kiefer Hipp. 学习型学校的文化重构［M］. 贺凤美，等，译. 北京：中国轻工业出版社，2006：Ⅶ.

等教育大众化时代的社会变革情境下，缺乏创造性的教育考试机构无法适应社会对教育考试的新要求。教育考试机构的与时俱进，必然要求其管理方式从执迷于控制转向鼓励守正创新。通过组织学习方式的变革，进而形成学习型组织，拥有强大的"学习力"，才能加快教育考试机构现代化建设的步伐。

二、学习型组织的创建

教育考试机构要发展成为学习型组织，首先要对学习型组织的内涵有所认知。学习型组织理论的奠基人是彼得·圣吉，他曾经花费十多年的时间和精力致力于企业管理领域的学习力开发研究，并于 1990 年完成其代表作《第五项修炼——学习型组织的艺术与实务》。圣吉认为，现代企业的发展水平与其系统思考的能力相关，如果企业能够有效学习并进化为学习型组织，则其强有力的系统思考能力将会得到极大的提升，从而促进企业的持续发展。

关于什么是学习型组织，圣吉给出的定义是："学习型组织是能够设法使各阶层人员全心投入、并有能力不断学习的组织。"[①]此外，我国台湾地区学者杨硕英对圣吉给出的定义进行了深度诠释，他认为学习型组织应该是一种出类拔萃的人性化的组织机构。该组织的基本特征是：具有自主学习、探究学习和协作学习的团队；具有以正确的核心价值、信念与使命为内涵的共同愿景；具有从真正的学习中体悟工作的意义，追求自我实现，并与周遭的世界产生一体感的心灵契约[②]。学习型组织中的人员，将岗位工作不仅仅认为是谋生的手段，而且具有奉献社会和追求自我成长的内在价值。只有不断地开展探究性学习和创造性工作的人，才真正懂得人生的真正意义和获得幸福的感受。

教育考试机构的现代化建设，也可以将学习型组织的创建当作一个目标，以给教育考试机构的发展带来新的活力。显而易见，具有学习型组织特质的教育考试机构，其学习理念和学习方式是不同于传统的接受性学习和应考学习模式的。教育考试机构组织的业务学习固然要注重对教育考试业务领域中的新知识或新信息的吸纳，以增长自己的知识库，与此同时，还需要涉及"人之所以为人"的核心意义，通过不断的学习来重塑自我，更好地适应新时代教育考试事业发展对"考试人"综合素质的要求，

---

① 彼得·圣吉. 第五项修炼——学习型组织的艺术与实务［M］. 郭进隆，译. 上海：上海三联书店，2003.

② Jane Bumpers Huffman, Kristine Kiefer Hipp. 学习型学校的文化重构［M］. 贺凤美，等，译. 北京：中国轻工业出版社，2006：XI.

在考试岗位上充分发挥主观能动性和创造性。

就教育考试机构来说，创建学习型组织也许是一项前所未有的新事物，因此在确定目标之后需要寻找实现目标的路径。虽然创建学习型组织没有固定划一的模式，但是彼得·圣吉所倡导的下述学习型组织建设的五项修炼是值得借鉴的。

其一，凝聚共同愿景。学习型组织不是单靠行政权力的干预来形成的，主要是通过学习和协同工作过程中，对组织发展战略和价值取向有所认同的基础上的思维凝聚、意志凝聚和组织凝聚。可以认为，教育考试机构专业化、现代化发展的共同愿景，是创建学习型组织的精神力量和心理基础，是学习型组织创建的核心修炼。

其二，强化团队学习。教育考试机构在具有共同愿景的基础上，需要强化团队学习的增智机制。个人学习固然是团队学习的基础，但团队的学习力不是简单的个人学习力的叠加，而是整体大于局部之和的系统效应。管理学和创造学中倡导的头脑风暴讨论，就是典型的具有增智效应的活动。通过团队深层学习开发团队人力资源，形成强大合力，形成团队学习力优势，是学习型组织创建的一项重要修炼。

其三，改善心智模式。学习型组织要发展学习力，必须要有良好的心智支持。教育考试机构的员工在长期的规范化工作环境里不断拥有考试方面的经验，但也容易被经验所约束，不敢去想突破常规的事情，不利于学习型组织创新潜能的发挥。因此学习型组织需要通过探究性学习和实践来帮助员工将根深蒂固于心中的经验模式改善为适应变革环境下的创新心智模式。

其四，追求自我超越。人的发展会受到许多阻碍，其中最大的阻碍来自于自我。如果人人都是这样，学习型组织的特质就会异化为毫无作为的组织。因此，学习型组织需要促使人人解放思想，相信人人都有超越自我、超越过去、超越现状的"创造性张力"，能够通过学习逐步实现内心深处最想实现的愿望，而且这种愿望与组织发展是可以兼容的。

其五，学会系统思考。教育考试活动越来越具有复杂性，解决复杂性问题的最佳办法是进行系统思考。系统思考的对立面是"瞎子摸象"式的局部思考。教育考试活动是一种社会活动，涉及社会经济、政治、文化、科技、教育等结构要素，因此学习型组织必须在系统思考方面进行修炼，着力培养全局观、本质观、因果观，基于系统思维的广度、高度和力度，促进学习型组织的健康成长。

三、组织学习力的提升

教育考试机构的学习型组织建设，不仅在学习理念上有所变革，而且在提升学习力方面有所进阶。由于教育考试机构在现代化建设过程中，会碰到前所未有的问题或冲突，仅仅依靠过去的经验和现存的规章制度无能为力或办事效率低下时，就需要充分发挥学习型组织的学习力的作用，通过相应的理论学习和实践学习，采用新的智慧去解决问题或化解矛盾。将学习力作为推动教育考试机构现代化的内生动力，也是一种有价值的举措。

学习力是指学习者或学习组织在学习过程中所表现出来的学习动力、学习毅力和学习能力的综合能力。学习动力是指自觉的内在驱动力，主要包括学习需要、学习情感和学习兴趣，体现了学习的目标；学习毅力是指自觉地确定学习目标并支配其行为、克服困难实现预定学习目标的状态，是学习行为能够持之以恒的因素，反映了学习者的意志；学习能力是指由学习动力、学习毅力直接驱动而产生的接受新知识、新信息并用所接受的知识和信息分析问题、认识问题、解决问题的能力，是产生学习力的基础因素。学习型组织能否形成强大的学习力，取决于目标、意志和能力三大要素的交集，缺一不可。

评价学习型组织的学习力水平，一般涉及其拥有的知识总量、知识质量和学习流量。知识总量，指学习内容的宽度和广度；知识质量，即学习的深度、学习效率和学习品质；学习流量，即学习的速度及吸纳和扩充知识的状态。对学习型组织的学习力进行增值性评价，侧重在看其知识增量和学习迁移情况，是否能够不断地进行知识创新以及把知识资源转化为知识资本。

教育考试机构的学习型组织建设，工作重点在于提高机构内部各业务科室或业务团队的学习力。一般说来，有目的、有计划、有组织地开展业务团队的学习和训练，比较容易整体地综合业务学习资源，从而处理学习与工作的矛盾，最终实现智力互补和智力激励，这有利加速业务信息在团体内的自由流动和高度共享。以问题或以项目为中心的业务团队学习活动，既是团队成员相互沟通和交流创意的过程，也是团队成员寻求共识和统一行动的过程，还是产生团队"创造性张力"的过程，更是提高教育考试机构组织学习力的有效途径。

人们对学习的认识，也会随着时代的变迁而有所更新。联合国教科文组织21世纪教育委员会目前提出信息时代学习的四大支柱：学会求知、学会做事、学会共处、学会做人。这意味着新时代的学习观，不仅包括知识与技能的学习，还内含方法、情感、态度、品德和行为习惯的学习。

学习系统包括学习主体、学习客体和学习中介。学习主体不仅包括个体，还包括了组织机构乃至整个社会。个体的学习活动只有在组织机构和社会环境中才得以进行，产生价值。当然，每个人的学习的集合又会构成组织机构和整个社会的学习，因此，学习是个体性和组织性、社会性的统一。教育考试机构的学习型组织建设，更强调合作学习的新观念。

随着社会的持续发展，终身学习的观念也越来越为人所认可和重视。过去那种"一朝学成终身受用"的观点已经过时，知识的更新越来越快，人人都要重新学习。教育考试机构的工作人员，一般都经历过学校学习，拥有不同的学历证书，但不意味着他们可以依靠学校学习的学科知识和技能就能适应教育考试机构业务变革的需要。即使在教育考试业务岗位上工作过多年的专业人员，如果不继续学习新的教育测量方法、计算机辅助考试评价技术等现代考试理论与方法，也会在新的教育考试改革中感到力不从心，难有作为。随着现代信息技术的发展，人们既可以通过广播、电视、电脑等媒体进行学习，还可以随时通过互联网进入虚拟学校学习。"干到老、学到老"成为终身学习社会的普遍现象。

在新的历史时期，教育考试机构对人员的学习力要求也比以前更加全面和高阶。学习型组织中的学习者的学习活动要从过去的单纯追求知识增长转向创新能力和实践能力的提高，要通过以下的学习特质来促进学习力的提升。

其一，融会贯通。学习只有勤奋，才能掌握丰富的知识。不仅如此，学习者还需要在掌握学科知识、考试知识、信息技术知识和管理知识的基础上做到融会贯通，即善于将所掌握的知识灵活应用于教育考试管理与服务业务之中，懂得在教育考试领域做事和做人的道理。

其二，注重创新。教育考试是一种文化传承和创新的过程，特别是近年来我国高考实施新一轮考试招生制度综合改革环境下，执行"分类考试、综合评价、多元录取"政策会遇到新的挑战。从根本上说，这类改革的价值源于创新，创新一旦与实践结合就能发挥教育考试改革的功效。具有学习力的考试人员，应该在"干中学"和"学中干"中表现出一定的创新思维能力，或者创造性解决问题的能力。

其三，沟通合作。沟通与合作是现代社会人际交往与组织交往的基本要求。学习型组织需要高智商高情商的合作者，而不是孤僻、自傲的"人才"。随着教育考试信息化、全球化进程的不断发展，几乎没有哪个教育考试机构可以在脱离合作伙伴、服务对象和考试中介的情况下关起门来独立发展。我国国情决定了最重要的高考主要采取全国统一考试制度和新的高考评价体系，这更加要求学习者善于与考试利益相关者进行沟通与合作，并且在沟通与合作实践中体现学习力的作用。

第二节　学习方式的变革

一、自主性学习

随着时代的变化，特别是信息技术和教育技术在学习中的应用，人们在传统学习方式的基础上逐步探索出各种行之有效的现代学习方式，对提高学习效能具有积极的指导作用。学习型的教育考试机构需要根据具体情况来灵活选择相应的学习方式，在实践中促使学习方式的现代化。

长期以来，学生在学校基本上都是接受学校课程教学计划安排的"刚性"学习，尤其是在"应试"教育当道的环境里，难得有自主安排学习的空间和时间。离开学校参加工作之后，个体自主学习的习惯依然如故，能够认真接受组织安排的学习就很不错了。在单调变化的时代里，人们依靠过去的工作经验就能生存下去，甚至也能实现渐进式的发展。但是，我们面临的是一个非单调变化的改革时代，许多问题和矛盾已经无法凭借过去的经验就能解决，需要探索新的问题求解知识和方法。究竟如何科学、有效地进行"分类考试、综合评价、多元录取"，并没有一个放之四海而皆准的操作方式，各级教育考试机构都必须通过新的学习来转变观念，理解改革方案，进而调适考务工作，跟上新高考改革的时代步伐。为此，教育考试机构必然要组织员工学习新一轮的考试改革政策，基于题库的考试命题模式和计算机辅助评卷等新知识。对着力创建学习型组织的教育考试机构来说，有组织、有计划、有目的的学习活动无疑是必要的，但缺乏全体员工自主学习的配合，最终可能是事倍功半、效果欠佳。因为他主的学习方式，总不如自主的学习方式那样能够进大脑、进心灵。掌握自主学习方式能让教育考试机构员工立足岗位，联想到高考新一轮考试招生制度综合改革的要求，从而将新的知识转化为行动的指南，在业务工作中落实新高考政策的基本要求。因此，教育考试机构的学习型组织创建，需要采用他主性学习和自主性学习方式的协同，尤其要强调自主性学习方式的变革。

一般说来，自主性学习是指学习者出于自愿和需求，积极主动地获取学习资源并开展学习活动的学习方式。在这种学习方式中，自主性是本质属性，在实践过程中充分表现出自立、自为、自律的品质特征。在这些特征中，自立是基础、自为是实质、自律是保障。

自主性学习过程包括自主确定学习目标、自主制订学习计划、自主选择学习资料、自主选择学习方式方法、自主确定学习进度、自主检测和评定学习效果，以及自主调控学习行为。自主性学习虽然具有自主性，但在教育考试机构中也不会自发地产生；即使能产生，也不一定会达到教育考试机构所期望的广度、深度和效度。员工是否成为自主性学习的现实主体，还得教育考试机构积极主动采取相应的对策。

首先，教育考试机构要树立科学发展观，制定促进自主学习的政策或规章制度，积极营造一种"以学习促发展"的组织文化氛围，培养员工自主性学习的意识。

其次，鼓励业务处（科）室开展以项目或问题求解为中心的创意活动，引导员工联系业务工作和自我发展开展自主性学习。对于开展自主性学习并能够通过学习迁移提出合理化建议或创意的员工进行表彰。

最后，积极主动提供有利员工自主性学习的资源，特别是数字化、多媒体、网络化和智能化的学习资源，鼓励开展自主性的数字化学习和网上学习交流活动。

教育考试机构能够形成自主性学习氛围，不断提高员工自主性学习的主动性和学习力不是一朝一夕的事，而是一个日积月累的过程。在构建主动性学习文化方面，教育考试机构的决策者要多角度、深层次研究员工自主学习与个人成长之间的关系，解决学习投入与工作压力之间的矛盾，坚持以人为本和守正创新，着力创建以"乐学""会学""博学"为特色的教育考试机构自主性学习模式。

二、探究性学习

探究性学习又称研究性学习、发现性学习，是与接受性学习相对应的一种现代学习方式。该方式强调学习者的主动性、参与性和探究性。就人的个性发展而言，探究性学习与接受性学习这两种学习模式都是必要的，在人的具体活动中，两者相辅相成，结伴而行。强调探究性学习，并不是因为接受性学习不好，而是因为我们过去过多倚重接受性学习，将接受性学习置于中心，而探究性学习则被完全忽略或退居边缘。强调探究性学习的重要性是想找回探究性学习在开发人的创新潜质、造就创新型人才中的应有位置，而非贬低接受性学习的价值。

从 18 世纪末到 20 世纪，探究性学习都被大规模地倡导过。卢梭（J.J.Rousseau）、杜威（J.Dewey）、布鲁纳（J.Bruner）等不同时期的著名教育家都有自己的探究性学习理念或主张。

我们今天倡导的探究性学习与历史上的探究性学习区别在哪里？从学习目的看，历史上的探究性学习或旨在培养"理性的人"，或旨在培养"民主社会的公民"，或旨在培养"智力的卓越性"。而今天倡导探究性学习则指向于培养个性健全发展的人，它首先把学习者视为"完整的人"，把探究性、创造性等视为人的本性，视为完整个性的有机构成部分，而非与个性割裂的存在。所以，个性健全发展是倡导探究性学习的出发点和归宿。从学习内容看，历史上的探究性学习大多局限于某一方面，其内容是"学科结构"，而且主要是理科的学科结构。我们今天倡导的探究性学习超越了传统的单一学科学习的框架，它按照学习者认知水平的不同，将社会生活中学习者感兴趣的问题，以主题活动的形式呈现出来。学习者以类似科学探究的方式，运用信息技术去获取信息、交流信息，并最终以解决问题的创意、方案设计或创新作品的形式完成探究任务。

教育考试机构倡导探究性学习，对于构建组织的创新文化，培养学习力有着积极的价值，这主要表现在以下几个方面。

其一，发展探究兴趣。兴趣是最好的老师，发展探究兴趣也是教育考试机构人员素质现代化的一种要求，因为教育考试机构的现代化建设不可能一帆风顺，相反还会遇到发展障碍，存在各种各样的影响发展的问题。兴趣是人们力求接触、认识某种事物，研究某种对象的心理特征，是一种积极活动的倾向，它既是智力的触发器，又是揭示目的或发现问题的一种智慧。学习可以培养人的兴趣，但是传统的接受性学习往往培养的是一种直观性兴趣、鉴赏性兴趣或"克隆"性兴趣，自觉探究兴趣的成分不多。探究性学习则能指导和诱导人们自觉地产生问题意识，发展探究兴趣，将新高考改革实施过程中可能出现的"灰箱问题"或"黑箱问题"明朗化，为创造性地实施新高考奠定基础。

其二，丰富学习体验。教育考试机构现代化建设也是一种学习过程，学习国外教育机构现代化的先进经验，学习国内教育考试机构在考试管理与服务实践中的有效做法，都期望有丰富的学习体验，以掌握教育考试机构现代化的真谛。传统的接受性学习只注重结论性知识的传承，难以体验到知识产生与发展的过程。教育考试机构的探究性学习通过延长或深化学习过程，相对于简约化的"取经"，更强调学习过程中深刻的、充实的、探究的经历和体验，这正是促进教育考试机构现代化所需要的学习方式。

其三，增进独立思考。我国教育考试机构现代化是符合我国国情的现代化，对于西方国家各种各样的教育考试机构现代化观点和主张，我们不能按照传统的接受性学习模式去对待，而是要独立思考，吸取精华去其糟粕，自主创新。虽然接受性学习也不主张人云亦云，但其不可动摇的权威观和根深蒂固的求同思维方式，容易让学习者沉迷于对已有结论的反复验证或克隆，很难在提升独立思考能力方面有所突破。探究性学习不仅确立了学习者在学习中的主体地位，而且要求学习者不迷信权威和西方模式，不拘泥于关于教育考试机构现代化问题的现有答案或结论。立足于我国教育考试事业发展的需要，我们要对经典现代化理论和西方教育考试机构现代化模式进行批判性考察，独立思考应该选择符合我国国情的现代化之路。

其四，建立合理知识结构。教育考试机构现代化具有复杂性，解决复杂性问题需要合理的知识结构，因为这是教育考试机构现代化建设所需要的智慧保证。传统的接受性学习无疑也能丰富知识，但因学科的分化很难尽快地使学习者达到知识结构的合理化。研究性学习打破了各学科"分而治之"的封闭状态，把学习者置于开放、多元的学习环境中，提供给学习者更多获取知识的方式与渠道，使学习者汲取多学科或跨学科的知识，获得更多新的信息。同时，它通过对知识的探究和综合应用，可以有效解决学科知识割裂整体知识的问题，能帮助学习者建立合理的知识结构，支撑人的现代化发展。

其五，养成科学态度。教育考试机构现代化必须以事实为基础，实事求是地创新发展。传统的接受性学习当然也要求人们尊重事实，但更多的是在接受书本上的事实或专家讲述的事实，学习者如果只接受与现实有一定差距的事实，是不利于养成尊重事实的科学态度的。研究性学习突出研究过程与方法，放手让学习者去认识社会，发现问题，并运用科学理论去回答"是什么""为什么""怎样办"等事实性问题，因此它对于学习者形成实事求是的科学态度具有促进作用。当然，研究性学习对于绝大多数学习者而言，重点并不在于获得多少重大的创新成果，更重要的在于形成尊重事实、注重独立思考和研究的意识及态度倾向，这对于提高教育考试机构员工的科学素养和创新意识具有基础性意义。

三、协作性学习

协作性学习，又称合作性学习，是一种基于互动观和通过小组或团队形式组织学习的一种方式。在这种学习过程中，学习者之间为了达到预期的学习目标，个体之间可以采用对话、商讨、争论等形式对问题进行充分讨论，以期获得达到学习目标的最佳途径。在信息化时代，随着多媒体、网络等技术的广泛应用，基于数字化环境和数字化资源的协作化工作和学习方式更成为一种时尚。

研究表明，在学习过程中通过学习伙伴间的交流所获得的知识占学习者知识总量相当大的比例。而且，在涉及较高级的认知能力的学习场合（例如，问题求解或对复杂问题进行分析、综合的场合），学习伙伴间的协作显得尤为重要。学习中的协作活动有利于发展学习个体的思维能力、增强学习个体之间的沟通能力以及对学习个体之间差异的包容能力。此外，协作学习对提高学习业绩、形成批判性思维与创新性思维、对待学习内容与学习的乐观态度、小组个体之间及其与社会成员的交流沟通能力、自尊心与个体间相互尊重关系的处理等都有明显的积极作用。

教育考试机构现代化是在信息化环境里展开的，离不开与教育行政部门、学校和社会相关机构的业务合作与信息共享。传统的接受性学习只注重信息的单向传递，学习与思考的空间相对封闭，个性化学习方式占主导地位。协作性学习立足于对学习者学习需要、动机和兴趣的强化，在鼓励个性化学习的同时，更强调通过问题或项目的研究纽带形成学习与探究小组或团队，养成协作工作与协作学习的良好素养。教育考试机构引导、支持和组织协作性学习，主要目的是促进员工对业务知识或信息的获取和保持，提高学习者参与教育考试机构现代化建设的意识，提高考试业务管理与服务效率的认识策略，以及培养员工在现代化建设中的团队协作精神。

教育考试机构为了推动数字化协作性学习方式的开展，需要建设相应的学习环境。数字化的协作学习环境，是指能够支持学习伙伴针对教育考试业务中的问题进行讨论，相互交换信息，一起解决问题，支持协作和共享的数字化环境。这种环境提供学习者交流、协作的便利，冲破了时空的限制，而且交流的资源都是数字化的，文本语音、图像、声音、动画、视频等都能实现数字化，为数字化的协作学习提供丰富的生动形象的数字化学习资源。无论是公告牌、电子邮件还是聊天室（包括语音聊天室）、视频会议、虚拟教室，这些数字化学习环境都能给协作学习提供各具特色、不同学科特点的信息获取方式和信息反馈方式，能保障协作学习的正常开展 [1] 。

第三节　深层学习理论及其运用

一、深层学习理论的提出

新时代的持续变革对教育考试机构现代化而言，是一种在变革的环境中实施前所未有的事件，也是实施主体需要不断学习和探究的心智过程。作为发展中国家，我们为了实现教育考试机构现代化，不仅要学习世界教育考试现代化先进经验，更要探索具有中国特色的教育考试现代化模式。

现代化的教育考试机构需要知识的支撑，而知识的获得、保持和更新都需要学习力的投入。高级的学习力为人类所持有，因此人类心智理论需要将学习理论纳入其中。由于变化是一种幻觉，而真实则由稳定的规则所构成，所以人们可以经由累积经验而学习，分析并识别其规则，并将这些规则投射到未来，开展相应的行动。

学习需要某些认知能力，累积经验需要记忆。每一个事件或经历都会留下某种痕迹。这种痕迹随后会被激活，提醒未来某一时刻的活动，这就是所谓的情景记忆。个体的事件记忆本身并非十分有用，但是根据普遍观点，它们是为将来的学习累积原材料。通过从一系列相关情景记忆中提取共同点，我们可以鉴别出潜在的规律，这个过程被称为抽象化、概括化或者归纳化。这一假设的过程将产出可以概述个体过去经验规律的知识结构。毋庸置疑，人们能够从一系列经验中鉴别出类型。由于过去经验的规律对未来经历同样有效，因此认为一般知识是有用的。我们可以或多或少地对那些与过去相似的未来情景进行准确预测。的确，过去是我们了解将来信息的唯一来源。心理学家通常将过去规律应用于未来情景的过程称为"迁移"，逻辑学家称之为"归纳"，但哲学家提出更具描述性的术语是"投射"。不管采用哪个名称，这一过程在反映过去经验规律在将来继续有效方面都是有用的。

美国心理学家斯特兰·奥尔松（Stellan Ohlsson，简称奥尔松）提出了"深层学习"（deep learning）的概念，并将其定义为人们超越过去经验的束缚并以新颖的方式来行

① 郭清顺,苏顺开.现代学习理论与技术[M].广州:中山大学出版社,2007:85.

动和思考的认知加工过程[①]。更准确地说，深层学习是非单调的认知变化，其构成了心智的一个独特方面，它具有自己的规则或理论。

奥尔松的深层学习理论并不否认认知机制在经验基础上所起的作用，归纳学习在严格的条件下才有用，人们可以明显支配如下过程：将情景信息编码到记忆中，归纳推理、形成预期和计划等。这一过程引发的学习增加或扩展了个人的知识库，但并未对先前知识进行修正，这被称为"单调学习"。深层学习假说认为单调学习最多是学习的一半，另一半则是非单调学习，即导致先前知识修正的学习，这种学习允许人们超越先前知识经验，创造新的知识。人类完整的学习理论中应该包含单调学习和非单调学习两种学习机制[②]。

环境是变化的源头，人们不得不去适应。对于适应环境的变化（通常认为是学习）和主动发起的变化（通常认为是创造），人们可能认为是截然不同的两件事，但是更深入的研究揭示了其内部的相似性。深层学习理论认为，个体为了适应环境所产生的认知变化和个体为了创新所产生的认知变化终究是相同的过程。创造和学习从最开始就被剥离开来，它们的基本概念、研究方法和专业术语都不尽相同，这不利于两者的发展。深层学习理论认为学习与创造最终将归入同一研究视域，这有利于它们的珠联璧合。

奥尔松构建的深层学习主要涉及三类特殊的非单调变化：新颖事物的创造、对变化环境的认知技能的调适以及信念系统的转变。常规加工、单调变化和非单调变化在三种认知功能中的区别如表 6-3-1 所示。

表 6-3-1　三种变化在认知功能中的区别

常规加工	单调变化	非单调变化
创造：执行当前任务策略	在当前问题空间中开辟未知路径	激活先前未受关注的选项，修正问题空间
调适：执行当前任务策略	为先前不确定的情况增加规则，扩展策略	限制（细化）现有规则，改变策略
转变：提取并清晰表达信念	形成与原有信念一致的新信念	修正并扩散现有信念的真值

奥尔松在研究深层学习理论时，采用了图 6-3-1 所示的分层模式。该模式基于对关键现象、信息情境和实验范式的观测，对创造、调适和转变三种类型变化进行科学

①　斯特兰·奥尔松. 深层学习——心智如何超越经验［M］. 赵庆柏，唐云，陈石，等，译. 北京：机械工业出版社，2017：前言.

②　斯特兰·奥尔松. 深层学习——心智如何超越经验［M］. 赵庆柏，唐云，陈石，等，译. 北京：机械工业出版社，2017：12.

的阐释，然后在分析三种微理论之间的关联和各自体现的原理基础上，提出非单调认知变化的深度学习统合理论。[1] 该理论主要阐述了三种作用机制：创造机制、调适机制和转变机制。

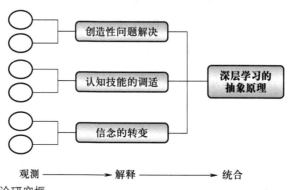

图 6-3-1　深层学习理论研究框

二、深层学习的创造机制

根据深层学习理论，创造是一种典型的非单调变化，是深度学习研究的核心对象。人们适应环境所发生的认知变化和为了创造所产生的认知变化，终究是一脉相承的认知实践，是生存和发展之道。

创造学认为，需求是创造之母。人们为了适应非单调变化的社会，并期望得到可持续发展，就会运用科学技术去创造前所未有的事物，或新产品、新方法、新的管理模式。当社会生产关系不适应生产力发展需要时，就会导致新制度的创造。无论低水平的创造还是高水平的创造，都不是凭空产生的，它们都是人的主观能动性发挥的结果，是精神变物质的转化过程，其中也涉及深层学习的功效。换言之，深层学习的作用机制可以诱发人们的创造动机，甚至赋予创造的思维能量。

深层学习的开展与学习者的问题意识密切相关。如果教育考试机构要进行新一轮考试招生制度改革，深层学习势在必行，工作人员要有与此改革相关的问题意识。所谓问题意识，一般是指人们面对弄不明白或尚待解决的事时所产生的一种质疑或探究心理活动，是激发创造的一种原动力。

例如，人们面对"分类考试、综合评价、多元录取"问题，呈现出来的具体质疑

---

① 斯特兰·奥尔松.深层学习——心智如何超越经验[M].赵庆柏,唐云,陈石,等,译.北京:机械工业出版社,2017:28.

和探究是有差异的，仅仅就"综合评价"如何实施，就产生出各种各样的问题。深层学习在选择问题时，究竟是选择呈现型问题、发现型问题还是创造型问题，是需要学习者认真思索的。一般说来，选择一些显而易见的"白箱问题"（例如，如何根据某学科《考试大纲》命题）去求解，是比较容易得心应手的，凭借过去的经验就可以获得求解问题的答案。深层学习所获得的成果可能传承性高于创造性。如果学习者选择了或明或暗的"灰箱问题"（例如，如何根据"五育并举"要求进行某学科命题），这时仅仅靠过去的经验只能解决其中比较明确的问题，对内含的模糊问题则需要有所探索，这意味着在问题求解过程中既有传承也有探索，深层学习所获得的成果能引人深思，给人启迪。如果学习者选择了未知信息比重特高的"黑箱问题"（例如，综合测评中的劳动精神指标的数字化测评），在自己的知识库中根本找不到有参考价值的答案，这时只能通过深层学习的创造机制去进行问题求解。当然，这时的深层学习有可能获得新的发现、新的创造。

长期以来，人们对教育考试机构的印象是照章办事，被动地去适应环境强加的变化，开展与业务相关的接受性学习。特别是在单调变化的计划经济时代，作为行政化的教育考试机构，根本不可能有自己进行创造性学习的机会和需求。只有当教育改革风起云涌，教育考试机构人员拥有的先前知识经验无法适应新的教育考试环境时，他们才会主动发起变化，在自己的职能范围内开展深层学习以进行创造性决策和执行任务。

事实的确如此。由于多年的应试教育严重影响我国教育事业的健康发展和创新人才战略的实施，我国不得不进行教育改革，重塑以人为本的素质教育体系。从20世纪90年代开始，高水平的教育考试机构先后承担多项有关国家教育考试事业发展与创新的课题，在理论联系实际的研究过程中，表现出教育考试机构的深层学习功底和创造能力，其提供的具有专业化水平的研究成果，为国家进行教育考试制度改革的顶层设计提供了可贵的决策参考。

在新一轮的高考考试招生制度综合改革过程中，各试点省市的新高考综合改革实施方案，都是适应我国教育考试变革时代的教育改革成果。这些成果的获得，并非靠过去教育考试经验的归纳或迁移，而是突破先前经验的新颖性创造，是教育考试机构深层学习的结晶。

新高考改革方兴未艾，试点省份逐步增加，全国各地的教育考试机构在投入到这种前所未有的考试招生制度综合改革的大潮中，在制定既能遵循国家意志又具有地方特色的改革方案并加以执行时，需要新观念、新思维和新行动。但这些新认知从何而来？显然除了学习和实践别无他求。就学习而言，"萧规曹随"、照猫画虎式的浅层次接受性学习是难以获得适应高考变革需要的灵感或创意的，只有按照深层学习理论中所揭示的事物创造机制去学习才有可能茅塞顿开、创意呈现。

教育考试机构进行深层学习，不仅要对创造机制的作用有所认知，而且要运用该机制去发现问题和解决问题。例如，我们为了解决"唯分数论""一考定终身""以（高）考代招"和"教育机会不均"等问题，已经奋斗了多年，分别采取了多种措施，如考生不再分文科理科；学生外语考试和学业水平考试都有两次参加机会；提出规范综合素质评价要求；高校可根据自身办学定位和专业培养目标，对考生提出相应要求；将促进教育公平的理念融入各个类型和层次的政策措施中，等等。那么，高考考试和招生问题是否都迎刃而解，从此教育考试机构可以高枕无忧了呢？现实中显然不是这样。教育考试机构的深层学习永远都在路上，创造活动也永无止境。

三、深层学习的调适机制

深层学习理论研究的另一类非单调变化是技能调适。技能活动是具体说明将要达成的目标或终端状态的一套程序，它由一套有序的、模块化的子程序组成。

人类的生存与发展，需要付出的代价是每一代人都不得不重新习得必要的技能。每天，人们都要求使用大量的技能来处理生活和工作上的问题。尽管已习得的技能可以迅速而无须努力就能执行，但技能的获得却要求时间和努力。进入工作岗位的年轻人只有经过多年的专业训练，才能熟练掌握必需的技能，最终在复杂、高技术的工作环境中做到出类拔萃。即使是掌握的技能处在不断变化的环境中，受自身的内部因果动力影响，以及对外部效应的反应，任务环境会发生变化，已经习得的技能也必须随之改进。软件系统的新版本似乎总是计算好了时间点，在你终于掌握了相关技能的时刻让这些技能变得过时。生产工具在变化，政策在变化，工作环境在变化，人们只能以变应变，进行技能的调适。

工作伊始，人们可能会别无选择地去执行尚未掌握的任务，这种情境被称为"干中学"。"干中学"追求的效果主要是强化对某种或某些解决问题技能的习得，学习者在反复尝试执行某项任务的过程中，深刻了解知识应用的规律，熟练掌握操作的技能，也就达到了"干中学"的目的。"干中学"难免出现错误甚至失败，而在真实工作情境中的失败常常带来令人无法接受的后果。为了解决这种矛盾，人们发明了模拟训练和虚拟仿真训练，在这种训练环境里允许学习者失败而无须承担后果。

知识有陈述性知识和实践性知识之分，前者的基本单元是论断、命题或论述，后者的最小单元是目标、情境和行动的三方联合。由于历史原因，目标、情境和行动的三方联合被称为产生方式规则，或简称为规则。三方联合是实践性知识的原子，已经无法再继续细分为有意义的部分。和命题不同，规则没有对错之分。行动规则就像建议和规劝，其不同之处在于规则通常是内隐的，因此无法对其进行反省。在给定情境下，如果规则所推荐的行动有可能达到目标，或者有可能通过更大或更小的代价或努力达到目标，那么这一规则就或多或少是有用、合适的。规则的正确性只能相对于达到目标的效率而言，而效率是程度问题。与陈述性知识不同，实践性知识具有目标和任务的特殊性。与任务相关的所有规则的集合构成了个体关于如何进行某项任务的实践性知识。如果一条规则是实践性知识的原子，那么规则集合就是分子。对于产生外显行为的一系列规则来说，必须设定某种目标，评估当前情境，选择最可行的规则，并执行所选规则对应的行动。每一轮这样的感知—决策—行动循环都会给当前情境带来某种改变，然后再次重复循环。任务表现通常包含很长的一系列感知—决策—行动循环，每次循环都以身体动作或认知操作结束，这有如使用编程过程中的迭代执行。

如果实践性知识包括一组目标—情境—行动连接（即产生式规则）的集合，那么掌握一项新颖任务或者对变化的任务要求做出调适就是拓展或者修正这一集合。学习机制是指以一项或多项规则作为输入，以生成经过改善的规则作为输出的过程。和其他变化机制一样，技术习得机制可以被适当划分为触发条件，某种学习机制的触发条件得到满足的情境构成学习机会，执行与之对应的变化过程则意味着学习事件的发生。

认知技能的增长是一种复杂类型的变化，并且很难由单一机制引起。例如，从教学中学习与从独立练习的过程中学习非常不同；与从错误中学习相比，将已掌握的技能调适到新任务上的学习也是明显不同的过程。成功地习得理论需要假定一套清晰的学习机制，当今时代，机制假说的复杂性及其界定的严密性都在不断增长[①]。

技能的习得是一种学习活动，它需要在真实的任务环境中加以实施，以期获得所需要的有效结果。由于物质世界和社会世界的动态变化特征、先前经验的有限性以及对习得新技能的持续需求，人们在执行任务过程中可能产生某种意外，或者获得不希望得到的结果，我们通常将这样的结果称为"失误"或"错误"。

---

① 斯特兰·奥尔松.深层学习——心智如何超越经验［M］.赵庆柏,唐云,陈石,等,译.北京:机械工业出版社,2017:106.

错误无处不在，种类很多。如基于规则的错误和基于知识的错误，执行错误、起始错误和终止错误，客观错误与主观错误，等等。

错误产生的原因也很多，其中一个观点是由于学习初期规则和策略过于宽泛。在实际工作中，过于宽泛的规则或通用策略模板可能失灵。如果情况果真如此，那么就应该将规则逐渐特异化。随着学习的继续，每条规则的约束条件将变得越来越严格，因此这些规则被激活的情境也越来越少。随着这一过程的继续，一条规则最终只会在其行动是正确的情境中才会被激活。根据这项特异化原则，在练习过程中变化的方向是从一般而效率低下的方法转向专门针对特定任务的方法。调适过程就是将任务情境中的信息整合到控制行动的知识之中①。

团队、机构、组织等集体与个体一样也会犯错误，因此从错误中学习的理论在集体层面也具有恰切性。在集体背景下，错误具有一个与之不同而更险恶的方面：它们常常是事故和灾害的根源。一个错误行为的后果可以使集体遭受一连串的灾难性后果。

集体错误的产生与不充分的决策规则密切相关。按照这种规则的操作步骤往往忽略了情境特征，没有意识到在考虑中的行动不合适、错误或无用。如果相关行动类型的适用条件被更准确地界定——在什么时间、什么情况下是正确的举措——那么也许就能避免灾难性的行动，转而采用其他行动。

集体与个人一样，都根据经历过的结果与预期结果之间的偏差来检测错误和迫近的失败。意想不到的最终结果总是很明显，重要的问题是如何在最终结果发生之前就能有所判断。在很多情况下，可以直截了当地将相关的知识转换成各种约束条件。安全守则事实上就是非常明确的约束条件的例子。无论什么领域，做正确的事情在很大程度上取决于知道不应该做什么。约束条件的应用取决于个人和集体层面上关于系统当前状态的信息。在集体层面上存在特有的困难，即在一套复杂的系统中，不可能存在单独一名操作者知道所有的约束条件，或是接触到关于系统当前状态的所有信息。那么，集体如何确定约束条件正在被违反而危险正在靠近？解决这个问题的一个对策是由不同个体来扮演不同的角色，有些人提供信息，其他人则套用约束条件。总之，约束条件和对约束条件的违反这两个概念都适用于现实中的集体。操作人员用来检测错误和故障前状态的知识通常可以视为约束条件，察觉即将发生的事故则取决于系统状态信息可以让操作人员来确定相关的约束条件是否被违反。

① 斯特兰·奥尔松.深层学习——心智如何超越经验[M].赵庆柏,唐云,陈石,等,译.北京:机械工业出版社, 2017:123–139.

集体如果有机会从错误中学习时，产生的反应通常是将相关决策规则和操作步骤的适用性条件特异化，使其更加明确、广泛而精确。如果基于约束条件的特异化原则不因层次而异，那么集体随时间变化的模式特征与个体变化的模式特征并无二致[①]。

教育考试机构的发展需要深层学习理论的支持，借此对非专业化时期习得的教育考试技能进行调适，以适应教育考试制度变革情境下的行动方案。由于当前的教育考试改革比过去更为复杂艰巨，教育考试机构在"工作中的学习"情境下习得的教育考试招生技能已变得不合时宜，墨守成规地进行教育考试决策和执行难免出现这样或那样的失误。

例如，为了引导学生德智体全面发展，纠正和防止高中片面追求升学率以及"文不学理、理不学文"的不当做法，我们曾经采用了"高中会考制度"。尽管其出发点是好的，但是实施结果并不令人满意，因为这种制度下会出现多数高中和学生专心应对高考、应付会考的情况，素质教育改革根本无法推进，最后高中会考制度无疾而终。

再如，某省曾经通过调整考试科目来引导教学改革，出台"9科大综合"的高考模式以调动学生对全科学习的需求，实施过程中发现考生负担过重，高中教学秩序出现混乱，最后不得不进行调适，改为在语数外三门课程之外另择其他三科，实施文理分科。

长期以来，"偏科""一考定终身"的高考制度让人诟病，于是国家提出了"高考选考＋学考"的模式，有的省还出台了"外语一年两考"的举措。未曾料到的是，考试次数的增加会冲击高中的正常教学安排，致使师生从高一开始就开足马力备战高考，师生教学负担明显增加，有助于"体美劳"素质发展的其他活动被压缩。

此外，为了克服高考录取"唯分数"的弊端，新高考提出了"两依据一参考"的想法，即依据"高考"和"学考"成绩，参考"综合素质评价"来选才。试点省市实践表明，该想法的实施固然可以选拔一些综合素质较高的考生，但是当学考成绩和综合素质评价结论与高校录取刚性挂钩时，就可能出现"虚假化"和"表现化"等失真样态，这有损教育考试的公平原则，如何调适这种情况？这无疑是教育考试机构值得深层学习和实践的课题。

通过高考招生新政实施过程中暴露出来的诸多问题，让人们深感教育考试改革的复杂性和艰巨性，但是开弓没有回头箭，为了国家教育事业的长远利益和最大限度地满足人们对教育考试的需要，我们不得不对教育考试制度进行持续性的变革。在这种

---

① 斯特兰•奥尔松．深层学习——心智如何超越经验［M］．赵庆柏，唐云，陈石，等，译．北京：机械工业出版社，2017：155．

情况下，承担国家教育考试任务的教育考试机构无疑重任在肩。为国家选拔良才，为考试改革化解难题，应该是专业化教育考试机构不可推卸的责任。

四、深层学习的转变机制

深层学习理论中，对信念转变这一非单调变化也进行了研究，揭示了其中的转变机制。

信念，是指人们在一定的认知基础上确立的对某种思想或事物坚信不疑并身体力行的态度。它是情感、认知和意志的有机统一体。信念有不同的范围：既有非常基本的信念，也有细枝末节的信念。前者包括形而上学的、道德的、哲学的、政治的、宗教的和科学的原则。后者如日常生活中对平常的细节的论断。人们倾向于将信念按照主题进行分组；认知科学家则更主张按领域分类。对于一个领域的一套信念，不管是基本的还是细枝末节的，广义的还是狭义的，客观上是真实的还是错误的，都属于对此领域的个人的信念系统。一个人的全部信念不管是关于主题的还是关于领域的，都是这个人的信念库。

在日常活动中，人们用信念来回答问题、交流信息、阐明争论或用于其他目的。然而，信念的主要作用在于指导行动，特别是在不熟悉的情境中。

无论个体还是集体，其信念库总会随着时间的推移而逐渐丰富。新信念形成的主要触发条件是感知并接受新的信息。通常情况下，通过增加附属信念及延伸信念而不改变原有信息的内容或真值，信念库是单调扩增，每个人每天都会多次经历这种信念库的变化。实际上，"你每天都会学到一些新东西"已成了人生哲理，这种情况即日常信念的形成。而当个体或集体收到的信息与一个或多个信息相矛盾时，情况就会发生变化。新的、矛盾的信息激发的认知加工不再是单调地对内容编码，并赋值为真。为了维持认知系统的一致性，人们不得不处理产生的矛盾。为此，人们不得不修正或者放弃已有的信念，而不仅仅只是简单地增加新信念。

社会科学家 Milton Rokeach 认为，信息系统具有"中心－边缘结构"，即组织信念系统通常围绕着基本、普遍信念的核心展开。核心信念在数量上很少，而且通常是内隐的。随着一连串信念的增加，它们相继以同心圆的形式排列在核心信念的外围。每向外围扩展一环，所包含的信念不仅变得更具体，而且数量增加，重要性降低。Rokeach 假设，从外周到中心，对变化的抵制依次增强。外围信念的变革相对较易，核心信念则相对稳定。矛盾的信念通常会冲击信念系统的外周，此处的信念最为具体。颠覆已确立的信念需要矛盾信息，其数量是该信念系统中位置的函数。外周信念会首先发生改变，即推翻小范围、不重要的具体信念。而更深层的矛盾信息则可能影响更内环的信念。只有当矛盾信息源源不断地冲击一段时间后，变化才会向中心趋近，对核心信念产生影响。人们为了保护核心信念免受冲击或抵制，可以在核心信念外匹配辅助信念来吸收任何矛盾信息的影响。

目前的研究表明，当面临内部一致的信念库{B}和真命题（P）的信息不协调时，人们更倾向用这样的方法来应对问题：生成一个新的调节信念[B]，使得{B}和[B]的结合与真命题（P）保持一致。这意味着增加新信念可以解决矛盾，而不改变核心信念[①]。信念的基本作用在于指导行为。能够发挥作用的信念通常包含一个命题和若干参数。命题是信念的内容。用语言表达出来的命题大致是一个陈述句，如教育考试的任务是服务选才。命题是储存在记忆中的符号结构。和信念有关的参数是一个人对相关命题的立场。评价信念的参数主要有四个：真实度（信念可以被判断为真或假）、自信度（有信心程度的高低之分）、满意度（满意还是不满意）和有效性（有用或没用）。信念以主题或论题形式在记忆中分组储存，呈现出中心-边缘结构形态的信念系统。在信念系统的学习中，我们必须至少区分四种不同的系统水平：信念成分（命题和参数）、信念自身、信念系统和整个信念库。不管哪种水平，信念系统的变化都是客观存在的。

信念系统通常通过例外和延展扩张。应当相信，我们可以呈现事物的每一种形态，信念一旦形成，我们将没有任何理由修正它或抛弃它。但是知识表征的兼容性各不相同。有时候，我们能够同时保持两种不同的知识表征，而没有感到任何认知冲突。例如，地球仪所表现的地球是球状的，而地图则用平面来表示，但不需要纠结到底选择地球仪还是地图。我们依据环境在两者之间来回使用，或者两者都用。

通过日常的、单调的信念形成机制，在某经验领域构建的信念系统可能也适应于另一个目标领域。如果该领域和目标领域的原有理论不兼容，那么，可能因为缺乏整体一致性，也可能因为信念库被划分为不同的、局部的、有边界的子系统，潜在冲突就有可能被忽略。如果最终联合了两个领域，那么潜在冲突就在此时凸显出来。通过认知效用的竞争可以解决此冲突。信念或信念系统的效用越高，人们对它们的信心就

① 斯特兰·奥尔松. 深层学习——心智如何超越经验[M]. 赵庆柏, 唐云, 陈石, 等, 译. 北京: 机械工业出版社, 2017: 170-176.

越高。当我们对竞争理论的信心远大于对原有理论的信心时，转变的真值改变就在所难免。然后，这个节点的变化会在信念库中扩散开来，最终影响信念库的内容和结构的突变①。

教育考试机构在角色转型过程中，也面临核心信念转变的问题。如何从行政管理部门转向考试服务事业部门，或者说从行政管理者角色转向考试服务者角色，就涉及教育考试机构信念转变问题。有专家在论及考试机构专业化建设内容与途径时，提到了"价值的专业化"②，这点中了教育考试机构专业化信念转变的要害。

经过多年的理论学习、探索实践和信息积淀，特别是随着我国社会主义市场经济体制的逐步建立和完善，以及教育考试改革的持续推进，我国教育考试机构逐步形成了独具特色的专业价值观，如顾客意识、科学精神、公平原则和高效管理。尽管如此，在教育考试机构专业化建设过程中，依然有必要强调深层学习理论所阐述的信念转变机制的心智作用，这是因为以新高考为代表的具有复杂性和艰巨性的教育考试改革尚任重道远，教育考试机构专业化建设工程进度迟缓、机构考试管理服务效率不高等问题也未得到妥善解决，依靠新时代教育考试信念的形成或转变来加速教育考试机构专业化的发展理所应当。

教育考试机构的信念形成或转变，必须杜绝旧的教育考试观念、思维方式和行为模式的回潮和暗度陈仓。教育考试机构在深层学习中的任何转变，都必须坚持立德树人、服务选才和引领教学的教育考试价值观，促进教育考试事业的持续健康发展。

第四节 创造性思维能力提升

一、创造性思维原理

教育考试机构创建学习型组织，不仅是为了强化组织学习氛围，深入贯彻教育考试改革精神，而且要调动员工的创造性，促进教育考试机构专业化、信息化和现代化的发展。虽然人人具有创造性潜质，但能结合业务发展需要进行有的放矢的创造性思维还是有难度的。学习型组织的一项重要任务就是想方设法提升员工的创造性思维能力，以实

---

① 斯特兰·奥尔松.深层学习——心智如何超越经验[M].赵庆柏,唐云,陈石,等,译.北京:机械工业出版社,2017:195.
② 王志武.我国教育考试机构专业化建设的内容与途径[J].中国考试,2017(1):58-63.

现创造性工作的目的。

提升创造性思维能力，首先要通过学习，了解创造性思维的基本原理。在此基础上，再去掌握创造性思维的运作方式。

创造性思维是思维殿堂中的一种，古今中外的人们都经常遇到它。平时人们说某人能够开动脑筋想出新点子、新创意，就是指那个人具有创造性思维的能力。在教育考试领域，运用创造性思维的例子也不胜枚举。

长期以来，高考"指挥棒"在一定程度上起着助长应试教育、扼杀素质教育的负面作用，如何解决这个"老大难"问题？专家们在深层学习国家有关教育改革意志和大政方针基础上，提出了"分类考试、综合评价、多元录取"的新考试制度，揭开了我国新一轮考试招生制度改革的序幕。新高考试点省份提出的实施考试招生改革试点方案，已经不是对过去考试招生方案的修修补补，而是前所未有的创新设计，这中间少不了创造性思维的作用。

在高考领域，过去参加高考命题的专家们必须依据《课程标准》和《考试大纲》进行命题，殚精竭虑设计学科考题。从 2019 年开始，实施新课程、新高考试点的省份不再使用传统科目《考试大纲》，要求按照新的《中国高考评价体系》命题，并且期望解决"五育并举"中的体美劳"短板"问题。对于这种变化，命题专家怎样在语、数、外等考试科目中体现对艺术素养和劳动素养的考查，是未曾遇到过的问题。命题专家不畏困难，发散思维、跨界思维，运用问题情境设置方式解决了新高考所要求的命题任务。其中的发散思维和跨界思维就是创造性思维的体现。

现代教育认为，考试测评的作用不仅仅是对受试者进行甄别，而且具有反拨教与学的作用。科学、有效的测评能让教师了解自己的教学效果，也能让学生了解自己的学习状况。因此测评不仅是对以往的教学给出肯定或否定的结论，也是进一步改善、促进教学的重要手段。但要真正做到利用有效测评科学地评价学生在特定领域的真实能力，组织实施测评的相关人员必须掌握并能运用与测评相关的知识、技能和原则。据此，有人创造性地提出了"测评素养"（Assessment Literacy）的新概念[1]，并将此概念应用于考试命题，提出科学测评的探索，这就是创造性思维的体现。从测评的视角看，新高考改革的要求之一是探索测评与教学的深度融合，以更有效地促进学生学习并提高教学质量。但现实的情况是，教师群体普遍缺乏测评素养，大家习惯通过有限的日常测验、考试命题来积累测评经验，这也导致了尽管考试成为日常的教学常态，

---

① 潘鸣威，等.从考试命题迈向科学测评［M］.北京：人民教育出版社，2021：5.

但育人成效却总是难以如愿。如何提高教师的测评素养，无论是日常教学还是高考测评，都是值得研究的课题。在学科测评中，语言测评的数量远远大于其他学科的测评，因此测评素养对于语言教师而言也就更为重要。针对这种情况，上海市教育考试院以"新时代英语语言测评素养提升"为题进行研究。研究成果《从考试命题迈向科学测评：新时代英语语言测评素养提升指南》虽然只针对英语学科的测评素养进行了系统的诠释和论述，但对其他学科测评的从业者在了解测评的一般知识、技能和原则，不断提升测评素养方面也具有指导价值。

此外，在高等教育自学考试领域，学者提出了"学分银行"的概念，这是移植银行的概念进行创造性思维的体现。在教育考试领域，学分银行是对学分认证、累积和转换制度的一种形象说法。它对人们各类教育和学习经历所获得的课程学分进行评价和认定，存储在个人的学习账户下，达到一定数量和满足一定条件后，即可以兑换成相应的证书和学历文凭。学分银行是建立在终身教育思想理念之下，为每个学习者的终身学习而服务的。它打破了以往传统教育的阶段性特点，而将一个人不同时期的教育经历和学习成果终身记录存储，并在任何需要的时候可以随时支取出来，作为个人的知识和能力的有力证明。学分银行制度支持个体化、不连续性、灵活多样性的学习方式，是真正体现以人为本的终身教育理念的一种制度创新①。

巴尔扎克认为，思维是打开一切宝库的钥匙。特别是突破常规的创造性思维可以说是"芝麻开门"的"金钥匙"。

尽管创造性思维无处不在，无时不有，但是人们对创造性思维过程及其机理仍然充满神秘感，吸引许多心理学家分别从不同侧面对其进行探究，但至今尚未有定论。19世纪的心理学家赖波特（T.Ribot），他在其著作《创造性的想象》中指出，创造性思维乃是多种心理作用联合运用的结果。20世纪30年代初，英国心理学家斯皮尔曼（C.E.Spearman）写有《创造的心》（The Creative Mind，1931）一书，解释创造性思维为"心灵的能"，其所起作用的过程，系从旧观念的改变达到新观念的形成。瑞利与路易斯（Reilly and Lewis，1983）在讨论创造性思维的发展时，亦将其归因于遗传的根本作用和环境中的学习的效果。他们认为创造性思维是一系列的行为倾向，为人格特质的一部分，意即天赋的潜能。这种潜能在个人之间有不同的性质与不同的等级，所以发展的可能性，亦有大小的差异。这并不是否认环境的影响，不过创造性思维能力主要系由天赋潜能，在环境中因有学习的机会，而向前发展的结果。1950年，

---

① 王海东.学习成果认证制度研究［M］.北京:中国人民大学出版社,2017：169.

美国心理学家 J.P. 吉尔福特发表《创造能力》一书，对创造性思维的内涵和外显特征进行了较系统的阐述与解释。吉尔福特在其另一著作《智力、创造力及其教育意义》（Inteuigence, Creativity and Their Educational Implications, 1968）中，阐明了创造性思维的发展和问题解决、知识获得有着相辅相成的作用，并联系着教育与学习的功能。

一般说来，创造性思维发生的过程与问题解决的步骤基本上是保持一致性的，也可以认为是存在合二而一的作用机制。以问题为中心的创造性思维模式，得到学界的广泛认同。

创造性思维的产生亦与人的动机有关，因为动机和理智方面的好奇心、求知欲、丰富知识与提升能力的愿望等分不开。正能量的动机有利创造性思维的产生与发展。

创造性思维的产生需要知识的支撑。对于所获得的知识加以处理，必须通过分析、综合、推理、概括归类等思考作用，以供运用。知识可能系来自外界情境，亦可能是来自内部记忆。前者可以直接归类，后者则须经历转化，即从记忆中提出来的知识，必须使之发生迁移，必须重新组织，而与原来所记忆的知识不同，使之成为新的形式，具有新的意义，能起新的作用，可供新的用途，这就意味着有所创造。换言之，通过迁移转化的知识，便带有创新的可能性，应用于解决问题，皆可产生作用，获得效果。

创造性思维的对立面是守成性思维。如何区分这两种不同性质的思维方式呢？心理学家、创造学家都进行过研究，表达过各自的不同见解。例如，黄友直、肖云龙在《创造工程学》（1995）一书中认为，守成性思维的特征是封闭性、求同性和显而易见性；创造性思维则具有开放性、求异性和非显而易见的特征。鲁友成、罗庆生在其编著的《创造学教程》（1997）中认为，创造性思维的品质有两大类：一类是从创造性思维过程中表现出来的品质，如发现问题的敏锐性、探索过程的发散性、解决问题的新颖性以及思维结构的综合性；另一类是在各个领域的创造性思维中所蕴含的大致相同的品质，如独立性、联动性、多向性、跨越性和综合性等。针对众多学者提出创造性思维具有多项特征的论述，著名创造学家庄寿强有自己独特的看法。他在《普通创造学》（2001）一书中认为，创造性思维的特点只能有一个，即思维结果的新颖性。

创造性思维是一种复杂的思维方式，具有特定的思维结构。认识这一规律有利于有序和有重点地开展创造性思维的学习与应用。关于创造性思维的结构，早在 20 世纪初就有心理学家开始进行研究。1945 年，沃勒斯（G.Wallas）从名人传记中摘取一般名人成功的业绩，写成《思维的艺术》，算是系统性较强的研究。他根据那些名人事业成功的步骤，而将创造性思维的时序过程划分为四个阶段：准备、酝酿、明朗与验证。

对于比较复杂问题的创造性求解过程中，其创造性思维结构往往呈现逻辑思维与非逻辑思维方式协同模式，即既有逻辑思维，又有非逻辑思维的协同参与（图6-4-1）[①]。

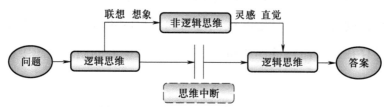

图 6-4-1　创造性解决问题的思维结构

逻辑思维的运作方式有分析与综合、抽象与概括、归纳与演绎、判断与推理等；非逻辑思维常常表现为联想、想象、直觉与灵感等。人们在求解问题时，一般是首先启动逻辑思维方式进行理性思考，一旦发现常规的逻辑推理无法提出富有创造性的方案或因为追求创意而陷入思维中断困境时，才会转换思维方式，期望能够通过非逻辑思维方式去接通思路，获得顿悟，找到所需要的创意。在有了创意之后，又得回到逻辑思维的思路上来，进行创意的可行性和技术性分析，以最终获得创造性求解问题的答案。这种逻辑思维与非逻辑思维的交互作用，也是创造性思维能量释放的作用机理。

二、创造性思维运作方式

1. 发散思维

发散思维，又称辐射思维、扩展思维，是一种人人皆有的广而思之的思维方式。一题多解、一物多型、一物多用，就是最常见的发散思维。从信息的视角看，发散思维是这样一种思维方式，它从某一问题基点出发，通过运用已有的知识、经验和各种思维手段，沿着各种不同的方向去思考，在重组记忆中去获得大量的信息。

在日常生活中，面对问题求解，如果总是沿着某条路上走来走去，不愿考虑到别的路上去探究，是不可能想出匠心独具的创意的。如果能够在思维过程中发散思维，海阔天空地联想，才有可能做到有所发现、有所创造。

在研究教育信息化构成要素时，先后出现三要素说、五要素说、六要素说、八要素说，体现了发散思维的运用，这对问题的广度认识和深度探究是十分必要的。

———————
① 肖云龙.创造学基础［M］.长沙：中南大学出版社，2004：88-89.

在倡导素质教育过程中，高考指挥棒也在强调对学生发散思维的考查。有一年高考语文作文题，素材引用了这么一道智力测试题：请你从图示的图形（A.圆；B.三角形；C.半圆形）中挑选出与众不同的一个，不知你思考之后，会给出怎样的答案。如果你选择了 A，答案是对的，因为它是唯一各点连续且完全对称的图形；如果你认为答案是 B，也是对的，因为只有它是唯一全部由直线构成的图形；假如你选择的是 C 也没有错，因为它是唯一由直线和圆弧构成的图形。世界是丰富多彩的，答案是多种多样的。根据上面的材料写作 800 字以内的作文。

近年的新高考科目命题中，强调要体现全面考查德智体美劳的命题要求，其中要将劳动教育理念引导落实到高考试题之中。通过对 2019 年的高考试卷分析，人们从考查劳动素养的这一问题基点出发，通过发散思维也可以满足各科目的命题创新需求。例如，在全国高考数学试卷中，通过创设贴近学生生活的情景（如工厂、商场、商店），展现了数学广阔的应用范围，引导考生关注生产、生活中的数学问题，考查考生的空间想象能力、运算求解能力和逻辑思维能力，培养他们的劳动意识和劳动观念。在地理学科试题中，将地理实践能力与劳动实际相结合，通过材料呈现农业生产中勤于劳作、善于总结的劳动智慧；工业生产中精雕细刻，追求完美的工匠精神；大国重器背后科技人员数十年如一日辛勤付出，善于创造的劳动精神，将与劳动相关的知识、能力、智慧、思想等融为一体，要求考生发现劳动中存在的现实问题并创造性地加以解决，引导考生树立正确的劳动观念，培养考生善于运用科学原理和技术技能乃至更多学科知识改进劳动的方法与能力。

怎样评价发散思维的水平？一般通过对受试者的思维的流畅性、变通性和独特性考查来综合评价。流畅性考查，关注思维表达的敏捷程度，受试者能够短时间表达出较多的信息，说明其思维流畅性较好；变通性考查，关注思维表达的灵活程度，受试者能触类旁通和随机应变，意味着其思维灵活性较佳；独特性考查，关注思维是否独具特色，如果受试者能够想出与众不同的、非显而易见的创意，则意味着受试者的发散思维中存在创造性品质。一般说来，发散思维的流畅性、变通性和独特性特征是相互关联的，作为发散思维的整体运作，流畅性是前提，变通性是关键，独特性是高度。

在教育考试领域培养发散思维，主要是学会面对问题善于进行多视角、多层次、多学科、系统化、立体化地思考。此外，结合联想思维也有利触发思维发散。

2. 联想

联想是人的一种常见思维方式。一提到教育，人们会联想到影响教育的政治、经济、科技、文化等因素。提及教育考试，人们立马就会联想到学业水平考试、普通高等学校招生全国统一考试、高等教育自学考试、成人高考、研究生考试；联想到高考命题制度、试题库开发、教育测量与评价、中国高考评价体系、标准化考场、高考舞弊事件、考试学、科举学，等等。可以说，联想无人不有，无处不在。

联想，是思维由此及彼的连接过程。在研究创造性思维的过程中，曾经有一些心理学家提出了"联想主义的组合观念说"。他们认为创造性思维的产生源自观念的联想与组合。例如，麦德力克（Mednick）在其《创造过程的联想基础》（1962）中认为，"创造性思维能力所起的作用，便是将基础观念元素联系起来，构成新的组织，这是创造性思维发展的重心"。他还编制有"遥远联想测验"，着重训练学生将遥远的不相干的观念元素组合起来，因为他认为各种观念元素的关系相距愈遥远，其组合后的成品愈高贵，其创造作用愈优良。柯士特勒（A.Koestler）在《创造行动》（1964）中表述了类似的观点，认为"联想是创造行动的指南"。联想主义心理学家在解释创造性思维方面虽然并不完善，但是他们对联想在创造过程中的作用的肯定是创造性思维研究的一大贡献。这对我们理解联想的突变功能及开展联想能力的培养具有重要的导向作用。

掌握联想思维，可以运用相似联想、对称联想和相关联想等技巧。相似联想是根据事物的相似性进行的联想。例如，由普通高考想到成人高考、研究生考试；由计算机辅助命题想到计算机辅助阅卷。如果这种联想能够觉察到"异中之同"或"同中之异"，就有可能催发新的创意信息。

世上无处不成对，利用事物之间的对称关系进行联想，也可能有所创意。例如，由对现代考试研究想到古代考试研究；由考试中的男性心理研究想到女性心理研究；由封闭式考试研究想到开放式考试研究；由人工阅卷研究想到机器阅卷研究，等等。

"城门失火殃及池鱼"，此成语说明世界上的事情总存在某种相关性，是对相关联想的形象表达。为了悟出创意，不仅需要一般的相关联想，而且需要"风马牛"不相干的大跨度相关联想。例如，从高考这一信息出发，你是否联想到家庭变异、饮食结构、天气变化等因素对考生高考成绩的影响？能够就此提出匠心独具的创意？此外，随着大数据、物联网、云计算、区块链、人工智能等高新技术的发展，对人们的学习方式和考试测评有何深层的影响？通过大跨度的相关联想，可能让人们寻找到探究性学习的课题。

3. 横向思维

横向思维是相对垂直思维而言的一种创造性思维方式。垂直思维的特点是从单一的概念出发，并沿着这个概念一直推进，直到找出最佳的方案或办法。但是，万一那个作为起点的概念选得不对，以致找不到最佳方案的话，问题就麻烦了。横向思维则要求我们，如果发现垂直思维无法达到目标，就需要智力横移，转移解决问题的入口。历史上"曹冲称象""司马光砸缸"的故事，就蕴含有横向思维应用的智慧。

在组织教育考试过程中，为了确保考试活动的有序进行，防止和监测考场的违纪舞弊事故，教育考试机构的传统办法是安排考务工作人员进入考场实施管理监控。由于近年来考试领域安全风险呈现多类型交织、多维度重叠的趋势，可以预见和难以预见的风险因素错综复杂，各种突发因素往往超出预期，带来很大的不确定性、不稳定性。其中，应对隐蔽性作弊和严守安全保密底线红线，成为全国教育考试安全工作会议上甚为关注的问题。为了解决此类问题，教育考试机构除了加强"人防"外，在"技防"方面也要有创新举措。如设置"智能安检门""考场智能视频监控系统"，就是如此。从"人防"到"技防"，从思维方式上讲，就是横向思维的应用。

4. 互激思维

世界大文豪萧伯纳说：倘若你有一个苹果，我也有一个苹果，而我们彼此交换这些苹果，那么，你和我仍然只有一个苹果。但是，倘若你有一种思想，我也有一种思想，而我们彼此交流这种思想，那么我们每个人将各有两种思想。以此相对应的思维方式就是互激思维。

互激思维，又称智力激励思维。其"激励"机制，一是指能够给予人们大脑较多的信息刺激，以产生智力碰撞的连锁反应，促进人们的大脑把已有知识和信息围绕所要解决的问题进行重组和增值；二是指激励能够造成一种鼓励人们大胆思维和提出创意的氛围，助力人们克服胆怯、从众和缺乏自信等阻碍创造性发挥的心理因素。基于这种激励作用机制，创造学家奥斯本首创"头脑风暴法"，给互激思维的应用提供了一种操作模式。头脑风暴法的操作形式是召开头脑风暴会，该会与常规的讨论会的最大区别，在于它严格按照如下会议四原则来进行。

（1）自由思考原则。头脑风暴会要求与会者充分运用发散思维、横向思维、联想等思维方式，进行自主和自由的思考，不必担心自己提出的设想"不靠谱"。在这种讨论会上，大家可以利用"不靠谱"的设想做"思维磨刀石"或"垫脚石"，借此突破思维定式，解放思想。

（2）禁止评判原则。头脑风暴会在大家自由思考阶段是不允许对别人的设想加以正确与否的评判，因为过早地进行评判会使许多有价值的想法不再发表，对设想的自我评判和相互评判，肯定性评判和否定性评判都要留到大家发言之后，再由专家来讨论。因此，这一原则也叫保留评判原则。

（3）谋求数量原则。头脑风暴会鼓励大家在规定的时间内能够提出大量的观点、设想和创意，"韩信点兵，多多益善"，因为没有一定数量也难保证头脑风暴的质量。

（4）结合改善原则。这是指与会者要努力把别人提出的设想加以综合、改善并发展成新的设想，或者提出结合改善的新建议。

头脑风暴会一般来说只适用于解决比较简单的问题。如果问题涉及面很广，包括因素太多，或者需要仔细推敲研究，可能需要多次迭代进行。运用此法时需要会议主持人就研讨问题的背景进行阐述，以让参加会议的人聚焦进行头脑风暴。

例如，教育考试机构需要研究"教育考试数字化发展"问题，头脑风暴会的主持人首先需要对数字化的概念、内涵、特征以及与教育考试机构专业化、信息化或现代化的内在逻辑关系进行简明扼要地介绍，再组织大家进行头脑风暴、互激思维。某教育考试机构在征集教育考试数字化发展科研课题时运用头脑风暴会的互激思维方式后，就获得了如下的科研选题：

数字化考试内涵与实施对策研究；

教育评价数字化转型原则与方向研究；

数字化技术在综合评价上的应用研究；

智慧考场的设计架构研究；

智慧考场的关键技术探究；

区块链技术在教育评价改革中的应用研究；

人工智能在教育考试增值评价中的应用。

第七章

教育考试机构现代化的科研创新

ETS 的创始人昌西（Henry Chauncey）在考试机构创建时，曾明确提出将科学研究放在事业发展的核心地位，允许和鼓励学术自由，包含针对 ETS 考试的独立见解和批判性。教育部教育考试院在"十四五"规划中，就推动现代化考试机构建设方面也强调要实施科研创新驱动发展，以科学研究引领教育考试高质量发展，建设科研赋能新平台，建立科研创新新机制。因此，科研创新应该成为教育考试机构现代化的重要发展策略。

第一节　教育考试科研的基本特点

一、教育考试科研范例

科学研究是各个领域都有的事情，它们有共性之处，也各具特色。就教育考试科学研究来说，其究竟有哪些特点是需要了解的问题，因为这对实施科研创新驱动发展有一定的导向或启示作用。

1. 中国高考改革实践研究

高考是一项国家性教育制度设计，在党和国家事业发展战略全局中具有重要地位和作用。1977 年启动的高考改革，不仅改变了千千万万中国人的命运，而且开启了我国科教兴国的历史进程。在新的历史时期，人们对高考涉及的教育公平、社会正义、阶层流动等社会问题的关注和期待有增无减，如何回应人们的热切期待，进一步落实人才强国的战略部署是高考深化改革与创新发展的核心任务。

近些年来，党中央和国务院高度重视高考改革，着力探索适应新时代的高考改革方案。

鉴于高考较为突出的热点聚焦效应和社会影响力，中国社会科学院、北京大学、中国人民大学、北京教育科学院的研究人员组成了《中国高考报告》课题组，深入解读高考改革方向，全面总结高考实践成效，力图为社会提供一份专业、实用、有效的高考改革研究报告。至今已出版《中国高考报告（2019）》《中国高考报告（2020）》《中国高考报告（2021）》和《中国高考报告（2022）》四本蓝皮书。

2. 上海高考研究报告（2017—2019）

2014年，我国的高考综合改革拉开序幕，上海市作为新高考改革的首选试点省市，经过科学设计及严密论证，以其极大的魄力和勇气，连续推出了一系列改革举措，全面准确地实施了国家方案，迅速构筑起了新高考的内容框架与操作模式，推动高考综合改革进入了纵深发展的新阶段。2017年，新高考在上海平稳落地。三年之后，中央全面深化改革委员会审议通过了《深化新时代教育评价改革总体方案》，这促使上海市教育考试院进一步思考高考在承担立德树人、科学选拔使命的同时，如何充分发挥其评价作用，积极引导教育教学，更好地实现高考综合改革对推动教育教学改革、提高学生综合素质、促进学生全面健康成长的积极导向作用。基于这种认识，以郑方贤为负责人的科研团队在2014年相关研究的基础上，重新整理思路，规范方法，撰写了《上海高考研究报告（2017—2019）》。该报告的内容体系如表7-1-1所示。

表7-1-1 《上海高考研究报告(2017—2019)》研究内容体系

序号	研究项目	研究部分	研究基本内容
1	新高考背景下的上海高考综合分析	一、上海高考综合改革试点实施的整体评价	上海高考综合改革试点实施的整体评价
		二、上海统一高考科目考试成绩发布的稳定性研究	1. 问题提出；2. 解决路径；3. 结果呈现；4. 稳定性的统计解释
		三、增值评价方法及应用实践	1. 问题提出；2. 增值评价方法；3. 应用实践；4. 政策效用分析；5. 实施路径
2	新高考背景下的上海高考语文	一、考试总体评价	1. 考试方案；2. 样题示例；3. 考试实施
		二、考试结果分析	1. 考试结果概述；2. 区域与年度分析
		三、专题研析	1. 高分段考生画像；2. 中华优秀传统文化在上海高考语文中的体现；3. 批判性思维在上海高考语文中的突显
3	新高考背景下的上海高考数学	一、考试总体介绍	1. 考试方案；2. 样题示例；3. 考试实施
		二、考试结果分析	1. 考试结果概览；2. 区域与年度分析
		三、专题研究	1. 试卷结构设计与考试结果；2. 考试目标的内在关系与考生表现；3. 考生的文理倾向与其数学成绩的相关性

続表

序号	研究项目	研究部分	研究基本内容
4	新高考背景下的上海高考英语	一、考试总体介绍	1. 考试方案；2. 样题示例；3. 考试实施
		二、考试结果分析	1. 考试结果概览；2. 区域与年度分析
		三、专题研析	1. 上海高考英语以一年两考分析 2. 上海高考英语对考生语言运用能力的测评 3. 上海高考英语指导性写作部分分析

由表 7-1-1 可知，《上海高考研究报告（2017—2019）》共分为四大部分，第一部分为综合研究成果，是对 2017—2019 年上海高考的综合分析，以期反映新一轮高考综合改革带来的整体效果；第二至第四部分分别呈现语文、数学和英语科目的分析研究成果，包括考试方案的设计和介绍、考试结果的分析和解释以及若干专题研析。

该研究成果具有以下特点：其一，为了更好地通过高考及其结果反映高中阶段教育教学的成效，从不同视角分析考试数据，解读分析结果；其二，综合运用统计分析方法，更全面地呈现考试结果；其三，严格界定分析对象范围，确保分析结果解释的科学性和合理性[①]。

3. 中国英语能力等级量表研究

改革开放以来，我国外语教育得到快速发展，但是国民现有外语水平与国家发展需求还有较大的差距。外语考试作为人才选拔和培养的重要手段，仍存在以下突出问题：一是缺乏统一标准，不能满足社会对高质量考试的要求；二是对外语教学的积极导向不足，不利于促进教学成效的提升；三是国际认可度不高，不利于提升教育国际化水平。为了改变现有考试不全面、不系统、不衔接的局面，建立具有中国特色、国际水准、功能多元的外语能力测评标准和考试体系，更好地服务于科学选才，服务于外语教育教学发展，促进学生外语综合能力的提升，成为国家深化考试招生制度改革关注的一个重要课题[②]。按照教育部的部署，教育部考试中心负责承担外语能力测评体系的建设任务。其中，制定《中国英语能力等级量表》（后简称量表）和研发"国家英语能力等级考试"是重中之重，量表是核心基础，等级考试是关键。

中国英语能力等级量表项目组建立了由 200 多位一流专家学者组成的研究团队，研制工作始终严格遵照国家科研项目管理规范，按照"框架设计、指标构建、语料建设、能力分级、结果验证"五大步骤，充分参考各学段现有《课程标准》《考试大纲》、

① 郑方贤,等.上海高考研究报告(2017—2019)[M].北京:人民教育出版社,2021:序 1-2.
② 林蕙青.贯彻落实《实施意见》推进国家英语能力等级考试建设[J].中国考试,2015(7):3-6.

教材，开展大规模实证研究，广泛征求教研人员和一线教师的意见，经过 3 年多的努力，完成了量表研制工作。量表理念与教学改革理念高度一致。以新修订的高中《课程标准》为例，新《课程标准》提出英语学科核心素养的四大要素，在量表中有大量对应的描述语，而且更加具体，有助于《课程标准》的落实。量表推出后，对我国外语教学和考试改革起到积极促进作用。量表作为中国标准得到了国际上的高度认可。2016 年 12 月，中英两国签署《中英教育合作伙伴行动计划》，明确开展雅思等英国英语考试与《中国英语能力等级量表》对接研究，现已取得阶段性对接成果。2017 年，教育部考试中心与美国教育考试服务中心（ETS）签署合作协议，启动托福等美国考试与中国量表的对接研究。量表的意义不仅在于体现了中国特色、中国水平，还填补了国际语言能力标准的部分空白[1]。

4. 学习成果认证制度研究

高等教育自学考试制度的创立，是我国改革开放的产物。这一具有中国特色的高等教育形式，通过定期组织国家考试来对公民个人自学高等教育课程的成果给予检验和考核，并为达到要求者颁发国家承认的学历文凭，为广大求学者铺就了自学成才的光明大道。多年来高等教育自学考试制度的实施，为国家培养了大量的专业人才和高素质的劳动者，在促进教育公平等方面作出了巨大的贡献。进入 21 世纪以来，我国教育改革深入推进，高等教育从大众化向普及化阶段发展，高等教育自学考试制度的传统优势逐渐褪色，考生规模持续下降，高等教育自学考试事业被认为将走进"寒冬"。但是，随着国家发展终身教育和建设学习型社会战略的实施，又让高等教育自学考试有了"柳暗花明又一村"的感受，其被认为只要适应新形势和新要求进行改革创新，一定会迎来新的发展"春天"。

在教育部领导下，"十一五"期间全国教育考试机构围绕高等教育自学考试的发展目标与定位、专业和课程体系、考试评价方式、学分互认与转换、学习媒体与支持服务等进行了多方面的改革探索。改革与创新实践离不开大量的政策、理论和技术方面的研究活动作为支撑，特别是学分银行建设作为构建终身学习体系"立交桥"的纽带，尤为重要。以高等教育自学考试制度为基础探索学分银行建设，既符合国家构建终身教育体系的战略要求，也是高等教育自学考试制度转型的迫切需要。在这种背景下，长期从事高等教育自学考试管理与研究的王海东在教育部教育考试院的支持下，选择了"学习成果认证制度研究"的课题进行教育考试科学研究，并获得了相应的科研成果。

---

① 于涵.不忘初心 推进新高考改革 面向未来 构筑现代化考试［J］.中国高教研究,2018(3): 17–23.

该研究以高等教育自学考试制度创新和推进学分银行建设的讨论为立足点，将高等教育自学考试改革放置到国际终身教育体系探索和学习成果认证制度建设的大视野中，并结合我国当前跨系统的学分认定和学分银行建设的初步探索，对于学习成果认证理论与实践问题进行了较为系统而深入的论述①。其研究成果《学习成果认证制度研究》一书的主要内容有：学习成果认证的概念界定与理论基础、发达国家和地区经验借鉴、学习成果认证的实施与操作、高等教育自学考试改革与学分银行建设、我国学习成果认证制度建设的探索。

二、教育考试科研的特点

根据上述教育考试科研的范例，我们对教育考试科研的概念及其特点大概有了一定的认知。教育考试科研并不神秘，聚焦教育考试问题进行科学研究在当代教育科学研究领域不乏其位，具有影响力的高水平研究成果也层出不穷。

一般认为，教育考试科学研究是教育领域科学研究的重要组成部分，是人们运用科学研究方法分析教育考试现象，揭示教育考试本质，探索教育考试规律的一种认识活动，也是教育领域的科学发现与创造活动。其发现的是教育考试系统的结构要素及其相互联系和相互作用机制，创造的是阐释教育考试、优化和创新教育考试的理论与方法，是教育考试发展到一定历史阶段的产物。时至今日，教育考试在社会发展与个人发展中的作用显得越来越重要，其本身的规模也越来越大，其复杂性与日俱增。处在复杂多变和不确定因素较多的社会环境里，教育考试事业要想顺利和高质量地发展，就越来越需要对教育考试的客观规律有更清晰的认识和稳妥的把握，也就越来越需要教育考试科学研究的支撑。

通过对大量教育考试科研课题或科研成果的审视，可以发现我国教育考试科研创新具有以下基本特点。

1. 强调教育考试科研的应用性

一般说来，教育考试科学研究的对象是教育考试的事实、教育考试的现象与教育考试发展的基本矛盾与基本规律。教育考试活动涉及面有多宽，教育考试研究的范围就有多宽。无论教育考试宏观问题还是微观问题，是教育考试基本理论问题还是应用问题，也不管是哪个层次哪种类别的教育考试，都可以成为教育考试研究的对象。当然，

---

① 王海东. 学习成果认证制度研究［M］. 北京：中国人民大学出版社，2017：序 1—2.

对现实中的教育考试机构来说，也不会去研究与自己职责无关的考试问题。就目前的情况而言，国家教育考试（普通高考、成人高考、研究生考试、自学考试）以及与终身教育相关的社会考试，应该是各级教育考试机构开展科学研究的主要对象。

根据研究工作的目的、任务和方法不同，教育考试研究可划分为理论研究和应用研究。理论研究是对教育考试新理论、新原理的探讨，目的在于发现教育考试的一般规律，为应用研究提供理论支持。应用研究是把理论研究成果应用于教育考试特定的目标的研究，它是理论研究的继续，目的在于为理论研究的成果开辟具体的应用途径，使之转化为实用技术。教育考试的理论研究和应用研究是整个教育考试研究系统中两个互相联系的环节，在教育考试研究体系中协调一致地发展。

当前，我们在教育考试基本理论研究方面面临一系列具有全局性、前瞻性和战略性的重大课题，比如，关于教育考试的本质和社会属性的研究，关于教育考试的价值、目的和功能的研究；关于教育考试和社会的关系的研究；关于教育考试理念的研究；关于教育考试机构专业化、现代化发展理论的研究，等等。对这一系列课题进行深入探索，将为我国教育考试事业的发展提供科学的理论指导，有力促进我国教育考试机构专业化、现代化水平的提高。

随着我国教育考试事业的发展，教育考试理论研究无论在广度还是深度上都有所发展，但相对而言，应用研究的进展表现得更快些，更活跃些。从整体上看，应用研究在教育考试研究中的比重最大，研究队伍的规模比理论研究的大，研究成果的数量较理论研究的多。各种教育考试类期刊上发布的教育考试论文，全国或地方召开的教育考试研讨会，绝大多数属于应用性研究。各级教育考试机构的研究部门，基本上属于应用性研究组织。这虽然与教育考试是一门应用性科学性质有关，但并不说明教育考试研究不必注重基本理论研究。实际上，理论研究与应用研究不是绝对分离的，有时是相互交叉、相互渗透的。许多教育考试问题的研究，都可以从理论上探讨它们的内在机制，也可以从应用上研究相关的实施策略和路径。

我国教育考试科研的应用性特点，主要表现为科研选题贴近教育改革时代、贴近考试招生制度改革实践，能够主动灵活地应用科学研究方法去分析解决教育考试改革与发展中的问题，研究者具备良好的实际问题的解决能力。

在教育考试发展的不同时期，教育考试研究的任务会有所变化，研究的侧重点也会不一样。前几年人们研究教育考试机构专业化问题，现在我们又要开始研究教育考试机构现代化问题。教育考试的研究与教育考试事业的发展一样，是一个动态发展的历史过程。教育考试机构的考试研究应在教育考试事业发展的不同阶段，对教育考试事业发展过程中出现的种种新问题有所关注，有所应答，有所贡献。

2. 倡导教育考试科研的组织性

科学研究，特别是意义深远的带有全局性的问题研究，往往涉及复杂性问题的创造性求解。解决具有复杂性特征的科研课题，仅仅依靠研究主体单枪匹马式的研究，是难以达到高效率和高水平的研究期望的，唯有组织性的协作性研究，才有可能满足复杂性问题求解的需要。

我国教育考试科研的组织性特点，主要表现在教育考试机构遵循国家逻辑或国家意志，承担教育考试领域的重大科研课题并积极组织科研团队进行攻关，在教育考试科研中发挥了中流砥柱的作用。

例如，教育部考试中心对中国高考评价体系课题的研究就是典例。《中国高考评价体系》是中国考试人潜心研究与实践的智慧结晶。没有教育部考试中心的科学策划、精心组织和不断优化，是不可能形成具有权威性、科学性和实用性的《中国高考评价体系》研究成果的。

再如，高考蓝皮书《中国高考报告》系列研究成果的问世，也是教育考试科研具有组织性特点的例证。这项科研成果不仅仅是编撰出版了高考蓝皮书，增加了出版社的著名图书品牌和科研机构的知名学术品牌，更重要的是给全国人民提供了有价值的有关年度高考的专业分析报告。通过扎实的专业理论与经验研究，针对教育领域的高考现状与发展态势展开权威分析与预测。在信息泛滥、卓识难觅的网络时代，为全国人民提供专业、有价值的指导意见，造就国人凝聚共识、多方发力、上下贯通的良好高考改革局面，成为教育考试科研的奋斗目标。高考蓝皮书《中国高考报告》的研究汇集了教育部考试中心、中国社会科学院、北京教育科学研究院、北京大学、中国人民大学等单位的一些著名专家学者，是名副其实的集体科研项目，是具有影响力的重大教育考试科研成果。

此外，《上海高考研究报告（2017—2019）》《中国英语能力等级量表》研究等课题，都体现了教育考试科研活动的组织性特点，研究成果凝聚着课题参与者们的集体智慧。

教育考试机构对教育考试科研的组织，除了积极组织专家学者申请国家或省市教育考试规划课题项目外，有实力的省市教育考试机构还在省市教育科学规划办公室的协助或合作下，专列教育考试专项课题，组织研究者进行教育考试问题研究。

在制订教育考试机构"十四五"事业发展规划中，许多教育考试机构将教育考试科研重点项目列入其中，以加强对教育考试科研工作的组织实施。例如，教育部教育考试院的"十四五"发展规划中，就列出如下教育考试类重点科研项目：

中国高考评价体系 2.0 研究；

命题基础设施提质升级工程研究；

高考命题工作队伍建设"百千万"工程研究；

专业学位硕士研究生招生考试内容体系研究；

中小学教师资格考试标准体系升级工程研究；

国家教育考试考务人员业务素质提升工程研究；

国家教育考试综合管理平台研究；

新一代教育考试大数据平台研究；

"互联网＋考试服务"工程研究；

自学考试学分银行系统与平台研究；

考试文化建设工程研究。

上述项目有组织地研究与实践，对推动教育考试事业发展和教育考试机构的现代化都具有积极的意义。

北京教育考试院在"十四五"规划中，围绕科研评价专业化水平不断提升，积极开展课题研究。除了申报获批各级各类科研课题 26 项外，还开展院级课题立项及研究工作。加强科研交流，成功举办"首届北京教育测量与评价国际研讨会"和两届考试研究学术交流论坛，开展出国人员向全院干部汇报交流出访成果活动。加强各类考试数据分析研究，为教育教学和考生学习发展提供更好的评价服务，为各区提供有针对性的中、高考学科分析讲座和整体教学情况分析讲座，从各个不同层面助力北京市初、高中教育教学的改进和发展。

3. 关注教育考试科研的开放性

在改革开放时代，教育考试机构的科学研究无疑也需要对外开放。这种开放性主要表现是进行中外比较研究，重点是借鉴发达国家教育考试改革的先进经验，实现以他山之石攻己之玉的目的。

我国的教育改革和教育考试制度更新，是一个复杂的、长期性的过程，每一轮较大的变革都可能面临新的挑战。尽管我们有信心和能力解决改革中的困难，创造出具有中国特色的教育考试模式，但依然需要睁开眼睛看世界，充分了解和吸收国内外先进教育考试改革经验，少走弯路，加快教育考试现代化的发展速度。

新高考将高中生综合素质评价纳入高考录取招生体系，这项政策出台后就引发了社会的广泛关注。综合素质评价主要评什么、怎样评？如何保证公平公正？综合素质评价结果到底会怎样运用到高校招生录取中？面对这些问题需要通过相应的科学研究与评价实践来回答。教育考试机构的研究者不仅要对我国新高考中关于综合素质评价的政策进行认真地学习理解，同时也要基于域外视角开展科学研究。对此，有研究者选择了《国外高考招生过程中综合素质评价的经验及启示》课题进行研究。研究认为，尽管世界各国的考试制度有所差异，但关于学生进行综合素质评价的理念是有共识的，即认为这对人才选拔具有积极意义[①]。

美国的教育考试机构研发出具备多样性、多元性和综合性的考试选拔标准和体系，通过组织统一的考试来衡量学生的学习水平；通过学生提供的在高中阶段所修课程的学业成绩，来对学生的过程性学习做出科学合理的评价；通过面试、学生的推荐信、入学申请书以及学生参与课外活动的证明材料等来评价学生的各方面表现。

英国的教育考试机构在高校招生制度改革中建构了高校入学资格系统，其中包括22项证书，内容涉及学术、职业知识和技能等多个领域。高等学校在选拔人才时以学生的证书成绩作为主要参考依据，同时综合评定学生各方面的素质。根据招生录取方式的不同，英国高校的招生录取主要分为选拔型和招生型两大类模式。但不管怎样办理，最后都会看重证书成绩与综合素质考评结果。

韩国的教育考试机构研究认为，各高校可以自行选择反映学生综合素质与能力的各种资料，并对其进行自由组合。该国的教育与人力资源部采取了这种综合素质评价模式，让学校根据校情有差别地实施。

兼容并蓄，有容乃大。2014年12月，我国教育部发布《关于加强和改进普通高中学生综合素质评价的意见》中，明确提出综合素质评价的基本思路是：依据党的教育方针，反映学生全面发展情况和个性特长，注重考查学生社会责任感、创新精神和实践能力，并且确定了综合素质评价的5个方面：思想品德、学业水平、身心健康、艺术素养、社会实践。每个方面规定了主要考察和重点考察要求。

教育部规定的综合素质评价意见依然是一个开放的系统，允许各地教育考试机构遵循教育部文件精神和基本要求，再根据本地实际情况创造性地实施综合素质评价与记录。上海市教育考试机构试点综合素质评价与记录时，主要侧重的内容是：品德发

---

① 孟文娉.国外高考招生过程中综合素质评价的经验及启示[J].教育实践与研究,2013(5):9-10.

展与公民素养、修习课程与学业成绩、身心健康与艺术素养、创新精神与实践能力。浙江省教育考试机构试点时，规定综合素质评价与记录的主要侧重内容是：审美与艺术、运动与健康、劳动与技能、探究与实践。通过试点后的推广实施，在全国必然会出现一致性与多样性兼容的综合素质评价与记录实施局面。

4. 体现教育考试科研的创新性

科学研究，贵在创新。所谓创新，就是推陈出新、不断有所发现、有所发明、有所创造。

创新的对立面是守成，墨守成规，人云亦云。在教育考试科学研究中，并非所有的研究成果都具有新颖性、创造性和实用性。只有同时具备创新"三性"的教育考试科研成果，才属于教育领域的知识产权，才有在教育领域推广应用的价值。

在《中国高考报告》研究项目中，我们也可以发现该研究具有系统性、科学性和创新性的特点。《中国高考报告》逐年编撰，自成考试蓝皮书系列，每册都包括总报告和多个专题报告，分别探讨中国高考改革的政策导向、命题实践、教学改革、升学渠道和社会影响。总报告高瞻远瞩，系统阐述了以高考综合改革为核心的教育评价改革对落实党的教育方针、推动国家人才培养战略转型、实现教育强国和中华民族伟大复兴具有重要地位和作用。在高考政策解读专题报告中，系统阐述了近年来高考综合改革的出台背景、主体框架、改革内容及发展方向。在命题实践专题报告中，对高考内容改革和命题政策进行了分析，综合阐释高考命题的宏观趋势与测量前景，深入探讨高考命题的理论依据与实践经验。在教学改革专题报告中，强调了新高考对高中教学提出的新要求、新理念和新模式，总结高考综合改革中的教学经验。在升学渠道专题报告中，剖析了近年来高考升学和招生的一般态势与变迁趋势，强调全国高考和统一招生在人才选拔中的主导地位，有效落实教育资源分配的公平性和有效性。在社会影响专题报告中，通过规范的实证分析，研究了改革开放四十多年来高考对中国经济社会发展带来的巨大变化，特别是高考在科技创新、经济发展、人力资本提升、全要素生产率等方面发挥着的决定性作用。

总而言之，这种以考试蓝皮书《中国高考报告》形式来系统研究高考政策、高考改革与国家人才培养战略转型，全面总结高考综合改革实践成效的科学研究，是具有开创性的教育科学研究，其研究成果的应用将助力教育关键规则资源均等化，推动中国教育综合改革的纵深发展具有重要的意义，同时在教育考试科学研究领域具有重要的学术价值。

此外，上海市教育考试院集结专家团队开展的《上海高考研究（2017—2019）》，虽然研究面集中在新高考背景下的上海高考综合分析和高考语数外考试结果分析，但对实施新高考改革的其他省份具有宝贵的学习借鉴价值，对推进全国的高考综合改革具有积极意义。其在研究方法方面也有所创新，主要体现在两方面：一是运用增值评价方法，尝试将招生政策因素纳入高中学校评价的指标范围，以期更全面地对学校进行综合评价；二是通过描述性统计（如均值、标准差、四分位数等指标）反映考生总体及不同类别考生在考试中的表现，通过建立坐标系反映各考区学生考试成绩均值与标准差的关系以及纵向变化趋势，运用丰富的图、表等可视化工具呈现分析结果，增加了可读性。

三、教育考试科研的作用

开展科学研究，对研究者的成长和发展意义不言而喻。教育考试机构的科学研究创新，又有怎样的意义呢？

长期以来，科学研究在许多基层教育考试机构中处于边缘化的状态，这与教育考试机构所处的考试环境有关。在教育考试机构处在教育行政部门体制内的当年，面对着传统高考的局面，似乎一切按照上面的考试政策文件认真执行，管理好教育考试业务就足够了。考试管理主要是靠经验和责任，与科学研究似乎关系不大。

时至今日，教育考试（特别是新高考）改革的力度、深度和广度可以说前所未有，教育考试机构面临新的挑战，依靠过去的经验办好教育考试和社会考试已无能为力。这时考试人才猛然省悟，现代考试乃是一门科学，教育考试科学的任何进展都与教育考试研究的进展密切相关。有了教育考试的科学，才有科学的教育考试，现代教育考试的发展更需要高水平的教育考试研究。我们必须立足现代社会、现代教育考试事业发展的高度来认识教育考试科学研究的作用。一般说来，教育考试科研创新的作用体现在以下几方面。

1. 教育考试科研推动教育考试理念更新

教育考试研究能为人们提供有关教育考试的新知识，有利于人们更深刻地认识和掌握教育考试的基本理论与教育考试发展的基本规律，助力形成正确的教育考试理念。比如，过去我们一直为高考的价值取向问题争论不休，即高考究竟应该为社会发展服务还是为个人发展服务。通过近年来的教育考试研究，我们逐渐认识到高考要坚持以人的发展为本，同时兼顾社会发展的需要，要将为个人发展服务与为社会发展服务统一起来。随着研究的深入，我们对高考的社会功能的认识也有所拓展，认识到高考除了服务选才外，还具有立德树人和引导教学的核心功能。

2. 教育考试科研指导教育考试实践

教育考试研究与教育考试实践有着十分密切的联系。一方面，教育考试研究必须以教育考试实践为基础；另一方面，高等教育实践又离不开教育考试研究理论成果的指导。尤其在当前，我国的教育考试（特别是普通高考）正进行着深刻的变革，以"分类高考、综合评价、多元录取"为基本思路的"新高考"，也给教育考试研究带来了不少新课题，要求教育考试研究从理论的高度全面系统地回顾"新高考"改革与发展中面临的主要问题，并能指导教育考试机构实施"新高考"的实践。

对教育考试实践中存在的问题进行认真研究，能够提出有效解决问题的技术、方法和手段，能为教育考试改革与发展作出科学决策，提供切实可行的发展思路。应用理论通过转化为可操作性的知识与方法如实施细则、改革措施等，可进一步转化为实际工作者的行动，对实践问题的解决发挥作用。比如，人工智能技术在教育考试中的应用研究成果，对解决高考计算机命题、考场安全监控和学生综合素质测评等难度较高的问题提供了技术支持。

3. 教育考试科研促进教育考试学科建设

回望历史，中国发明了考试，却没有建立起全面系统的考试理论。

教育考试是一门科学。教育考试既是对人们心理因素的测量，更是一种社会活动。我们虽然对此认识较晚，但在教育考试事业迅速发展的当代中国，也可以在传承中国考试基因的基础上追求卓越，创建出有中国特色的教育考试学科。教育考试学科的发展水平如何，在很大程度上取决于学科理论体系完善与否；而学科理论体系的完善，又取决于教育考试研究。因此，积极有效地开展教育考试研究工作，丰富和发展教育考试理论，是教育考试学科建设的根本。前些年，我国学者廖平胜在"考试学"方面的研究促进了我国教育考试学科建设的步伐，同时有望拓展出与此相关的分支学科，如考试心理学、考试社会学、考试管理学、考试经济学等，为构建新的教育考试研究体系奠定了基础。

第二节　教育考试科研选题艺术

万事开头难，启动教育考试科研创新也是如此。教育考试科研创新的首要环节是确定科研课题。在科研的海洋里，课题就像是海水一样取之不尽，用之不竭，但这并不意味着人人都可以将有价值的研究课题信手拈来。相反，从大量的问题中选择出合理的科研课题是有难度的，科研选题是一种思维艺术，了解和掌握选题艺术对提高教育考试科研创新质量与水平具有重要的作用。

一、教育考试科研方向的确定

教育考试科研选题过程也跟一般的教育科研选题过程类似，首先需要确定研究方向。如果没有一个明确的研究方向，光靠偶然的机遇或盲目的赶热潮去寻找课题，是难以深入研究和获得开拓性的科研成果的。

在教育考试领域从事科学研究，看起来研究方向已经确定，即研究教育考试和教育考试机构发展问题，但是这种认识还过于笼统，具体的研究方向并不清晰。教育考试研究虽然属于教育研究范畴，但是其本身也是一个内涵十分丰富的活动，有着各种各样的内容明确的研究方向。如果我们运用分类法和发散思维，就可以获得不同性质教育考试和不同考试环节中的教育考试科学研究方向。如果以教育考试机构为研究对象，人们可以选择教育考试机构专业化、教育考试机构信息化和教育考试机构现代化等方向进行科学研究。

显然，教育考试科学研究的方向很多，无论是教育考试机构还是个体研究者，都不可能涉足所有的研究方向，而只能根据某种目的需要聚焦其中的一个或几个研究方向。

例如，高考作为一项国家性教育制度设计在党和国家事业发展战略全局中占据重要和突出的地位。以教育部原考试中心主任杨学为研究员为首的科研团队聚焦高考，将"中国高考研究"作为较长期的科研方向，促成了自 2019 年和 2020 年的高考蓝皮书《中国高考报告》的问世。2021 年，中国高考报告学术委员会主编了 2021 年和 2022 年的高考蓝皮书《中国高考报告》选择中国高考作为研究方向，开创了对中国高考研究系列化、专业化和高水平研究的先河。

教育考试科学研究方向有宽有窄，有深有浅，可根据价值取向和研究能力来灵活选择。对教育考试机构来说，选择的科学研究方向一般与机构的持续发展需要相关，"十四五"期间的科研大概与教育考试机构的现代化相关，教育考试机构现代化过程中的确有许多战略性、策略性和方向性的问题需要人们去探索，这一研究方向上蕴含着大量的研究课题。

教育考试机构中的个体研究者，一方面可以根据组织机构确定的科研方向去选择课题，另一方面也可以根据自己的兴趣和能力确定教育考试领域的科研方向，从中选择力所能及的研究课题。例如，个体选择了高考研究中的学科命题理论与实践研究方向后，还可以再进行方向细分：语文学科命题理论与实践、数学学科命题理论与实践、英语学科命题理论与实践、物理学科命题理论与实践、化学学科命题理论与实践、生物学科命题理论与实践、思想政治学科命题理论与实践、历史学科命题理论与实践、地理学科命题理论与实践。

一般来说，研究者的研究方向也不是一开始就能确定的，往往是根据某一具体研究课题取得成功后才开拓出来的。例如，廖平胜教授在1986年撰写的学术论文《考试是一门科学》公开发表后，在考试领域产生了较大影响，作者也感悟到这一观点的后面蕴藏着"考试学"的研究方向，从此组织研究团队进行考试学的系列研究，经过多年的学术深耕，廖平胜主编的"新世纪考试科学丛书"于2003年脱颖而出，其中包含有《考试学原理》（廖平胜）、《考试社会学问题研究》（杨学为、廖平胜）、《考试制度比较研究》（康乃美、蔡炽昌）、《考试管理的理论与技术》（梁其健、葛为民），这些研究成果的问世，也标志着具有中国特色的"考试学"架构初步成型。

再如，有研究者选择教育考试的社会性问题进行研究，在取得初步成就后又进行系统思维和发散思维，对教育考试与社会政治、经济、文化之间的关联性进行探索，从而形成考试与社会研究方向，产生出《社会考试质量探索》（贾劲松等）、《社会考试管理探索》（贾劲松等）、《社会考试发展探索》（贾劲松等）、《自学考试模式新论》（黄恩育等）、《教育考试公正论》（江畅）、《考试推动社会进步》（徐金山、江畅）等研究成果。

二、教育考试科研选题原则

教育考试活动具有复杂性，涉及的问题较为广泛，需要解决的矛盾很多。然而，对教育考试机构来说，并非任何问题都可以列于实施研究计划的，而必须有一个对诸问题进行识别、分析的过程。然后从中选择一个或一组问题作为研究课题，组织力量去进行研究。研究人员在选题时要充分调查研究，准确做出判断与选择。一般说来，教育考试科学研究的选题应该遵循以下基本原则。

需要性原则。需要是创造之母，也是科学研究选题的首要原则和目的性要求。教育考试的科研选题必须满足我国教育考试事业发展的需要，或者满足教育考试机构专业化、现代化发展的现实需要或潜在需要。这一原则体现了教育考试科研的目的性要求。

科学性原则。指教育考试科研选题要以一定的科学理论或科学事实为依据来提出待解决的问题，不能违背现有的科学理论或科学事实，异想天开地想象某个课题，否则选题的一切努力都是徒劳的。这一原则体现了教育考试科研的合理性要求。

创新性原则。指教育考试科研选题应该推陈出新，选择前人和他人未曾研究过的新问题，因为这样的研究才能达到知识和理论的扩展和进步。当然，我们所说的"前所未有"的课题也非绝对化，其中也包括对前人或他人的研究成果进行新的补充、扩展和深化的课题。因此，研究者必须尽可能了解前人或他人在教育考试研究方面已经做过的研究工作，进行足够的文献检索，避免重复性选题和低水平选题。这一原则体现了教育考试科研的新颖性要求。

可行性原则。指在选题时要考虑现实可能性。教育考试研究课题的选择，必须从研究者的主、客观条件出发，包括主体自身的科研素质，如知识结构、经验、能力，以及研究人员的配置、组合等情况；包括资金、设备、图书资料、学术环境、实验对象等。如果不认真审视这些主客观条件是否具备，自以为是，好高骛远，选择不能胜任的课题，选题立项也难心想事成。

三、教育考试科研的选题路径

1. 根据教育科研规划指南选题

在现代社会，科学研究已经成为集体的有规划的行为。国家、省市级教育科学规划机构，国家、省市教育学会等组织通过发布年度科研课题申请文件和科学研究指南，引导研究机构或个人申请科研立项，开展规划课题研究。这也是教育考试科研选题的一条重要路径。

科研立项的方式既有利于研究者的研究工作得到社会的支持与承认，也是使有共同研究目标的人协调工作、共同奋斗的制度保证，这样能够最大限度调动科研人员的积极性，充分将人的因素、物质条件和经费使用三者协调起来，以获得最大的科研效率。

科研立项也是科研管理工作的载体，通过立项将个人科研活动的小系统与社会生产劳动的庞大系统联系在一起，这也意味着科研立项是个人的科研工作获得社会支持和同行认可的最直接的标志。

一般说来，主要有两类人员关注教育考试科研立项问题：一是教育研究领域方面的专门人员，二是教育考试机构的专业人员，后者的参与更为重要，他们不仅人数多，而且对教育考试问题的接触更直接、更熟悉，也更能将考试研究成果用来改进、优化或创新自己的考试服务与管理工作。获得教育考试研究立项的关键是要选题正确，要领会立项资助单位的基本意图，根据课题立项指南把握总体研究方向和研究内容，认真撰写好相应的项目申请书，特别要表述好选题意义、国内外相关研究综述、研究方案设计以及可能的创新之处。

2. 根据事业发展规划选题

国家、省市教育机构根据国家教育事业发展规划和其他改革方案，会编制自己的事业发展规划。研读这类规划信息，可以获得有关教育考试科研的选题思路或选题灵感。

例如，教育部教育考试院根据《国家教育事业发展"十四五"规划》和《深化新时代教育评价改革总体方案》编制了《教育部教育考试院事业发展"十四五"规划》（以下简称《规划》）。该《规划》中的"面临的形势和存在的问题"部分指出："面对新形势，教育考试发展水平与经济社会发展需求、高质量教育体系建设要求之间还存在着差距。主要表现为：立德树人落实机制有待进一步健全，服务教育改革发展全局的作用发挥尚不充分，考试项目和产品还不能很好满足社会多样化、优质化的需求，考试安全和质量保障机制有待完善，综合治理效能与服务水平有待提高，事业发展支撑保障能力亟待加强。必须以更强的历史使命感和时代责任感，勇于担当作为，不断开拓创新，奋勇开创教育考试事业发展的新局面。"根据上述"存在的问题"，研究者可以运用"问题导向法"构思教育考试科研的课题。

再如，教育部教育考试院"十四五"规划中的"深化新时代教育考试改革"部分，提到深化普通高考和研究生考试改革、推进自学考试和社会考试改革、提高中小学教师资格考试质量、构建新时代教育考试评价体系等，既是教育考试机构期望在新时代进行教育改革的任务，也是在向教育考试科学研究者发出的感召信息。研究者可以运用"改革导向法"构思教育考试科研的课题。

教育考试改革需要研究的问题很多，长期以来人们可能对深化高考内容改革，助推高考综合改革方面的研究有紧迫感和责任感。的确，如何依据高校人才选拔要求和国家《课程标准》构建引导学生德智体美劳全面发展的考试内容体系；如何创新试题研发机制，深化试题基础性，增强试题开放性，加强对创新能力、思维能力等关键能力和学科素养的考查；如何改变相对固化的试题形式，引导教学减少死记硬背和"机械刷题"现象；如何推动命题评卷联动机制建设，确保评卷完整准确体现内容改革方向和命题意图，如何完善内容改革成效评估机制，科学设计监测内容和监测方式，做好定期评估，等等，都期望研究者通过理性思辨和实践探究尽快拿出新的研究成果，以推动新高考改革的健康持续发展。

相对而言，人们对推进自学考试和社会考试改革的研究热情不高。其实，这方面值得研究的课题也很多，譬如，如何充分发挥自学考试制度的高等继续教育功能，服务全民终身学习需求，助力学习者的学业水平与职业技能提升；如何适应职业教育和普通教育双轨并行发展需要，优化自学考试专业及课程结构，充分发挥主考学校作用。积极推动基于综合评价理念的课程考试内容和形式改革，逐步推行计算机化考试。创新课程学习资源建设与服务模式，探索传统纸质教材数字化发展和学习者个人学习空间构建；如何建设自学考试学分银行系统与平台，为学习者提供学习成果认定与转换服务；如何建立健全专业设置、课程建设及命题统筹的区域协同发展新机制；如何建立健全同等学力申请硕士学位考试全学科兼职学科秘书队伍管理体制机制，稳定优化高水平命题教师队伍，开展外语和学科综合全科目《考试大纲》修订和题库建设工作；如何深化外语类考试科目改革，实施全国大学英语四、六级口语考试推广计划，服务新时代高校外语教学改革；如何适应国产化战略要求，优化信息技术类考试内容，服务通用技能培养；如何落实中国少数民族汉语水平等级考试办法及有关实施方案，服务国家通用语言文字推广普及；如何适应社会需求，探索拓展其他社会考试项目，等等。研究者如果匠心独具，去补好自学考试和社会考试改革研究这块"短板"，也是值得点赞的。

3. 参考考试期刊信息选题

随着教育考试事业的发展和教育考试科学研究的深入开展，我国教育考试机构有了自己的公开的专门期刊（表7-2-1），根据这类期刊设置的主要栏目和新年度的重点征稿信息，结合自己的研究兴趣和研究基础，开展教育考试科研选题工作。

表 7-2-1　教育考试类期刊（部分）

序号	期刊名称	主要栏目	备注
1	中国考试 ISSN 1005-8427 CN 11-3303/G4	专题、深化新时代教育评价改革、高考改革、高考试题评价、考试与评价、考试技术、国外考试测评、考试文化、考试管理	主管：中华人民共和国教育部 主办：教育部教育考试院
2	考试研究 ISSN1673-1654 CN 12-1376/G4	考试制度、考试技术、考试管理、考试文化、监测评价、教育考试、域外考试	主管：天津人民出版社 主办：天津市教育招生考试院
3	教育与考试 ISSN 1673-7865 CN 35-1290/G4	高考改革与探索、考试理论与实践、科举学丛谈、高等教育研究、教育理论与实践	主管：福建省教育厅 主办：福建省教育考试院 厦门大学考试研究中心
4	教育测量与评价 ISSN 1674-1536 CN 43-1482/G4	测评新观点、考试与招生、学校管理与发展、课程与教学、品德与心理	主管：湖南省教育厅 主办：湖南省教育考试院

教育部教育考试院主办的《中国考试》期刊公布的 2023 年征稿选题方向为：

学习贯彻党的二十大精神推动教育考试高质量发展研究；

中国式教育考试现代化研究；

立德树人　五育并举　深化新时代教育评价改革策略研究；

核心素养、创新能力考查与人才评价机制研究；

国家教育考试招生制度改革研究；

过程评价、增值评价、综合评价技术与案例研究；

考试构念、标准、内容和形式改革研究；

考试安全、考试公平与依法治考研究；

教育考试数字化转型与技术革新、人工智能应用研究；

考试文化建设与考试史研究；

国际教育考试改革新进展、新成果与经验借鉴；

以考生为中心的考试服务理论与实践研究。

《中国考试》2023 年第 1 期设置专题："学习贯彻党的二十大精神　推进中国式教育考试现代化"，并刊发了如下论文：

推进中国式教育考试现代化的初步思考（作者：辛涛）；

新时代教育考试评价的创新取向（作者：刘贵华）；

中国式考试评价现代化：话语逻辑与实践路径（作者：周福盛　卢光辉）；

深化教育考试评价改革　推进中国式考试现代化（作者：关丹丹）；

浅析中国式职教高考现代化（作者：冯小红）；

文化传统与中国式考试现代化（作者：刘海峰　苑津山）；

中国式考试现代化视域下的考试文化建设（作者：陈睿）；

试论教育考试机构现代化的内涵及发展策略（作者：尹坚毅）。

天津市教育招生考试院主办的《考试研究》期刊发布的 2023 年重点选题方向为：

新时代"立德树人"背景下教育考试在"德智体美劳"全面发展中的作用与功能研究；

新时代教育考试评价的高质量发展研究；

教育考试评价在促进"双减"政策落实中的作用研究；

国际教育考试与评价的发展趋势研究；

招生考试制度改革的前沿研究；

教育测量理论与实践发展的前沿研究；

教育测量技术应用的前沿研究；

教育评价数字化转型、考试大数据的应用研究；

人工智能与考试评价发展的应用研究；

过程性评价、增值性评价、结果性评价的实证研究；

教育评价在促进义务教育优质均衡发展中的实证研究；

教育质量监测对促进教育教学质量发展的实证研究；

教育评价在落实新课程核心素养中的作用研究；

大中小学生身心健康评价的实证研究；

乡村教育振兴和教育振兴乡村中的评价实证研究；

国家语言文字推广及中小学普通话水平测试研究；

科举制与科举学对现代教育考试制度影响的研究。

第三节　教育考试科研基本方法

一、教育考试科研的传统方法

科学家贝尔纳认为："科学中难能可贵的创造性才华，由于方法拙劣可能被削弱，甚至扼杀；而良好的方法则会增长、促进这种才能。"①在教育考试科学研究中，我们也可能发现这种情况的存在，这意味着从事教育考试科研的人们需要了解和掌握必要的科研方法。

教育考试科研课题确定之后，就进入实质性的研究过程，其中包括研究内容设计、研究过程规划以及研究结果和结论阐述等，这其中需要运用科学研究方法。教育考试科学研究采用的研究方法，与一般的社会科学研究方法大同小异，都是为了达到研究目的所采用的所有手段和方法的总称。

教育考试机构的从业人员，一般说来在各自专业领域具有较高的造诣，能够胜任自己的岗位职责。但是也不否认，依然有不少从业人员不清楚或不熟悉如何结合自己的岗位实践开展教育考试科学研究工作。这其中的原因，正如苏联著名心理学家巴普洛夫一针见血地指出的那样，他们的"初期研究障碍，乃在于缺乏研究方法"②。在教育考试机构专业化、现代化过程中，人的现代化要求进入教育考试机构的专业人员应该具有科学研究的基本素质。

科学研究方法多种多样。从方法论层面讲，马克思主义的认识论揭示了关于自然、社会和人类思维发展的普遍规律，对一切科学研究均具有根本的指导作用。从操作层面看，教育考试科研常常采用文献法、调查法、案例研究法、比较法等经典方法，在具体研究中往往是结合或交叉使用的。

1. 文献法

文献法，是基于对与研究课题相关的文献进行阅读思考的一种研究方法。应用文献法可以选择研究者不能亲自接触研究对象的课题进行研究，不会引起研究对象的情绪反应；抽样容量大、费用低。其缺点常来自文献本身的一些缺陷，如：许多文献的作者往往带有一定的思想倾向性；保留下来的文献大多已经过某种选择或不够完整。

文献法的主要步骤包括：搜集文献资料、认真研读文献资料、整理文献资料，在此基础上可以进行文献综述。

文献搜集，是利用多种文献渠道去搜集所需要的文献资料。整理文献资料，即对研究课题需要所积累的文献资料进行分门别类整理。文献整理的原则是：明确的指向性、内容的广泛性和观点的全面性。文献整理一般是先近后远，先易后难，分阶段进行。文献综述是对与研究问题相关的文献进行归纳，阐述现有相关研究的特点与不足之处，

---

① 关崇明，吴明泰. 科学探索方法［M］. 沈阳：辽宁人民出版社，1986：3.
② 唐国庆. 高等教育科研指南［M］. 长沙：湖南科技出版社，2003：88.

为自己的创新研究提供支持。

教育考试文献资料的主要来源有书籍、报纸、教育期刊、学术性会议资料、学位论文等。

在教育考试科研中，文献法的作用主要体现在两方面。

其一，帮助研究者选择和确定教育考试研究课题。例如，柳博在《考试命题制度研究》中，运用了文献研究法，即通过文献检索，搜集与考试命题制度相关的文献资料，查阅国内外关于命题活动及制度建设的相关理论文献，分析国内外有关考试的命题理念、思路与方法，提炼命题制度的制约因素、主要内容及发展规律。国内外大量关于命题制度、理论及方法的文献资料，通过文献检索和阅读、梳理国内外文章、著述，力图掌握更多的既有研究成果和主要发现，为本选题研究奠定了基础[1]。再如，窦振科在申请湖南省教育科学规划课题"基于大数据分析的国家教育考试试题质量控制、评价与提升"时，对国内外相关研究进行了学术史梳理，其中提及以下信息：1998年，《科学》（Science）杂志上刊登了文章《大数据处理》（A Handler for Big Data），首次提出"大数据"一词。大数据的核心特征包括4V：数据量大（Volume）、高速度（Velocity）、多样性（Variety）和价值（Value），其中最为重要的特征就是数据量大。教育大数据作为大数据的一个子集，主要包括四种类型：基础数据、状态数据、资源数据和行为数据。2008年，关注教育数据挖掘的研究者成立了国际教育数据挖掘工作组，每年召开教育数据挖掘国际会议。2012年美国教育部发布了名为《通过教育数据挖掘和学习分析促进教与学》（Enhancing Teaching and Learning Educational Data Mining and Learning Analytics）的重要报告，报告涵盖了个性化学习阐释、教育数据挖掘和学习分析解读、自适应学习系统中的大数据应用介绍、教育数据挖掘和学习分析相关案例，以及大数据教育领域应用面临的挑战和实施建议等五个方面的内容。与国外学者相比，国内学者在教育数据挖掘领域的研究起步稍晚，相关研究成果较少。2010年李婷对国内外教育数据挖掘研究现状及趋势进行了分析，首次明确教育数据挖掘的概念；2012年葛道凯等编著了国内第一本有关教育数据挖掘的专著《教育数据挖掘：方法与应用》；2017年陈雯雯认为教育数据挖掘是"大数据时代的教育变革"，是大数据时代"发掘教育数据价值，征服庞大教育数据的武器"，大数据时代的技术和工具，可以在其他行业中实现多样化和定制化服务，同样也可以在教育领域中大规模地付诸实践：针对国家教育考试试题命制过程中的各个环节，将基于动态的数据分析结果加以

改变和调整，命题教师不再需要凭借主观判断进行命题策略制定、命题过程调整和命题素材选择，基于大数据的精准分析将指引他们挑选出最有效的、支持进一步完善和学科定制的命题技术方案，控制和提高命制试题的质量。

其二，文献资料为论证研究课题提供理论和事实依据。例如，杨智磊、王兴亚在研究"中国考试管理制度史"时，基于"中国考试管理大事简表"及相关历史文献，以先秦至2006年中国考试管理制度为对象，以总结中国考试管理的历史经验为出发点，从宏观与微观两个方面展开深入研究，以翔实的史实阐述了中国考试管理制度的产生、发展与变化过程，考察了学校教育考试、察举、科举考试与职官技术考试管理的演进，揭示了中国考试管理制度的发展规律，探讨了考试制度与政治、经济、文化以及人的素质发展的关系，论证了考试对中国以及世界文明的重大贡献，同时也指出其不足，为当今进一步开发人才资源、改革和完善具有中国特色的考试管理制度提供了丰富的借鉴。

2. 调查法

在社会活动中，没有调查就没有发言权。在科学研究中应用调查法，是为了把握某一研究课题所涉及的问题的现状，或者揭示问题发生的前因后果，为进一步的研究工作提供观点和论据。

调查的对象可以是个人、团体和问题。调查法可以分为书面调查和口头调查两种。具体方法主要有访谈法、电话调查法、微信调查法和问卷调查法。

调查法的优点是能在短时间同时调查很多对象，获取大量资料，并能对资料进行量化处理，经济省时；调查法的缺点是被测试者由于种种原因可能对问题作出虚假或错误的回答。

柳博在《考试命题制度研究》中，也运用了调查法。根据命题制度有关研究内容的实际需要拟订访谈调查内容，通过对命题管理人员、学科专家以及学生、教师和教辅人员的访谈调查，直接获得关于考试标准制订、命题内容与形式、命题质量控制措施、考试效果与影响等方面的意见与建议，并进行整理归纳，提高命题技术规范、命题管理制度的可操作性和有效性。关于命题制度及相关问题的访谈内容十分丰富，而且交流形式比较灵活，话题比较实际，访谈者与被访谈者容易沟通，便于为本研究取得一手的调查资料[①]。

再如，教育部考试中心文化建设课题组在"考试机构文化建设研究"课题中，为了解教育考试机构文化建设的现状、为撰写实证研究报告提供数据支撑、为探索和总

---

① 柳博.考试命题制度研究[M].北京:高等教育出版社,2017:18.

结教育考试机构文化建设的规律和特点，采用了问卷调查法。在问卷调查设计方面，课题组重点围绕文化建设需要研究的核心问题，即"什么是教育考试机构文化，怎样加强考试机构文化建设"，从文化建设的基本内涵、发展定位、根本任务、实现路径，特别是公共价值观体系构成要素等方面，共设计了问卷调查的五大问题、28个选项，而且要求参与问卷调查的人员填写所处层级以及学历、年龄、从事考试工作时间等重要信息，力求覆盖面大一些，各方面人员参与多一些，确保数据统计尽可能全面、真实、可靠。2013年6—12月，教育部考试中心文化建设课题组制作了《教育考试机构文化建设影响力调查问卷》，并采用在线填写的方式，通过国家教育考试考务平台面向全国31个省、自治区和直辖市教育考试机构开放端口，广泛收集意见，共收回有效问卷710份，其中省级考试机构填报320份、地市级考试机构填报198份、县级考试机构填报192份。课题组对收回的调查问卷进行了统计分析[①]。

3. 案例研究法

案例研究法由美国哈佛大学法学院创始，他们选择典型案例编入法学教材并以此进行探究式教学和科学研究，结果大获成功，并激励医学教育和企业管理教育对案例研究法的青睐。

案例研究法运用的首要环节是选择案例。现实中案例很多，并非所有的案例都有研究价值，只有与人们决定研究的课题方向一致，并且具有较好的问题恰切性和能够有效收集到可用信息的案例，才能成为案例研究法的对象。案例研究成果的表述形式比较灵活，可以根据不同要求提供个性化的案例研究报告，其内容一般包括案例背景、具体案例、案例描述、案例分析、研究结论与建议等。

在教育考试科研领域，案例研究法也得到了广泛应用。例如，教育部考试中心文化建设课题组在"考试机构文化建设研究"课题研究中，就采用过案例研究法，他们选择了北京教育考试院的文化建设、天津市教育招生考试院的文化建设、湖北省教育考试院的文化建设、江苏省教育考试院和上海市教育考试院的文化建设等案例。在课题研究报告中，阐述了目前我国教育考试机构文化建设具有的优势与存在的不足，并就深入开展教育考试机构文化建设工作提出了新的思路与对策建议[②]。

4. 比较法

有比较才有鉴别。比较方法是人类认识事物最原始、最基本的一种方法。科学研

---

① 来启华,郑若玲.考试机构文化建设概论［M］.北京:高等教育出版社,2016:149.
② 来启华,郑若玲.考试机构文化建设概论［M］.北京:高等教育出版社,2016:155–176.

究领域的比较法，是从事物的相互联系和差异比较中观察事物、认识事物，从而探索规律的一种逻辑方法。根据不同的需要，人们可以进行纵向比较研究、横向比较研究和纵横结合研究。

纵向比较研究一般采用时序考察的方式，即将研究对象放在时间主轴（过去、现在、将来）上进行对比，以揭示研究对象在不同时代或时期上的特点及前后联系，总结历史经验，推断未来发展趋势。所以，纵向比较研究既具有历史性，又具有预测性的特点。

横向比较研究具有共时性和横断性的特点，即将研究对象放在同一时代或时期但不同空间上进行某事物特性的横切面上进行比较分析，进而揭示研究对象的发展变化及其规律性。

为了实现对事物发展的时间向度观察，又能做到空间向度的比较，于是就有了纵横结合比较研究方法，这样就能够对研究对象进行深度和广度综合认知。

康乃美、蔡炽昌等的《中外考试制度比较研究》，主要是运用横向比较研究的成果。该项目研究内容包括：中英德法高中会考制度比较（上篇）、中日美法大学入学考试制度比较（中篇）和中西公务员录用考试制度比较（下篇）。前两部分属于教育考试研究范畴的内容。"中英德法高中会考制度比较"中，分别阐述了传统与现实、特点与成因、问题与对策、借鉴与革新等章节。

运用比较法的客观基础是比较对象之间的"可比性"。中国和外国的教育考试制度设置虽然有很大的差别，但考试制度客体内在的"类同性"是客观存在的，这就有了可比性的基础。比较法的运用，能够使研究者跳出狭窄的圈子，从事物的联系与发展去看问题，为能多角度、多层次地探索事物的本质提供了科学的认知途径。

二、多学科综合研究

教育考试的科学研究创新，不仅要应用经典的研究方法，而且也要与时俱进，适当地运用现代科学研究方法去寻求科研的新突破。在现代科学研究方法中，多学科综合研究方法就值得教育考试机构针对教育考试问题研究时采用。

多学科综合研究，最早运用在中国考古学研究领域，并获得许多重要考古发现。学者们根据具体考古课题研究的需要，组合所有适用学科如考古学、历史学、文献学、自然科学的技术和手段等，对研究对象进行综合研究，以获得更加全面和具体的信息，从而提高对研究对象深度和广度的了解，使中国考古研究水平达到前所未有的高度。

多学科综合研究，顾名思义，就是综合不同学科的知识和技术手段对某对象进行研究的方法，其所依据基础是事物的复杂性和思维的发散性和综合性。由于教育考试是一种复杂的社会活动，研究者可以从教育学、考试学、社会学、心理学、信息学、管理学、哲学等学科方向进行专门化的探索，也可以某学科为主结合其他一门或几门学科对教育考试问题进行综合研究。从分散研究到综合研究，是现代科学研究方法发展的一个显著特点。

教育公平，一直是社会关注的问题，因为这涉及千家万户，惠及子孙后代，特别是每年必行的普通高考是否公平，关系到每个考生及其家庭的切身利益。高考作为确保教育机会起点公平的一项具有基础性、导向性、辐射性的基本制度，如何进行公平性建设，需要对其进行持之以恒的探究。

高考公平问题是教育领域的一个综合问题，涉及哲学、伦理学、社会学、经济学、历史学、文化学和教育学等诸多学科领域[①]，这也为研究者提供了较多的研究方向和不计其数的研究课题，相应的大量的研究成果也表明多学科综合研究方法的可行。

例如，有研究者认为公平属于伦理学的范畴，因此有必要基于伦理学视角对教育公平问题进行探究性阐释。江畅在《论教育考试公平的内涵与实质》中，对包括高考在内的教育考试制度对教育公平的影响进行了基于伦理学视角的阐述。杜瑞军在梳理中华人民共和国成立以来高校招生政策的变化，从高等教育入学机会的分配标准的视角去审视教育公平问题，认为不同的分配标准决定了不同人群的人生前途。苏君阳在博士论文《社会变迁中的教育公平》中，对社会考试选拔制度变迁对教育公平的影响进行了较系统的阐述，并认为实现教育公平的考试选拔制度除了以能力为本外，还应该考虑比例平衡、发展需要以及公民身份平等的基本原则。

李文胜的博士论文以《中国高等教育入学机会的公平性研究》为题，从经济学理性人的假设出发来研究人们追求高等教育的动机。文中还通过数据分析指出国家在分配招生计划时偏向沿海发达地区，因此造成一定程度的地理性不公平。姜传松等基于制度经济学的视角，对高考制度变迁中的供需关系进行了探析，认为高考供给关系的失衡是损害高考效率与公平的基本归因。

杨学为、廖平胜在《考试社会学问题研究》中，虽然研究的主旨是探究考试与社会的关系及其规律，但是也对考试的科学性与公正性的统一、高考中的共性与个性问

---

① 张和生.从"为国选材"到"为民量才"——转型中的高考公平问题研究[M].上海：上海交通大学出版社，2013：4-6.

题、高校招生中的民族政策问题，以及保送生制度进行了探索，这实际上也触及了教育公平问题。

张和生在研究高考公平问题时，将高考放在社会转型背景下，从教育公平和社会公平的视域下进行思考，运用公共管理学的原理和方法探索高考在促进教育公平、社会和谐中的作用及其规律，透析高考公平问题及其社会归因，并在此基础上提出有关高考政治治理、高考招生运行模式、高考制度设计及决策科学化等方面的促进高考公平的对策[①]。

随着教育改革的深入和素质教育的全面推进，教育评价改革成为研究者关注的一个焦点。长期以来形成的"一考定终身""一分定终身"现象对教育公平的危害是需要认真研究和采取对策的。从教育学及教育评价与测量的视角来研究高考改革，着力在传统考试基础上构建一个科学的教育考试评价体系，实现从单一考试到综合评价的跃升，是研究工作追求的目标。当年，教育部考试中心研制的《中国高考评价体系》的实施，有效改变了高考命题公正的现实困境与两难选择，促进高考能够秉承教育公正公平原则进行科学合理的为国选才。

第四节　教育考试科研成果管理

一、教育考试科研成果表达

在教育考试科学研究过程中，研究成果表达是其中的一个重要环节。教育考试机构中的科研人员为了展示自己在教育考试领域的研究成果及其价值，为了促进教育考试科研交流与合作，必须对研究过程进行回顾和总结，对所得出的数据和资料进行归纳整理，对研究成果予以分析和评价，并用一种恰当的方式正确地表达出来，使之传播或者推广应用，实现科学研究的学术价值和社会价值。

教育考试研究成果的表达主要有两种类型。

（1）事实描述类成果。即用事实来说明问题的研究成果，如高考蓝皮书《中国高考报告（2022）》《中国高考评价指标体系说明》《上海高考研究报告（2017—

---

① 张和生. 从"为国选材"到"为民量才"——转型中的高考公平问题研究［M］.上海：上海交通大学出版社，2013：7.

2019）》《我国教育考试机构文化建设现状调查报告》等，这类成果要求材料具体、典型、格式规范，能科学客观地呈现教育考试研究的过程和方法，并合理解释结果。

（2）理论思辨类成果。即用深刻的哲理和严密的逻辑论证来说明问题，如教育考试学术论文、教育考试学术专著，要求论点明确、论据充分，论述严密、清楚展示体系的形成过程。

例如，廖平胜教授的《考试学原理》就是理论思辨类的成果，因为在考试学科体系中，考试学原理属理论考试学范畴。它以考试学学科基础理论为研究对象，是一门探讨人类考试普遍规律的学科。《考试学原理》是对各门具体考试学科相关理论的原则性概括，以揭示考试的普遍规律、为整个考试学科奠定理论基石为根本任务，主要解决考试学认识论、方法论、实践论和价值论方面的问题。

再如，杨学为研究员的《中国考试改革研究》，是以教育考试的实际问题为中心，运用考试社会学原理进行教育考试规律研究获得的理论成果。历史的经验值得注意，认识论方面的问题会决定考试的质量，而社会学方面的问题则决定考试的存亡。多年来，我们对考试社会学问题尚知之不多，因此这一成果具有重要的学术价值。

教育考试研究成果是教育考试领域研究者聪明智慧的体现，是一种具有特殊意义的知识产权，也是衡量研究者是否完成研究任务、评价研究工作质量水平的重要标志。作为教育考试机构认可的科研成果应满足技术和管理方面的条件。

在技术条件方面，科技成果要满足"三性"要求：创造性、先进性、实用性。科研成果的创造性体现的是一种非显而易见性，是超越前人或他人所达到的前所未有的认知程度，或理论上有新发现、新学说，或技术上有新的发明创造。科研成果的先进性，是指科研成果与类似成果相比在技术水平和技术价值上有所提高，具有技高一筹的程度。科研成果的实用性，指其能够满足社会要求、具有转化或物化成为生产力的可能，具有一定的社会价值和经济价值。

在管理条件方面，科研成果必须经过科研成果管理机构或其委托的评价专业机构对项目进行评审或鉴定。评审或鉴定应实行同行专家评议，研究者要完成研究任务书规定的任务并达到相应的技术要求，才能成为科学研究成果。

二、考试科研成果评价

教育考试机构人员在完成了一项组织下达的科研成果之后，如果要想得知该研究成果达到了什么学术水平，有多大的应用价值，需要进行评价。作为教育考试机构的科研管理，也有责任对有计划安排的科研项目进行评价管理，对科研项目承担者的科研工作质量、学术水平、应用价值等予以组织上的评价，并且要求这种评价是客观的、具体的和恰当的。

科研成果管理中的成果评价，因为事关对科研人员积极性的影响，同时又涉及机构对科研工作发展方向的引导，所以要讲科研政策，要遵循相关技术规范，不可主观任性行事。

一般说来，考试科研成果的评价主要关注三个方面：学术价值、经济效果和社会影响。当然，科研项目的类型不同、重要性差异，对成果评价的侧重点也有所区别。譬如，属于基础理论方面的研究成果，评价时主要侧重它的学术价值，理论创新程度；属于应用研究与发展研究方面的项目，评价其成果时可能依据其应用的经济效果和社会影响作出判断。

在科研成果评价工作中，坚持科学性原则和客观性原则是最基本的要求。科学性原则是指评价活动必须在评价科学理论的指导下，遵循科学评价的程序，运用科学思维方式来进行评价的行为准则。坚持科学性原则的评价，就是科学评价。客观性原则或称真实性原则，是指评价应当以实际完成的科研成果为依据，如实反映科研活动的真实状况和获得的研究成果。科研项目研究者应该提交表明已结束的科研工作的所有真实的材料。坚持科学性原则和客观性原则的科研成果评价，必须要抵制和反对经验判断、主观判断、弄虚作假，以及不正当行政干预等不良行为的出现。

对科研成果的评价，可以采取通信专家评审方式或会议专家鉴定方式来操作。前者比较适应学术论文、研究报告或专著等理论性成果的评价，因为很难有方便实用的检验标尺，主观判断的因素较多；后者适合应用性成果，可以有一些评价指标来作出较合理的判断。

项目或课题无论进行通信专家评审还是会议专家鉴定，课题组都需要向项目或课题批准的组织部门申请，得到批准后按要求准备完整的评审或鉴定材料，由组织部门聘请专家实施评价。

目前，教育考试机构除了组织人员向有关部门（如国家、省市教育科学规划领导小组办公室）申请规划课题外，也可以自己组织本单位的教育考试科学规划课题，以充分调动考试机构人员的科研积极性和提供开展科学研究的机会。在这种情况下，科研成果评价将成为教育考试机构科研管理的一项常态性工作。

三、考试研究成果管理

教育考试机构组织工作人员针对发展需要开展科学研究活动，总会获得相应的科研成果，对教育考试机构来说，这是一种宝贵的知识财富，也可能是推动教育考试事业发展的考试生产力资源。因此，现代化的教育考试机构不仅要组织科研团队开展有价值的科研活动，而且要做好考试科研成果的管理工作。

从加强科研成果管理的要求看，教育考试机构应该做好以下工作。

1. 根据教育考试事业发展需要和教育考试机构实际情况，制订教育考试科研成果管理条例和有关的规章制度，并规定有关部门（如科研处）对规章制度的落实与监管。

2. 掌握教育考试机构纵向（政府部门批准下达的）和横向（对外单位协作的）科研项目的研究成果的形成过程，及时安排科研成果评审或鉴定，建立好相应的科技成果档案。对需要保密的考试科研成果，做好安全保密工作。

3. 根据教育考试科研成果评审或鉴定信息，选择其中有应用价值的科研成果组织试点应用，获得应用经验后面上交流推广，使科研成果转化为生产力，服务教育考试工作的质量提升。

4. 将考试科研工作目标分解到基层部门的情况下，实施对各部门科研工作的年度考核，表彰科研先进，鞭策后进部门。

教育考试机构加强科研成果管理的意义如下所述。

其一，适应新时代教育考试科研工作发展的需要。随着教育考试机构专业化、信息化和现代化的发展，有许多问题的解决需要科研工作的支持。在教育考试机构中的科研活动中，离散的个体自由研究局面必然被有组织的集体研究所替代。为了适应教育考试科研规模扩大、教育考试科研成果数量增加的需要，教育考试机构必须提升对科研工作的组织协调能力，加强对科研成果的有效管理。

其二，有利于教育考试机构创新人才的发掘和成长。在教育考试机构的现代化建设中，人力资源的作用不言而喻。在人力资源中，创新型人才尤为宝贵。创新型人才与科研工作密切相关，一般说来，教育考试机构只有积极开展考试科研活动和加强对考试科研成果的管理，才有可能让创新型人才脱颖而出。考查创新型人才最重要的一个标准是他的科研成果的数量和质量，以及利用科研成果服务考试事业发展的贡献。高质量的优秀科技创新人才往往以其高水平的科研成果作为一项重要标志。因此，加强考试科研成果管理，有利于促进创新型人才的发掘和成长。

其三，有利于保护教育考试领域的知识产权。长期以来，教育考试机构缺乏知识产权保护意识，误认为教育考试机构没有获得知识产权的可能。其实，在教育考试专业化、现代化建设过程中，是有可能产生知识产权的。例如教育考试科研工作者创作的学术著作、研发的考试测评软件、方便高考统考管理的工具、维护考试安全的技术、考试文化的新标识，等等，只要符合我国知识产权保护法规，通过申请著作权、专利权与商标权并获得知识产权管理部门的批准，即可获得相应的知识产权。这种因智力成果或是知识产品获得的知识产权本质上是一种无形财产权，是一种没有形体的精神财富，是创造性的智力劳动所创造的劳动成果，它与房屋、汽车等有形财产一样都受到国家法律的保护，都具有价值和使用价值。对于知识产权，教育考试机构中的一般人认识比较模糊，想申请知识产权保护也不知所措。如果教育考试机构加强科研成果管理，有意识地培育和管理知识产权，是有利于保护教育考试领域的知识产权的。

其四，促进教育考试机构的对外交流与合作。教育考试科研成果的水平，在一定程度上体现出教育考试机构专业化、现代化的水平。具有高水平考试科研成果的教育考试机构，可以寻找机会开展对外交流与合作，这将有利于教育考试机构开拓视野，高阶思维，促进专业化、现代化发展水平的提高。

第八章

教育考试机构现代化的路径选择

教育考试机构现代化是教育考试机构科学、持续发展的战略目标。战略的实现需要策略，即计策、谋略。前面几章的阐述中，涉及的"两化"（教育考试机构专业化、教育考试机构信息化）和"两型"（学习型组织、科研型组织）建设，都是推进教育考试机构现代化的基本策略。好的战略、策略的实现有赖于科学的路向和门径。教育考试机构现代化的路径选择，没有放之四海而皆准的通用模式，要因地制宜，适需思考探索。下面所阐述的几种路径仅供选择参考。

第一节　考试机构现代化的模式选择

一、现代化推进模式类型

现代化虽然有不同的层次类别，但其发展都会蕴涵从非现代化到现代化的过程，历经从起步、成长到成熟的不同发展阶段。自 16 世纪以来在全球范围内梯次展开的大变革过程，依据一个国家现代化起始的时间以及现代化的最初启动因素的来源，可以将现代化国家分为两类，即先发内生型现代化和后发外生型现代化。先发内生型现代化，是指先发国家的现代化起步时间比较早，其现代化最初的启动力量是现代性因素的历史积淀，现代性因素主要来自先发国家社会内部的创新，外来的影响居于次要地位，因此这类现代化又称为内源型现代化。后发外生型现代化，是指相对落后国家借助外在力量或模仿学习的现代化推进模式。在不同国家现代化发展进程中，由于发展的特殊性，又会相应地形成兼有先发内生型和后发外生型特点的混合发展模式。

综观社会现代化的发展历史，最早走上现代化的国家是英国，17 世纪前后英国的资产阶级革命、强有力的中央政府的建立和新兴社会力量的成长，导致其现代性因素急剧增长，揭开了国家先发内生型现代化的序幕。美国、法国的现代化起步虽然晚于英国，但和世界上大多数国家相比，仍居先发国家行列。由于文化传统的一致性，这些国家的现代化依然具有明显的内生性特征。所谓内生性，虽然没有确切的定义，但是人们都理解它是史无前例的创新，是在国家自己内部现代化因素不断成熟的情况下逐步演进而成的特性[①]。

"后发"是经济学术语，基于落后国家工业化进程中的后发理论研究，包括后发劣势与后发优势二重含义。落后国家由于发展比较迟，所以有很多东西需要模仿发达国家。模仿有两种形式，一是模仿制度，另一种是模仿技术和工业化的模式。后发劣势强调制度优先。要素优先反而是后发劣势的体现。所谓后发优势，也常常被称为"落后得益""落后的有利性"。欠发达国家按照由本国的技术水平和工资水平所决定的比较优势，认为只要通过从发达国家引进技术并获得比发达国家更快的技术变迁速度，那么欠发达国家不但不会陷入永远生产低技术产品的陷阱，反而使得欠发达国家有比发达国家更快的经济增长速度，并最终实现欠发达经济向发达经济的收敛[②]。

基于上述的先发内生型和后发外生型现代化的组合形成所谓混合型现代化模式或综合型现代化模式。这种混合有利于扬长避短，即既能发挥单一型模式的主要特点，又能避免单一模式的局限性。

二、现代化推进模式选择

就我国教育考试机构现代化的推进来说，无论先发内生型、后发外生型和混合型现代化模式都有一定的参考价值。

教育考试机构如果在现代化启动阶段选择了先发内生型现代化模式，意味着在教育考试领域已具有一定的现代性因素沉淀，与教育考试现代化构成了局部与整体的关系，是现代化的系统与要素的关系。国家级教育考试机构和经济发达地区的省级教育考试机构在持续发展过程中，是有机会和可能孕育和发展现代性的。这种现代性虽然是在教育考试机构内部进行的，但是外部的推动力量也是至关重要的。由于我国教育考试机构尚属教育行政部门主管下的专门机构，教育现代化成为教育考试机构现代化的直接推力。国家现代化又为教育现代化提供了基本的前提条件，同时也寄希望教育

---

① 卢晓中.高等教育现代化：理论发展与实践探索［M］.北京：科学出版社,2020：110.
② 林毅夫,张鹏飞.后发优势、技术引进和落后国家的经济增长［J］.经济学,2005（4）：53-74.

现代化能够助力国家现代化的推进。

我国教育考试机构现代化是一种具有探索性的实践。为什么要探索？因为没有现成的适应中国国情的教育考试机构现代化先例，没有既定的前景参照。无论是在技术上，还是在制度和组织形式上，都需要内源性创新。教育考试机构现代化的先发内生，需要具有较强的自我发挥能力和创新能力。教育考试独有的为党育人、为国选才、引导教学等方面的功能实现，实际上也为教育考试机构现代性的积累提供了帮助。在教育考试现代化进程中，教育考试机构可以扮演先发内生型现代化的探索者角色。

教育考试机构现代化的推进，是否还可以选择后发外生型模式呢？一般说来，教育考试机构在内部缺少现代性积累的情况下，为了自己的生存与发展，积极回应现代社会的挑战，也可能选择后发外生型现代化模式。西方许多后发国家的教育考试机构现代化就采用过这种现代化推进模式，其推进的动力主要来自教育考试市场的需要和资本的力量。在我国，教育考试机构是教育行政部门主管下的事业单位，绝大多数缺少现代性的积累，在开启现代化建设工程大门时主要是依靠政府的现代化决策和政策。在其现代化的实际进程中，教育部门不仅直接介入教育考试机构现代化进程，成为现代化的最主要的推进者，而且由教育部制定和组织实施的教育发展计划往往成为现代化的重要工具。因此，可以认为，教育考试机构后发外生型最主要的一个特征是政府主导下的积极转型。

教育考试机构后发外生型现代化的另一个特征是模仿借鉴与着力赶超。发展中国家的教育考试机构现代化发端之初，发达国家的教育考试机构已经在教育考试领域捷足先登，在教育考试测评理论与方法、试题库或数据库开发应用等方面取得了比较丰硕的研究与实践成果，有值得我们模仿借鉴、引进吸收先进经验的可能；特别是在国际教育考试竞技场上处于劣势的情况下，为了迎头赶上，继而超越，需要面临诸多的现代化建设任务。为了少走弯路和提高工作效率，也有必要积极主动去模仿借鉴与引进域外教育考试现代化先进经验。

现实表明，后发外生型国家大都具有赶超先发内生型国家的特征。对我国教育考试机构现代化而言，也应该树雄心立大志，在"一引、二用、三创"策略的指导下，积极进行创造性劳动，积累教育考试专业化、信息化等方面的现代性，尽快在教育考试核心竞争力方面赶超发达国家的教育考试机构的现代化水平。

从上面的论述也可以发现，我国教育考试机构现代化推进模式，其实是一种综合型模式或混合型模式，即先发内生型与后发外生型两种模式的珠联璧合。通过教育考试系统内部与外部之间产生的张力集齐教育考试发展各类主体的综合力量，将教育考试系统的内部动力与外部推力结合起来，通过有规划的顶层设计制定发展目标，综合采取强制性制度变迁与激励性政策的方式，形成既遵循教育考试事业发展基本规律、建立合理的教育考试制度体制，又能保持教育考试改革的灵活性、多样性、积极性的发展局面，逐渐推进我国教育考试机构现代化。

三、上下协同的推进路径

教育考试机构现代化从理念到实现，需要有适当的推动机制。我国的教育机构现代化主要是一种"自上而下"的"政府主导模式"，即政府除推进现代化政策制定、方案选择外，还主导项目现代化推进过程中所需建设资源的供给。教育考试机构现代化本身就是体现政府意志的教育考试制度综合改革中的一种措施或抓手。教育考试改革与教育考试机构发展存在的内在契合性，决定了在可预见的未来继续由国家教育行政部门推动我国教育考试机构的现代化发展。

尽管"自上而下"的推动机制具有主导性、方向性和全面性的作用，能够在短时间内调动多个部门共同推行政府所需的指向性项目，使该项目能够在较短的时间内大步前进，但是仅仅采用这种机制难以有效解决项目推进中遇到的难题和挑战，也不容易调动基层的主观能动性和创造性。

前所未有的现代化发展，难免会碰到各种各样的复杂问题。一般说来，教育考试机构对面临的复杂问题比较敏感，而且有所洞察。因此，为了能够顺利推进教育考试机构现代化，解决一些无法回避的问题，在依靠"自上而下"推动机制的基础上，还需发挥"自下而上"推动机制的作用，即通过地方教育考试机构的主体性参与，充分调动"考试人"对教育考试现代化的热情、主观能动性和创造性，合理利用资源，保证现代化项目的顺利实施。

采用"自下而上"推动机制的路径，教育考试机构需要做好三件实事。

其一，组织学习。环境是变化的源头，人们为了适应现代化发展所带来的变化，不得不进行新的学习。长期以来，教育考试机构多是考试政策的执行者，工作人员照章办事，被动地去适应环境强加的变化，开展与业务相关的接受性学习，这种学习对了解教育考试现代化趋势、国家的相关政策以及教育考试机构现代化面临的问题很有裨益。但是仅仅停留在接受性学习阶段是不够的，还要提倡探究性学习，以问题或项目为中心进行深度学习，从中悟出创意，创造性地求解现代化发展中遇到的难题。

其二，参与试点。教育考试机构现代化建设一般采用"试点先行，典型示范"的模式。因此，教育考试机构要积极主动承接试点安排，在先行中摸索经验教训。

其三，信息反馈。开展教育考试现代化建设的机构，要不断地将建设中的有关信息及时反馈给上级主管单位，助力上级对教育考试机构现代化发展规划方案的优化或调整。

总而言之，教育考试机构现代化不是教育考试机构内部可以解决的任务，而是整个教育考试系统甚至整个教育系统必须全力以赴才能解决的问题。实现教育考试现代化，必须重视政府和社会对教育考试事业发展的参与，必须注重教育考试系统内部的改革和提高，必须突出教育考试事业的创新和发展。

第二节　考试机构现代化的一体多样

一、一体化与多样化的关系

在我国，教育系统的发展具有一体化的特征，即强调教育是国家各种教育机构和考试制度的总和，它包括层次结构、类型结构和布局结构等，以及在它们之间相互协调的关系。一个国家教育系统的结构是否合理，体现着国家教育发展的水平，从一定意义上决定着国家、社会和经济发展的速度和质量，并直接关系到国家在知识经济时代的综合国力和竞争力[①]。同样的道理，国家教育考试事业的发展也具有一体化特征，即它也是指各种教育考试机构和教育考试制度的总和。教育考试机构的现代化发展，并不意味着只是少数几个教育考试机构的现代化，而是关注整个教育考试系统现代化的整体效应和水平，只有这样，才能充分发挥教育考试系统的功能，满足社会不同利益主体对国家教育考试系统的需求，并在此基础上促进社会和教育考试系统自身的可持续发展。

我国教育考试现代化是国家教育事业发展的需要，其发展目标和发展动力主要来自国家教育层面。教育考试是教育系统的组成部分，其现代化目标设定与动力源头主要与国家教育现代化政策密切相关。国家教育现代化体现的是一种典型的国家一体化

---

① 卢晓中.高等教育现代化:理论发展与实践探索[M].北京:科学出版社,2020:91.

意志。当人们诠释教育考试现代化时，无疑需要从国家一体化意志出发，遵循宏观层面现代化当中核心价值的共同性，必须紧紧围绕国家现代化的总体目标去推进教育考试的现代化。

按照国家现代化建设的"两个一百年"奋斗目标和到 2020 年我国基本实现教育现代化及至 2049 年基本实现国家现代化的目标，教育现代化还得朝更高水平的方向发展，需要进一步提高教育质量。随着教育现代化的持续发展，教育考试事业相应地随之发展，与此同时也要求教育考试机构实现现代化。

尽管国家在贯彻落实教育现代化的过程中，总会出台相关政策和法规来体现一体化的引导性，但是各省市对其回应也会呈现出多样性的局面，这与各省市之间经济社会发展的水平及教育发展基础等实际情况存在差别有关，从而也致使各地教育考试现代化以及作为坚实基础的教育考试机构的现代化，在推进过程中采取不同的路径，表现出各自的特色。所谓特色，指事物所表现的独特的色彩、风格。从一定意义上讲，教育考试系统中的任何考试机构或多或少都会形成自身的特色，无论专事教育考试决策的机构还是以考试执行为主的教育考试机构，特色是其存在的独特价值和发展的诉求。

我国教育科技机构现代化的推进过程中，总会存在一体化与多样化的问题，处理此类问题实质上就是处理整齐划一与多样化探索的关系。国家教育行政部门实施教育考试现代化过程中采取一体化模式，就是通过制定整齐划一的教育考试发展规划、方针政策和基本标准，对全国各省市教育行政部门和教育考试机构提出一致性要求，其内在逻辑迎合"自上而下"推动机制。在推动教育考试机构现代化过程中，省市级教育行政部门同样也会采取一体化的做法，按照一致性要求来规范各级教育考试机构现代化的规划与实施。由于各地经济社会和教育基础的不同，教育考试机构因地制宜地选择推进现代化的路径，是实事求是的态度和主观能动性发挥的表现。教育考试现代化在不同阶段所表现出来的特征是有差异的，这表明推进教育考试机构现代化的路径选择也可以有所不同。在我国推进现代化事业，采用一种类型、一个模式和一个层次及在治理上的单一化是难以持续发展的[①]。

二、考试机构事业发展规划

我国教育考试机构现代化，目前尚没有国家层面的关于教育考试机构现代化的一

① 卢晓中.高等教育现代化：理论发展与实践探索[M].北京：科学出版社，2020：229–230.

体化要求，这是否意味着各级教育考试机构应该坐等国家或上级部门政策的"红头"文件呢？凡坐等者，可以说是"懒政"行为，因为教育现代化的方针政策早已落地，教育考试现代化的任务是教育现代化一体化规划中内含的一个目标。当然，如果各级教育考试机构现代化在推进过程中对上级政府相关政策一味地"适应"，也是消极和被动的，甚至会使人倍感无奈，而这种"适应"能够从被动、消极、不情愿或无可奈何向积极主动和富有创新意识转化，关键是看省市教育考试机构现代化的推行举措是不是发自内心的需要。因此，在教育考试机构现代化的推进过程中，基于本省域的经济、政治和文化的内部需要，对国家教育现代化的教育考试事业发展规划和基本要求做出的反应，便是在国家一体化和地方多样化之间的和谐处理。

教育部教育考试院为教育部指定承担教育考试专项职责任务并赋予部分行政管理职能的直属事业单位，是宏观管理及政策的制订者。教育部教育考试院事业发展"十四五"规划（2021—2025年）（以下简称《规划》），依据《中华人民共和国国民经济和社会发展第十四个五年规划和2035年远景目标纲要》《国家教育事业发展"十四五"规划》和《深化新时代教育评价改革总体方案》编制，主要阐明教育部教育考试院"十四五"时期的事业发展方向和重点任务，是教育部教育考试院推进教育考试改革与事业发展的工作指南，也为全国教育考试战线的改革发展提供参考。

《规划》包括发展环境、指导思想、基本原则、主要目标、加强党对教育考试事业的全面领导、深化新时代教育考试改革、提升教育考试治理效能、推动现代化考试机构建设、组织实施等几个部分。

《规划》提出的指导思想是：以习近平新时代中国特色社会主义思想为指导，贯彻党的十九大和十九届二中、三中、四中、五中、六中全会精神，贯彻习近平总书记关于教育的重要论述和全国教育大会精神，按照中央和教育部党组决策部署，全面贯彻党的教育方针，落实立德树人根本任务，坚守"为党育人、为国选才"初心使命，坚持稳中求进工作总基调，以新时代教育评价改革为牵引，以推动教育考试高质量发展为主题，以改革创新为动力，统筹发展和安全，立足本院、带动战线，提升教育考试治理效能，维护教育考试公平公正，加快推动教育考试现代化，为建设高质量教育体系做出更大贡献。

《规划》以"五个坚持"为基本原则，即坚持党的全面领导，坚持以人民为中心，坚持新发展理念，坚持深化改革，坚持系统观念。

《规划》提出，教育部教育考试院"十四五"事业发展目标是，推动教育考试高质量发展，基本建成现代化教育考试机构。主要体现在四个方面：其一，立德树人落实成效明显提升。党对教育考试事业的领导更加坚强有力，领导体制和工作机制更为健全完善。各项考试全面落实立德树人根本任务，德智体美劳全面发展的育人导向充分彰显。其二，考试事业发展迈入更高阶段。考试内容改革取得显著进展，考试形式更加灵活多样，考试服务育人选才和教育评价改革的成效更为明显，服务全民终身学习的作用进一步发挥，服务高素质专业化创新型教师队伍建设更为有力，中国特色教育考试评价体系初步形成。其三，考试治理效能显著增强。考试质量保障机制更为健全，考试组织管理更加规范高效，安全保障体系全面建立，风险防控能力显著加强，考试服务能力明显提高，信息技术支撑驱动考试改革更加有力，教育考试战线协同水平明显提升。其四，机构建设达到更高水平。教育考试机构现代化建设深入推进，科研创新引领功能充分发挥，高素质专业化队伍基本建立，财经管理和服务保障更加高效，担当奋进的组织文化基本形成。展望2035年，总体实现教育考试现代化，建成中国特色、世界领先的现代化教育考试机构，办好人民满意的教育考试，为建设教育强国提供有力支撑。

在推动现代化教育考试机构建设方面，《规划》提出了以下四方面的对策。

其一，实施科研创新驱动发展。以科学研究引领教育考试高质量发展，建设科研赋能新平台，建立科研创新新机制。成立国家教育考试战略咨询委员会，建设考试研究智库集群。依托重大重点课题研究，带动支撑考试改革与业务创新。健全科研管理制度，推动科研团队建设，初步建立基于成果质量和实际贡献的科研评价体系。建立统筹考试战线、高等院校、科研机构等各方力量的科研合作新机制，共建一批研究基地。丰富科研活动，加强与国内国际相关教育机构、考试机构的学术交流合作，探索与"一带一路"国家和地区的考试合作。继续办好《中国考试》杂志，提高其在教育考试评价研究领域的学术引领力，发挥其展示科研成果、推动学术交流、传播考试文化作用。

其二，打造高素质专业化队伍。坚持从严管理与激励担当相结合，建立健全干部人才育、选、管、用全链条的制度机制。优化机构职能和岗位资源配置，拓宽职业晋升通道。改善队伍结构，加大年轻干部培养选拔力度，实施年轻干部人才培养计划。探索建立"破五唯"、重贡献的职称评审评价机制，激发员工创新活力，加强专业技术人员的聘后管理。建立健全激励机制，推进教育考试工作队伍建设，鼓励各类人才干事创业。

其三，提升财经管理服务能力。深入推进业财融合，增强财经的发展支撑与安全保障能力。优化经费支出结构，强化高考内容改革等重大任务、命题教师队伍建设等重点项目以及信息技术应用、科研创新等领域的财力保障。完善财经管理制度和标准，加强内部控制和监督，守好财经安全底线。稳定经费来源渠道，完善经费筹集机制。推进预算绩效管理，提高经费使用效益。加强财经管理服务平台建设，拓展预算、收支、资产、采购与合同业务的决策支持与服务功能，提升财经信息化和智能化水平。

其四，培育担当奋进组织文化。加强文化建设，弘扬优秀考试文化，实施考试文化建设工程，提升教育考试机构文化软实力。构建教育考试公共价值观，研制发布院训，推动建立教育考试战线职业道德规范，激发和团结干部职工奋进担当。研究中国教育考试史和教育考试机构史，完善中国考试虚拟博物馆，建设教育考试院历史文化展室。发挥工会、共青团等群团组织在文化建设方面的积极作用，打造一批文体活动品牌。建立健全教育考试机构环境文化和标识系统，推出考试文化系列创意产品，传播教育考试正能量。

教育部教育考试院认为，《规划》的组织实施，要求制订实施方案，明确职责分工，建立健全规划实施的组织领导、经费保障、监测评估机制，加强对规划实施的组织、协调和督导。落实组织领导与职责分工，加强统筹协调与经费保障，开展规划实施的监测评估。

第三节　考试机构现代化的试点带动

一、试点带动方式

全国有较多的不同层次的教育考试机构，现代化是它们共同的发展目标。由于国家教育考试事关重大，现代化建设又是一种具有探索性、高投入的事情，因此国家教育主管部门不可能让各级各地的教育考试机构现代化建设工作一哄而起，齐头并进，而是有计划地采用试点带动的方式，即选择条件较好的教育考试机构进行现代化试点先行，以试点为开路先锋，先行积累经验，然后推广试点单位的经验，以典型带动一般。试点先行，典型示范，以点带面，应该是我国推进教育考试机构现代化的一条重要路径。

试点先行，典型示范，其实是我国一种广泛运用的一种工作路径和工作方式，特别是在内容复杂且事关重大的改革项目时，都对此情有独钟。教育考试现代化过程中必然带来有关考试政策法规、考试内容、考试方式的变化，强调立德树人、"五育并举"的新高考究竟考什么、怎样考、怎样评，如何保证招生录取的公平公正等，都是考生、家长及全社会关注的热点和焦点。教育考试是事关人的发展的大事，其改革不能轻率，不能将学生作为改革实验的"小白鼠"，教育不能乱折腾。

在中国，教育的现代化和教育考试的现代化都是面向大规模受众的现代化，必须遵循在形成科学认识和方案的基础上小范围试点，先行先试，在取得成熟经验的基础上再推广。国家自2014年决定进行新一轮考试招生制度改革，设计了"分类考试、综合评价、多元录取"的新高考方案，然后选择上海市和浙江省作为新高考改革的试点省市，开始高考改革的破冰之旅。

面对40年来最为彻底和系统的高校招生考试制度改革，试点省市严格遵循国家要求，推出一系列重大举措。例如，上海在2017—2019年期间，就出台了一系列考试招生改革政策，其中包括：将实行20多年的高考"3+1"科目设置调整为"3+3"科目设置，考生自选的3门等级考试科目成绩等第转换而来的分数计入高考总分；上海春季高考实现功能转变，成为上海应届高中毕业生的第一次高校招生考试；合并一二本批次招生；实施高水平大学综合评价录取改革；高考命题探索数学文理合卷、实践基于题库的外语命题、语文试卷强化中华优秀传统文化考查；外语的一年两考促使建设基于项目反应理论的标准化题库，并形成计算机优化组卷与专家命题相结合的命题新模式；第一次发布高考外语科目非通用语种的《考试说明》，形成各语种的统一标准；新增的外语听说测试促使人机对话考试系统的建立，将信息技术引入高考并参与评卷；全面实施高中学业水平合格性考试和等级性考试；结束文理分科考试招生模式，以"院校专业组"为招生单位，实现考生选考科目与高校招生专业之间的对应；改进志愿填报模式，由考前调整为考后；投档录取系统实现高中学生综合素质纪实报告随考生成绩与志愿等档案信息同步传递至招生院校。

总的看来，上海新高考改革试点期间推行的不少政策是新的，有的还是颠覆性的，这难免不使师生感到困惑或不适应，但具有科学性和延续性的政策、方法带来了稳定的考试结果，极大地支持了新高考的平稳落地。这种情况体现在三方面：其一，高考试点政策保持稳定，三年里没有变化，无论是合格考、等级考方式，外语两考的时间，高二可以参加等级考的规则，还是高校专业招生对选考科目的要求、院校专业组设置及投档录取模式、考生志愿填报方式、高水平大学综合评价录取及"两依据一参考"录取模式都保持了稳定。其二，作为高考总分来源的统一高考和学业水平等级考试的命题极其稳定，语文、数学、外语科目的高考命题与六门科目等级考试命题，坚持对基础知识与基本技能的全面考查，坚持考查考生独立思考和运用所学知识分析问题、解决问题的能力，试卷在结构、能力目标、考试内容的设定上都保持了稳定。其三，参加高考的人数与招生计划数也相当稳定，无论是考生人数还是本科院校招生计划数，三年同口径相比较，基本保持一致。当然，考试内容、招生政策、录取率等各项指标的一致性只是提供了总体稳定性的环境，各科目考试成绩直接用于招生录取，如何保持成绩的稳定是最具挑战性的。对此，上海高考研究课题组进行了上海统一高考科目考试成绩发布的稳定性研究。研究结果表明，科学的命题质量控制机制的建立与基于项目反应理论的题库建设，满足了高考成绩的稳定性要求，这种情况也奠定了三年新高考平稳实施的基础[①]。

在上海、浙江新高考改革试点平稳落地的基础上，北京、天津、山东、海南于2020年正式实施新高考，河北、辽宁、福建、湖南、湖北、广东、重庆、江苏8省市也于2021年实施新高考方案，意味着全国的高考改革进入全面推广实施的新阶段。

2019年，教育部考试中心制定的《中国高考评价体系》推出，高考改革真正进入有纲可依、有章可循、标准引领、体系建设的新时代，这也意味着教育考试评价开启了现代化的新航程。此外，与教育现代化密切相关的教育信息化建设，我国也是采用先选择试点，按照建设、应用、融合的发展阶段逐步推进，然后再在面上普及推广。

教育主管部门开展教育考试机构现代化试点工作的目的，是探索和创造实现教育考试现代化核心理念、关键思路的方法，相应地确定教育考试机构现代化要素（如思想观念现代化、制度现代化、技术现代化、资源现代化等）建设与创新的探索内涵，寻求逐步形成教育考试现代化在促进教育考试公平、提高教育考试质量，建设现代化教育考试机构等方面的有效模式和体制机制的工作目标。"统筹部署、分类指导、需求导向、注重应用、协同创新、特色发展、辐射带动、全面推进"的实施原则，为试点工作指明方向"[②]。

二、工程推动方式

作为教育考试机构现代化的试点单位，需要根据国家教育现代化、教育考试现代

---

① 郑方贤,等.上海高考研究报告(2017—2019)[M].北京:人民教育出版社,2021:2-11.
② 陈琳.以教育信息化推动教育现代化研究[M].北京:科学出版社,2020:217.

化的基本要求，因地制宜地制定好自己单位的教育考试现代化发展规划，有目标、有计划、有步骤地推进现代化建设工作。在现代化实施过程中，也可以考虑选择工程推动的实施策略。

所谓工程推动，是指将教育考试机构现代化的工作分解为若干工程项目来加以重点推进。以工程方式推进现代化项目建设，有助于组织和调动各方面力量协同办事。

"十四五"时期，教育考试机构可以在前期教育考试机构专业化建设的基础上，规划新的重点工程。例如，教育部教育考试院就在其事业发展"十四五"规划附件中，列出以下若干重点项目。

1. 全国高考命题工作队伍建设"百千万"工程。根据高考内容改革的要求和高考综合改革的需要，通过业务指导、系统培训和技术支持等方式打造三支队伍。一是教育考试院负责的高考命题队伍，核心命题教师达百人以上；二是综合改革省份学业水平考试命题教师队伍，各省市合格命题教师总数达千人左右；三是作为命题队伍后备力量的高考命题研究和宣传队伍，人数达到万人左右。

2. 中小学教师资格考试标准体系升级工程。在教育部教师工作司指导下，组织修订考试办法、《考试标准》和《考试大纲》。关注国家《课程标准》的研制和新教材的使用，加强顶层设计和理论研究，实现考试内容与时俱进。将中、小、幼学科与课程一体化的相关成果对接，形成高低贯通的《考试大纲》要求。

3. 命题基础设施提质升级工程。加强命题保障服务队伍建设，健全命题安全管理制度，强化科技支撑，转变命题数据存储方式，建立安全数据保存机制，升级改造命题基地、命题基础设施和信息化工作平台。

4. 国家教育考试考务人员业务素质提升工程。完善逐级培训体系，做好教育部对省级教育考试机构的示范性培训；丰富考务工作人员培训材料内容，制作下发工作人员职业道德和守则、《中华人民共和国刑法修正案（九）》和《中华人民共和国教育法》《国家教育考试违规处理办法》（33 号令）、警示案例、防范高科技作弊等培训材料。

5. "互联网＋考试服务"工程。建设中国教育考试网移动端，搭建报名查询小程序，整合考生用户注册和管理功能，深度对接国家和教育部政务服务平台及国家智慧教育公共服务平台，形成多终端联动、一站式办理的移动化服务门户，实现考生服务事项"掌上办""指尖办"。

6. 考试文化建设工程。构建教育考试公共价值观体系，研制发布院训。研究中国教育考试史和教育考试机构史，完善中国考试虚拟博物馆，建设教育考试院历史文化展室。打造一批文化与体育活动品牌。建立健全教育考试机构的环境文化和标识系统。

上述项目的完成对推动教育考试事业和推进教育考试机构现代化都具有积极的意义。

三、考试机构核心竞争力的关注

在教育考试机构现代化评价中，信息化水平是一项重要的评价指标，也是教育考试机构现代化试点的重点工程之一。经过多年的发展，教育考试机构的信息化工作在基础设施建设、业务软件应用等方面取得了长足的进步，但距离信息技术全面融入教育考试业务之中，达到技术赋能教育考试的目标还远。此外，人工智能、5G、云计算、区块链、量子信息技术等前沿科技方兴未艾，以智能化、移动化为特征的新应用不断涌现，这既为考试业务与信息技术融合创新带来历史新机遇，也为教育考试机构信息化发展提供新思路、新方法和新路径。这些新技术的落地应用将有效促进教育评价改革、考试理念变革、考试业态优化，加速考试现代化发展进程。因此，教育考试机构现代化试点运行，可以前瞻性地思考信息化的新问题。

教育考试机构现代化试点，需要建设的工作千头万绪，对于期望高水平现代化发展的教育考试机构不仅满足一般考试业务方面建设成果的获得，而且还应该立意高远地想到如何去培育教育考试机构的核心竞争力。

美国著名学者普拉哈拉德和哈默尔在《公司的核心竞争力》一文中最早提出了"核心竞争力"的观点。他们认为，核心竞争力是组织中的积累性学识，尤其是如何协调不同生产技能和有机结合多种技术流的学识。在国际化教育考试市场，专业化的教育考试机构无不注重对核心竞争力的培育。如果审视 TOEFL、GRE、IELTS 等具体的考试项目，可以发现那些国际上著名的专业考试机构所拥有的核心竞争力的外在特征，即基于教育测量理论与技术的深度研究与信息技术对教育的赋能。例如，ETS 的核心竞争力就体现在对奉为圭臬的经典测量理论、项目反应理论的发展与应用，其中的矩阵抽样、认知诊断模型构建、计算机化题库建设、计算机自适应考试技术应用等方面。再如剑桥评价中心在语言测试效度研究中构建出"社会认知校验框架"（Socio-cognitive Framework for Validation Tests），发展了整体效度观，让业界对考试效度这一核心技术指标的理解更为全面和深刻。

我国学者戴家干认为，教育考试机构的核心竞争力主要表现在三个方面：拥有反映考试和评价研究的国际级智库；拥有功能强大和信息完整的数据库；拥有科学实用和功能全面的题库。显然，这种认识是具有国际视野和现代化水准的[①]。

拥有反映考试和评价研究的国际级智库，的确不是一个容易达到的核心竞争力目标。据上海社会科学院智库研究中心 2014 年 2 月发布的《2013 年中国智库报告》定义，智库主要是指：以公共政策为研究对象，以影响政府决策为研究目标，以公共利益为研究导向，以社会责任为研究准则的专业研究机构。教育考试是一种公共社会活动，对此进行专门研究，并且达到国际水平的智库或智囊团，就是教育考试机构的智慧大脑、决策中心。现代化的教育考试机构可以有自己的智囊团，使之成为教育考试方面的决策机构，能够为教育考试机构现代化提供科学可行的建议或创意。

拥有功能强大和信息完整的数据库，是掌握数据这一宝贵战略资产的体现，是创造数字化教育考试的重要支撑。作为核心竞争力要素的数据库中的数据是从全局观点出发建立的，按一定的数据模型进行组织、描述和存储。

拥有科学实用和功能全面的题库，之所以能够成为教育考试机构的一种核心竞争力，不仅在于考试命题工作的核心地位，而且在于题库是按照不同的学科门类以及其内在联系，将不同的试题分门别类地汇集起来，为特定学科知识和技能测试提供备选试题的一种系统资源。近年来，在推进国家教育考试题库建设的实践中，教育部考试中心对有关考试题库的类型及特点进行了研究和探索[②]。

此外，在现代教育考试事业发展进程中，教育考试评价的功能越来越得到重视，评价的内容、方法和形式也不断更新迭代。随着计算机技术的迅速发展和社会信息化水平的不断提高，人们可以看见越来越多的教育考试机构开始使用计算机代替纸和笔来实施考试和评价，发展这种计算机辅助评价（computer-assisted assessment，简称 CAA）已是大势所趋。走在前面的现代化教育考试机构，有可能将 CAA 的应用视为一种核心竞争力。

第四节　考试机构现代化的文化助推

一、考试文化的内涵

教育考试是一种重要的大规模的公共社会活动，承担教育考试重任的教育考试机

---

①　戴家干.服务：2006 年教育考试机构关键词［N］.中国教育报,2006-02-15(1).

②　教育部考试中心题库工作小组.谈教育考试国家题库建设［J］.中国考试,2008(4)：9-12.

构不仅日趋壮大，而且形成了特色的教育考试机构文化。随着时代的发展变迁，教育考试机构文化呈现出不同的时代特点。党的十七届六中全会以来，党中央推出的一系列重大战略决策中有大力加强文化建设一项，并视其为最高国家战略。在这种背景下，教育考试机构的文化建设将如何与时俱进？教育考试机构文化建设在考试机构现代化过程中应该发挥怎样的作用？这是每一个教育考试机构、每一个考试人不能不面对的时代之问。

为了扎实推进教育考试机构文化建设，提高文化软实力，并借此推动教育考试招生事业科学发展，教育部考试中心在 2012 年就制定了《教育部考试中心关于加强文化建设的决定》（以下简称《决定》）。《决定》包括四大部分共 16 条：充分认识加强教育部考试中心文化建设的重要意义；加强文化建设的指导思想、基本原则和目标任务；加强文化建设的思路和重点工作；加强文化建设的制度和保障措施。同年 11 月，教育部考试中心主办了第一届教育考试机构文化建设研讨会，以"文化·内涵·影响力"为主题，刘海峰、江畅等专家学者发表了主题演讲，北京、天津、河北、辽宁、上海、江苏、浙江、湖北、重庆和陕西 10 个省市教育考试招生机构代表与会，从理论研究和实证分析两方面，对加强教育考试机构文化建设进行了深入的讨论和交流。时至今日，随着教育考试机构现代化新征程的推进，人们对加强教育考试机构文化建设的必要性又有了新的认识。教育部教育考试院在"十四五"事业发展规划中，涉及"推动现代化考试机构建设"部分时，明确将"培育担当奋进组织文化"作为对策之一，要求加强文化建设，弘扬优秀考试文化，实施考试文化建设工程，提升考试机构文化软实力。

教育考试机构文化建设，一般是指教育考试机构的组织文化建设。组织文化是在一定条件下，组织和活动中所形成的具有该组织特色的精神财富和物质财富的总和，它既包括文化观念、价值要素、组织精神，又含有道德规范、行为准则、历史传统、组织制度、文化环境、组织产品等。其中价值观是组织文化的核心。利用组织文化建设形成的软实力，可以提高组织的管理水平。由于教育考试机构组织活动的主要内容是考试，因此，人们常常将教育考试机构的组织文化直接说成是"考试文化"，以凸显教育考试机构组织文化区别于其他组织文化的个性。

陈睿认为，考试文化是考试活动在思想、意识、观念及媒介上的反映，是由价值观念、制度规范、行为习惯和物质载体构成的一种相互交叉渗透的文化体系，对考试的价值取向产生深刻影响。教育考试机构的考试文化体系应该包括精神文化（或称观念文化）、制度文化和物态文化，它们是一个有机整体，相互制约、相互影响、相互作用，并在一定条件下相互转化，共同发挥文化对考试事业的引领和驱动作用[①]。

来启华、郑若玲认为，教育考试机构的组织文化结构中，应该内含有精神文化、制度文化、行为文化和物质文化层次，它们融入教育考试机构各部门和各业务活动之中[②]。

从公共社会学视角看，考试的精神文化主要是指社会公众对考试的性质、功能、价值的认识及态度。凝结在精神文化之中最深层的要素是价值观，价值观决定着文化立场、文化取向、文化选择。

教育考试机构的精神文化，主要包括办考理念、价值标准、职业道德和精神追求等。使命担当、理念信仰应该是考试人的核心价值追求。

教育考试机构的制度文化，针对社会公众来说是通过考试活动实施的条例、规程、准则等呈现出来的文化意蕴。针对教育考试机构而言，制度文化是通过为维护机构运行秩序而制定的程序化、标准化的规章制度、行为要求和运行模式等呈现出来的共同的价值追求。制度文化通过内在价值与外在规则凝聚社会共识、引导价值趋向、塑造文化环境，具有育人和引导功能[③]。

教育考试机构的行为文化，是教育考试机构人员在日常活动中表现出来的特定行为方式和行为结果的积淀，是人的精神、价值观的折射，受到管理制度的约束和导向。教育考试机构行为文化包括组织集体行为、领导行为、先进模范人物行为以及员工行为等。

考试的物质文化，是以物质为形态的表层文化。考试组织管理系统（考试机构）及其标识、考试设施、考试环境、考试产品（如试题试卷等）等呈现出来的是可感知的教育考试机构物态文化意蕴。可感知的物态文化兼具显性与隐性教育价值，对传递考试文化有重要支撑作用。对社会公众来说，可感知的物态文化基础设施如考试博物馆，其提供给人的不仅是一种物化的汇集与并置，同时也是考试精神文化的栖居地。

二、考试文化建设典例

现实中，各地的教育考试机构在进行文化建设过程中，虽然也遵循上述文化体系

① 陈睿.中国式考试现代化视域下的考试文化建设［J］.中国考试,2023（1）:31-37.
② 来启华,郑若玲.考试机构文化建设概论［M］.北京:高等教育出版社,2016:246.
③ 袁秋菊.试析制度文化的育人过程及其实现条件［J］.学校党建与思想教育,2021（24）:93-96.

的"三层次说"或"四层次说"，但是提炼或表达出来的组织文化或考试文化内涵则是丰富多彩的。其中北京市、上海市、天津市、江苏省等地的教育考试院近些年来所进行的组织文化建设，都是值得借鉴的典例[①]。

北京教育考试院基于"构建共有精神家园"的要求，将组织文化建设纳入考试院整体发展思路，结合教育考试招生事业改革发展的新形势，准确把握教育考试机构的职责定位，不断深化拓展考试院组织文化建设内涵，从提炼精神文化、培育行为文化、实施物质文化三个层次推进文化建设，为事业长远健康发展厚植文化土壤，凝聚强大精神合力。在文化建设中，注重发挥工会、共青团等群团组织在文化建设方面的组织优势和积极作用，通过开展丰富多彩的文体活动，倡导积极向上的价值取向，营造和谐文化氛围。

上海市教育考试院在2012年底就启动了新一轮的组织文化建设，形成了文化建设工作小组常态工作机制，制定并出台《上海市教育考试院关于加强文化建设工作意见》，建立了以全院、处室、支部等多主体、全方位推进文化建设格局。具体工作包括编写整理《院史》及物征集工作，编著《上海高校招生考试发展史纲》以展现上海高考改革的发展历程，通过集思广益凝炼出较为成熟、较强共识的"院训"，开展弘扬"敬人、敬岗、敬业"职业精神等系列活动。在多年的组织文化建设中，上海教育考试机构形成了文化建设的"三层次结构模式"：以公平公正核心价值为文化建设的核心层，是精神文化的体现；以考试权利平等、教育考试机会均等、教育考试规则公平、教育考试结果公正作为文化建设的目标层，是对教育考试公平公正内涵的诠释；以制度建设、严格管理、优质服务、信息公开、有效监督作为文化建设的任务层。在实施组织文化建设方面，上海市教育考试院采取了6条对策：（1）以院史、院训引领公平公正的理念文化；（2）以完善和落实考试招生制度维护教育考试公平公正的原则要求；（3）以科学化、专业化的考试招生管理助推公平公正的内涵发展；（4）以强化考试招生服务意识和提高服务能力拓宽公平公正的服务范围；（5）以职业精神的挖掘提炼维护公平公正的精神品质；（6）以学习型组织的创建营造公平公正的良好氛围。

天津市教育招生考试院在组织文化建设方面也不断与时俱进。2000年以前，天津市招生考试中心为了凝聚人心，采取了从精神文化建设入手，加强思想引领和价值观引导，着力统一干部职工思想的工作思路。提出了以增强"四个意识"（政治意识、

---

① 来启华，郑若玲.考试机构文化建设概论［M］.北京：高等教育出版社,2016：156-175.

大局意识、服务意识、自律意识）、发扬"三严作风"（管理严格、办事严谨、态度严肃）、树立"两个精神"（艰苦奋斗精神、主人翁精神）和确立"一个观念"（与时俱进观念）为基本要求的考试人思想行为准则。此外，基于考试招生工作的特点和需要，提出了"万无一失、滴水不漏""永远是第一次"和"公平、公正、公开"等工作理念。2000年后，天津市教育招生考试院着力从一般性思想行为文化向核心价值观、组织发展目标和组织使命等深层次文化内涵推进，逐步建立起文化建设的基本框架。从文化系统建设要素看，其精神文化建设中融入了"以人为本"的考试招生理念，提出要在更加关注人的发展、促进学生学习的价值取向前提下，着重拓展考试招生机构的评价服务功能，使自身功能逐步实现从传统的"只考不评"向"考评并重"的管理服务方向转变。在制度文化建设方面，一是以 ISO9000 质量管理体系为参照，对原有规章制度和工作程序进行全面梳理、修改和完善，制定《质量手册》《程序文件》和《作业手册》等文件，初步形成规范化、文件化的内部管理制度体系；二是建立健全党务院务公开制度，推进民主管理。在行为文化建设方面，主要是针对考试招生工作实际，相继提出"零失误""追求完美、追求卓越"的质量观，"细节决定成败"的管理理念，以及"试卷安全是生命线，考试安全是生存线"的安全观，引导干部职工以高度负责、极端认真的态度和更高的标准完成各项招生考试任务。在物态文化建设方面，抓住新院区建设和院庆十周年契机，促进组织文化落地。2011年以来，天津市教育招生考试院的组织文化建设进入延展深化阶段，院党委下发《关于紧密结合考试招生实际推进文化建设的几点意见》，明确提出，今后一段时期，文化建设以科学发展为主题，以办好人民满意的考试招生为出发点和落脚点，既着眼于院本文化建设，又拓展到整个考试招生领域，逐步形成具有考试招生特色的文化体系。

江苏省教育考试院在文化建设中，以"现代化的教育考试事业、专业化的教育考试院"为蓝图，以"人民满意"为宗旨，以"公平公正"为内核，以"教育服务"为外延，着力以"勇于改革、善于创新"为核心的发展文化，以"科学规范、求精务实"为核心的管理文化，以"爱岗敬业、勤勉奉献"为核心的个人文化，以"团结协作、共创未来"为核心的团队文化。以考试招生核心价值理念为内涵，提炼出作为内化于心、持守于意、外化于行，体现教育考试院形象的院训，即"忠诚、守信、奉献、进取"，形成"阳光考试招生，公平公正，创新卓越，和谐共进"的江苏省教育考试院院风。结合考试招生特点和要求，江苏省教育考试院凝炼出考试招生"四种精神"：永不自满、勇于开拓的创新精神；胸怀全局、心系事业的团队精神；迎难而上、攻坚克难的战斗精神；

尽职尽责、爱岗敬业的奉献精神。着力构建教育考试文化的"四个品牌"："平安高考"、考招改革、"零差错"目标、服务宗旨。在服务院校方面，要求做到"四个一"：投递好每一份档案、管理好每一个计划、服务好每一个考生、解决好每一个困难。

基于文化的多样性和个性化特点，各省市教育考试机构在组织文化建设方面都有可能摸索出自己的实施路径和具体做法，形成各自成功的经验或模式。这些教育考试机构的治考理念都经历了一个为本院职工认同的过程，潜移默化为一种心理约束力量，成为全体员工所遵循的行为准则，与本单位的工作制度、规章条例、纪律奖惩等相辅相成，提高了考试招生工作的效度和信度，赢得了广泛的社会声誉①。显然，教育技术机构文化建设取得的成果，也会以其精神力量助推教育考试机构的现代化。

三、考试文化建设思路

在推进教育考试机构现代化进程中，需要通过加强考试文化建设来获得考试文化软实力，进而发挥先进文化的助力现代化作用机制。为此，教育考试机构首先需要进一步学习，充分认识到加强考试文化建设的现实意义②。

其一，加强考试文化建设是新时代建设教育强国的需要。教育是国之大计、党之大计。党的二十大提出"办好人民满意的教育"，并对加快建设教育强国作出全面系统的部署，为到2035年建成教育强国指明了方向。考试招生制度是我国基本教育制度，国家教育考试作为考试招生制度的重要组成部分，是人才选拔的重要手段和方式。改革开放40多年来，我国考试招生制度，特别是高考，为提高教育质量、提升国民素质、促进社会公平、服务国家现代化建设作出了历史性贡献，但是随着高等教育进入普及化，人民群众对优质教育资源的需求日益强烈，考试招生制度作为教育"指挥棒"，是我国教育领域最难啃的硬骨头之一，深化考试招生制度改革成为新时代办好人民满意教育的重要任务之一③。建设与高质量教育体系相适应的符合新时代要求的考试文化，推动教育考试事业朝着与教育强国目标相一致的方向发展，将为加快教育强国建设提供重要支撑。

其二，加强考试文化建设是提升社会公众考试评价素养的需要。考试诞生于中国。自科举以来，考试对各个时期的人才选拔都发挥了不可替代的作用，同时也产生了各

---

① 于建坤. 提高教育考试机构文化软实力 [N]. 中国教育报,2013-01-14(7).
② 陈睿. 中国式考试现代化视域下的考试文化建设 [J]. 中国考试,2023(1)：31-37.
③ 李木洲,刘子瑞. 新时代我国教育考试文化的创新与使命 [J]. 中国考试,2022(2)：1-8.

具特点的考试文化现象。对于考试的价值，人们也有矛盾的认知和评价，即一方面认为考试促进了社会的发展和历史的进步，另一方面又认为考试导致"唯分数""一考定终身"等顽瘴痼疾。分析其原因，主要来自对考试的模糊性认知，甚至是错误性理解、机械性使用。虽然西方测量理论早在20世纪20年代即传入中国，但只是非常少的专家在研究，公众对考试的基本知识或者说考试常识只有非常少的认知。在浓郁的考试文化氛围中，社会公众的考试评价素养应成为公民基本素养的一部分。通过考试文化建设，使社会公众对考试的性质、功能、价值、理念、技术等有基本的了解和认知，可以降低考试的高利害性，使考试的社会环境得到有效改善，这是考试文化建设之于社会和教育的重要意义。

其三，加强考试文化建设是推进中国式考试现代化的需要。文化是凝聚人心的精神纽带，是促进事业发展的一种精神力量。在人们认识世界、改造世界的过程中，文化力也可以转化为物质力，并对事业发展产生深刻的影响。中国式考试现代化的实现，除了必须在考试理念、考试内容、考试方式和考试技术等方面深化改革外，还必须通过考试文化建设将上述内容统合为彼此关联的有机整体。中国式考试现代化的实现，需要"上下同欲"，即各级考试机构、所有教育考试工作者，都应当有共同遵循的价值观念、职业理念、制度规范、行为习惯和文化传统等[①]。此外，考试工作者的职业道德、职业精神和业务水平都要适应考试现代化的需要，要着力打造一支专业化的考试队伍。只有做到这些，考试事业才能向既定方向发展。从这个意义上说，加强教育考试机构组织文化建设，对推进教育考试机构现代化进程是不可或缺的作用机制，也可以说是一种必由的实施路径。

放眼全国，虽然各地教育考试机构近些年来在积极开展考试业务建设的同时，对考试文化建设也越来越重视，形成了组织文化建设的基本模式。但存在的问题是，考试文化在推动教育考试机构现代化发展中的作用不够突出。在新时代中国式教育考试现代化的环境里，教育考试机构应该基于教育考试事业发展和教育考试机构自身发展的需要对考试文化建设进行创新思考，并针对不足之处采取相应的发展对策，以下基本思路可供参考。

其一，组织学习，建立新的考试文化认同。文化建设即文化管理，是组织管理的高级阶段。事实上，在我国教育考试事业发展和管理中，文化渗透在每个领域、每个

---

① 来启华，郑若玲.考试机构文化建设概论[M].北京：高等教育出版社，2016：245.

环节之中，但文化建设的重要性却往往被忽视[①]。考试文化都是在实践过程中不断积累沉淀形成的，建设适应教育考试机构现代化要求的考试文化虽然是一个长期过程，但也要有紧迫感。在建设中国式现代化教育考试机构的征程中，教育考试机构要做的首要工作就是组织全体员工学习有关加强机构文化建设的文件，开展深入广泛的文化宣传活动，使全体员工都应该或必须在价值观、理想追求、终极目标和发展远景等方面，探索和实现新的文化认同，发挥文化软实力的正能量，为促进教育考试事业发展奠定坚实的思想基础和精神动力。可以说，考试文化建设是影响教育考试事业发展的重要因素，甚至是最关键的因素。只有正确认识和理解考试文化建设的重要性和必要性，逐步形成全体员工对考试文化建设的共同愿景和心理契约，才能真正实现让考试文化的精神力量推动教育考试机构现代化车轮转动的愿望。

其二，统筹规划，稳步推进考试文化建设。教育考试机构考试文化建设是一项较长期的工作任务，必须有系统性的统筹规划和长远安排，确保教育考试机构文化在不同层面内在精神的一致，才能确保考试文化的精髓在不同层面都得到有效贯彻。因此，各省市教育考试机构在制定"十四五"事业发展规划时，在推动现代化考试机构建设方面应该将加强文化建设的工作列入其中，积极主动弘扬优秀考试文化，实施考试文化建设工程，不断提升考试机构文化软实力，借此推进教育考试机构的现代化建设。

教育考试机构的文化建设，要进行中长期的制度性部署，建立起一整套完备的体制、制度和工作机制。其中的关键工作是要建立健全党委领导下的行政部门领导负责制，夯实有关部门齐抓共管、广大群众积极参与的长效机制，促使教育考试机构考试文化建设的有序、稳步推进。

其三，以人为本，坚持以人民为中心。在我国，人民是指作为社会基本成员主体的劳动群众。为了人民、依靠人民、服务人民是中国共产党领导文化建设的本质要求。同样，教育考试机构的考试文化建设要以人为本，这里所说的"人"，既包括国家教育考试的服务对象——考生，也包括教育考试机构工作人员。针对考生，要从考生全面个性化发展需求出发，尊重和保障考生合法权益，为考生提供优质、人性化的考试服务；针对教育考试机构工作人员，要营造尊重人、关心人、激励人和培养人的文化氛围，增强员工主人翁意识和社会责任感，激发员工的创造性、积极性和团队精神，实现事业发展与员工发展同步、事业发展成果由全体员工共享的发展理念[②]。

① 来启华，郑若玲.考试机构文化建设概论［M］.北京：高等教育出版社，2016：245.
② 陈睿.中国式考试现代化视域下的考试文化建设［J］.中国考试，2023（1）：31-37.

其四，文化传承，吸纳外来先进文化。中国是考试发源之地，源远流长和规模浩大的中国考试历史——从古代科举到当今的高考，凝聚出独具特色的中国考试文化和考试传统[①]。

任何一个民族、一个国家在社会物质资料的生产实践过程中，总会因直接产生的深层的民族心理结构与价值观念而构成该民族或国家历久相传的文化基因。就中华民族而言，以黄河、长江、淮河等大河沿岸流域水利灌溉系统为纽带，以祖祖辈辈定居的农耕社会为细胞的中国古代社会的物质生产实践活动，以及为捍卫世代家园的浴血斗争，产生了中华民族特有的以"家国一统的爱国情怀"为轴心、以"坚守原则与维新图变的向上意志"为精神动力、以"实事求是的实践理性"及"中和有度处世法则"为基本态度的中华优秀文化传统结构，其作为世代相传的文化基因深深地烙印于中国人的灵魂中，融入引领当代中国教育发展方向的中国特色教育现代化理论体系中，成为中国教育现代化的文化基因。作为发展中国家的教育现代化进程都受各国原有深厚文化传统的影响。中国作为儒家文化圈的核心，儒家文化显著的多样性和包容性特征，不仅丰富了自身文化，在国内不同区域显示了差异性，使得各地的教育考试机构现代化各具特色，与外来文化的碰撞和融合使之不断推陈出新。可以认为，中国儒家文化传统深深地影响着我国教育及教育考试现代化的进程，使我国的教育和教育考试现代化从一开始就与传统文化有不解之缘。

正确认识和处理文化的民族性与世界性的关系，是我们党开辟中国特色文化发展道路所积累的宝贵经验。在教育考试机构现代化建设中，吸纳、融汇一切外来优秀考试文化成果，是推动我国考试文化发展的必然要求[②]。

他山之石可以攻玉。尽管欧美发达国家的教育考试机构与我国考试机构的属性有较大不同，多为民间机构性质，但是其组织文化建设可以为我国教育考试机构文化建设提供新的视角和启发作用。例如，美国考试机构在长期的考试发展和实践探索中，逐步形成了服务、专业、公平、多元的文化特色。美国考试服务中心（ETS）将自己的使命明确定位为"通过提供公平、有效的考试评价、教育研究和相关服务，提高世界各国的教育质量和公平。"ETS 的产品和服务用于测量学生的知识和能力，促进学生学业表现和教育发展。美国大学考试项目公司（ACT）的服务宗旨是"使人们在教育和工作中获得成功"，所以 ACT 的研究是围绕教育和服务来开展的，其目标是"帮

---

① 刘海峰,苑津山.文化传统与中国式考试现代化[J].中国考试,2023(1):26-30.
② 欧阳恩良.中国共产党百年来领导文化建设的基本经验[N].光明日报,2021-04-07(15).

助学生为考试、升学做准备，帮助学校测验学生的进步、评估教育成果、改进教学、加强学校咨询服务"。美国大学理事会（CB）的宗旨是"帮助学生获得高等教育的机会和成功"，并为此建立了完整的大学预备服务体系。ETS、ACT 和 CB 等专业性的考试机构，都拥有高水平的专业人员、强大的技术力量、丰富的考试经验，长期积累了大量的测评数据，其评价方法和评价项目对美国乃至世界各国的教育都产生了重大影响。在公平方面，他们主要是通过提供公平和有效的测评、研究以及相关服务来提高教育质量和公平性。随着考试评价和教育的发展，特别是高等教育进入大众化阶段以后，考试评价的选拔功能相对弱化，而其诊断和发展功能则日益凸显。ETS 和 CB 开发了多样化的各类考试项目，已经超越了传统的终结性评价范畴，建构形成性评价服务体系，转向对学生发展的诊断和帮助。

值得指出的是，中国式考试现代化是中国式现代化进程中的一个重要组成部分。中国式考试现代化面临的是考试规模巨大的现代化，是追求公平公正的现代化。在中国全面迈向现代化的征程中，中国考试必须立足国情，基于中国悠久的考试历史和深厚的文化传统进行改革。其中，考试理念可以借鉴世界先进的考试理论，在更新考试技术方面可以与世界接轨，但考试制度则应葆有中国特色，我们应该坚持独立自主、守正创新，走中国式的考试现代化道路[①]。

---

① 刘海峰,苑津山.文化传统与中国式考试现代化[J].中国考试,2023(1):26-30.

参考文献

[1] 国务院办公厅.国务院办公厅关于新时代推进普通高中育人方式改革的指导意见,2019.

[2] 沈小姣.教育考试机构中介化研究[D].武汉:华中师范大学,2011.

[3] 刘林.当代社会发展观的哲学解释[D].哈尔滨:黑龙江大学,2004.

[4] 李明斐.公务员胜任力模型的构建与检验研究[D].大连:大连理工大学,2006.

[5] 习近平.高举中国特色社会主义伟大旗帜 为全面建设社会主义现代化国家而团结奋斗——在中国共产党第二十次全国代表大会上的报告,2022.

[6] 杨念鲁.中国教育学会中小学教育质量综合评价改革实验区工作报告,2015.

[7] 国务院.国务院关于印发促进大数据发展行动纲要的通知,2015.

[8] 陈睿.中国式考试现代化视域下的考试文化建设[J].中国考试,2023(1).

[9] 戴家干.谈教育考试机构的职能与定位[J].教育与考试,2007(1).

[10] 姜钢.深入贯彻落实《纲要》精神 加强考试机构专业化建设[J].中国考试,2012(1).

[11] 李希贵.构建高质量基础教育育人模式的思考[J].基础教育课程,2021(Z1).

[12] 王和军.教育考试机构专业化建设比较及其路径的思考[J].中国考试,2011(4).

[13] 王志武.我国教育考试机构专业化建设的内容与途径[J].中国考试,2017(1).

[14] 辛涛.深化教育评价改革促进育人方式转变[J].中国考试,2021(2).

[15] 辛涛.推进中国式教育考试现代化的初步思考[J].中国考试,2023(1).

[16] 杨学为.为振兴中国考试事业而奋斗 在1991年全国考试工作会议上的报告摘要[J].中小学教师培训,1991(6).

[17] 杨志明,陈一龙,徐庆树.我国教育考试现代化面临的五个方面挑战[J].中国考试,2023.

[18] 尹坚毅.试论教育考试机构现代化的内涵及发展策略[J].中国考试，2023(1).

[19] 钟秉林.以中国式教育现代化助力新时代新征程[J].中国基础教育，2022(3).

[20] 刘智运,胡德海.对教育本质的再认识[J].北京大学教育评论,2004(4).

[21] 叶晓玲,李艺.现象学作为质性研究的哲学基础:本体论与认识论分析[J].教育研究与实验,2020(1).

[22] 周长城.发展理论的演变(上)[J].国外社会科学,1997(4).

[23] 曹延亭.终身教育为什么会成为当代世界的一个重要教育思潮[J].外国教育研究,1985(3).

[24] 鲁子问.发展与稳定:考试政策行政功能分析[J].湖北招生考试,2006(16).

[25] 杨东平.教育现代化:一种价值选择[J].中国教育学刊,1994(2).

[26] 陈敬朴.基础教育现代化与师范教育改革[J].南京师大学报(社会科学版),1996(1).

[27] 李铁映.社会主义现代化建设的奠基工程——认真学习、宣传和实施《中国教育改革和发展纲要》[J].人民教育,1993(4).

[28] 周德藩.关于江苏教育现代化的思考[J].群众,1999(6).

[29] 顾明远.关于教育现代化的几个问题[J].中国教育学刊,1997(3).

[30] 朱永新.现代教育特点与教育现代化[J].江苏教育,2002(17).

[31] 徐玲.价值取向本质之探究[J].探索,2000(2).

[32] 戴一飞.申请者·评价者·招生者——美国研究生入学评价制度中参与主体的互动关系[J].清华大学教育研究,2013(4).

[33] 王晓平,齐森,谢小庆.美国高校招生"新模式"的启示[J].中国考试,2018(3).

[34] 何屹松,徐飞,刘惠,等.新一代智能网上评卷系统的技术实现及在高考网评中的应用实例分析[J].中国考试,2019(1).

[35] 杨志明,夏胜俊,李希.教育考试数字化:模式、特点与启示[J].教育测量与评价,2022(6).

［36］吴若茜.充分发挥人才队伍在建设专业化教育考试机构中的作用［J］.教育与考试,2014(2).

［37］杨志明,杨笑颖,孔淑仪.国外考试机构关键岗位的素质要求及其对我国考试行业专业化建设的启示［J］.教育测量与评价,2020(2).

［38］河北省教育考试院课题组.考试招生专业工作者胜任力建模设计与应用思考［J］.社会科学论坛,2017(8).

［39］陆建明,韩家勋.“教育测量与评价”智库建设与我国考试评价的专业化转型［J］.教育与考试,2017(6).

［40］李勇.关于考试机构命题工作专业化建设的思考［J］.中国考试,2015(11).

［41］戴一飞.ETS讲席制度对我国教育考试机构内涵式发展的启示［J］.中国考试,2019(1).

［42］郭安静.教育招考中依法治考之意义［J］.市场周刊(理论研究),2013(1).

［43］姜钢.国家教育考试安全面临的形势和对策［J］.中国考试,2013(2).

［44］郭安静.对国家教育考试机构队伍法治化建设的思考［J］.中国考试,2016(8).

［45］王志跃,杨海明.高校专业课程考试改革探析［J］.扬州大学学报(高教研究版),2008,12(6).

［46］张静.关于加快教育考试机构专业化建设的思考［J］.考试研究,2012(6).

［47］柳博.公共管理视角下的高考制度改革［J］.教育理论与实践,2011(19).

［48］李木洲.高考管理制度的改革与变迁:成效、难点及趋势［J］.教育研究与实验,2014(3).

［49］戴家干.更新观念 创新制度 科学谋划 系统推进——学习贯彻《国家中长期教育改革和发展规划纲要》［J］.中国考试,2011(1).

［50］王丽.对建立考试管理标准化系统的思考［J］.中国考试,2007(6).

［51］柳学智.考试信息化评析［J］.中国考试,2009(4).

［52］李光明,关丹丹.关于题库建设若干问题的思考［J］.中国考试,2014

(9).

[53] 万雅奇.国内外教育考试信息化现状与发展[J].中国考试,2005(4).

[54] 于涵.不忘初心推进新高考改革面向未来构筑现代化考试[J].中国高教研究,2018(3).

[55] 姜钢.教育考试信息化面临的挑战和任务[J].中国考试,2017(6).

[56] 陆建明.我国教育考试命题与评价机制及其专业化转型考量[J].教育测量与评价,2017(12).

[57] 李光明.如何做好题库建设——来自英美考试机构的启示[J].中国考试,2011(12).

[58] 教育部考试中心题库小组.谈教育考试国家题库建设现状及展望[J].中国考试,2008(6).

[59] 俞如旺,洪小玲,郑丽.对分数报告的国际经验译介及其本土化的思考[J].教育评论,2014(6).

[60] 葛为民,李金波.高考成绩报告方式的改革研究[J].教育科学研究,2012(9).

[61] 关丹丹.认知诊断理论与考试评价[J].中国考试,2009(4).

[62] 于涵.新时代的高考定位与内容改革实施路径[J].中国考试,2019(1).

[63] 教育部考试中心.精选试题情境素材深化高考内容改革——2019年高考化学试题评析[J].中国考试,2019(7).

[64] 边玉芳,王烨晖.增值评价:学校办学质量评估的一种有效途径[J].教育学报,2013(2).

[65] 南国农.教育信息化建设中的几个理论和实际问题(上)[J].电化教育研究,2002.

[66] 李欣桐,李广,徐哲亮.技术赋能:美国教育信息化的历史转向及未来发展趋势[J].现代教育管理,2022(6).

[67] Roumell E A,Salajan F D.The Evolution on of U.S. E-Learning Policy:a Content Analysis of the National Education Technology Plans[J].Educational Policy,2016,30(2).

[68] Wiebe C,Nguyen A K,Mattheis A.Visualizing Technocratic Power:a Cyber-Archaeological Analysis of the US National Education Technology

Plan [J]. Discourse: Studies in the Cultural Politics of Education,2021, 42(2).

[69] 林蕙青.贯彻落实《实施意见》推进国家英语能力等级考试建设[J].中国考试,2015(7).

[70] 孟文娉.国外高考招生过程中综合素质评价的经验及启示[J].教育实践与研究,2013(5).

[71] 安文铸.学校管理辞典[M].北京:中国科学技术出版社,1991.

[72] 褚宏启.教育现代化的路径[M].北京:教育科学出版社,2000.

[73] 辞海编辑委员会.辞海[M].第六版彩图本,上海:上海辞书出版社, 2009.

[74] 辞海编委会.辞海(缩印本)[M].上海:上海辞书出版社,1993.

[75] 顾明远.教育大辞典:第1卷[M].上海:上海教育出版社,1990.

[76] 杭州大学教育系.教育辞典[M].南昌:江西教育出版社,1987.

[77] 来启华,郑若玲.考试机构文化建设概论[M].北京:高等教育出版社, 2016.

[78] 廖平胜.考试学[M].武汉:华中师范大学出版社,1988.

[79] 刘肃毅.面试教程[M].北京:北京农业大学出版社,1992.

[80] 柳博.考试命题制度研究[M].北京:高等教育出版社,2017.

[81] 杨学为,廖平胜.考试社会学问题研究[M].武汉:华中师范大学出版社, 2003.

[82] 杨学为.中国考试改革研究[M].北京:北京大学出版社,2001.

[83] 于信凤.考试学引论[M].沈阳:辽宁人民出版社,1987.

[84] 中国大百科全书(教育)编委会.中国大百科全书(教育)[M].北京:中国大百科全书出版社,1985.

[85] 卢晓中,等.高等教育现代化:理论发展与实践探索[M].北京:科学出版社,2020.

[86] 卡尔·马克思,弗里德里希·恩格斯.马克思恩格斯全集:第二十三卷[M].中共中央马克思恩格斯列宁斯大林著作编译局,译.北京:人民出版社, 1972.

[87] 廖平胜.考试学原理[M].武汉:华中师范大学出版社,2003.

[88] 陈永明.教育行政新论[M].上海:华东师范大学出版社,2003.

[89] 金诤.科举制度与中国文化[M].上海:上海人民出版社,1990.

[90] 许庆豫.教育发展论:理论评介与个案分析[M].福州:福建教育出版社,2001.

[91] 联合国教科文组织国际教育发展委员会.学会生存——教育世界的今天和明天[M].北京:教育科学出版社,1996.

[92] 肖云龙.中国创新论[M].长沙:湖南大学出版社,1999.

[93] 孙宁华.社会考试规范化探索——人的发展与社会考试理论与实践探讨[M].重庆:重庆出版社,2005.

[94] 贾劲松.社会考试管理探索[M].武汉:湖北人民出版社,2010.

[95] 马克思.资本论:第1卷[M].中共中央马克思恩格斯列宁斯大林著作编译局,译.北京:人民出版社,1975.

[96] 张和生.从"为国选材"到"为民量才"——转型中的高考公平问题研究[M].上海:上海交通大学出版社,2013.

[97] 陈潭.单位身份的松动——中国人事档案制度研究[M].南京:南京大学出版社,2007.

[98] DAMA International.DAMA数据管理知识体系指南[M].马欢,刘晨,等,译.北京:清华大学出版社,2012.

[99] 肖云龙.创造学基础[M].长沙:中南大学出版社,2004.

[100] 邓金.培格曼最新国际教师百科全书[M].教育与科普研究所,译.北京:学苑出版社,1989.

[101] [美]M.罗德,R.诺维克.心理测验分数的统计理论[M].叶佩华,译.福州:福建教育出版社,1992.

[102] 顾明远,翟博.新高考来了 怎么看 怎么办[M].北京:高等教育出版社,2016.

[103] 教育部考试中心.中国高考评价体系[M].北京:人民教育出版社,2019.

[104] 徐尚昆,杨汝岱,郝保伟.中国高考报告(2022)[M].北京:新华出版社,2022.

[105] 许骏,柳泉波.IT技能测评自动化[M].北京:科学出版社,2005.

[106]郑方贤,等.上海高考研究报告(2017—2019)[M].北京:人民教育出版社,2021.

[107]梁其健,葛为民.考试管理的理论与技术[M].武汉:华中师范大学出版社,2002.

[108]陈琳.以教育信息化推动教育现代化研究[M].北京:科学出版社,2020.

[109]廖平胜.考试是一门科学[M].武汉:华中师范大学出版社,2003.

[110]卡尔·马克思,弗里德里希·恩格斯.马克思恩格斯全集:第四十二卷[M].中共中央马克思恩格斯列宁斯大林著作编译局,译.北京:人民出版社,1972.

[111]中国社会科学院语言研究所词典编辑室.现代汉语词典[M].北京:商务印书馆,2005.

[112]程永.智慧的分析洞察[M].北京:电子工业出版社,2013.

[113]张功耀,曹志平.科学技术哲学教程[M].长沙:中南大学出版社,2001.

[114]埃德加·莫兰.复杂性理论与教育问题[M].陈一壮,译.北京:北京大学出版社,2004.

[115]Ambler,Scott. Agile Database Techniques: Effective Strategies for the Agile Software Developer [M].Hoboken: John Wiley & Sons,2003.

[116]杨学为.考试蓝皮书:中国高考报告(2019)[M].北京:社会科学文献出版社,2019.

[117]迈克·富兰.变革的力量——透视教育改革[M].中央教育科学研究所,加拿大多伦多国际学院,译.北京:教育科学出版社,2000.

[118]Jane Bumpers Huffman,Kristine Kiefer Hipp.学习型学校的文化重构[M].贺凤美,等,译.北京:中国轻工业出版社,2006.

[119]彼得·圣吉.第五项修炼——学习型组织的艺术与实务[M].郭进隆,译.上海:上海三联书店,2003.

[120]郭清顺,苏顺开.现代学习理论与技术[M].广州:中山大学出版社,2007.

[121]斯特兰·奥尔松.深层学习——心智如何超越经验[M].赵庆柏,唐云,陈石,等,译.北京:机械工业出版社,2017.

［122］潘鸣威,等.从考试命题迈向科学测评［M］.北京:人民教育出版社,
2021.

［123］王海东.学习成果认证制度研究［M］.北京:中国人民大学出版社,
2017.

［124］关崇明,吴明泰.科学探索方法［M］.沈阳:辽宁人民出版社,1986.

［125］唐国庆.高等教育科研指南［M］.长沙:湖南科技出版社,2003.

［126］唐芊尔.考试招生制度十年变革:更公平、更科学、更有成效［N］.光明
日报,2022-09-16(9).

［127］潘懋元.全面深入地认识教育的文化功能［J］.教育研究,1996(11).

郑重声明

高等教育出版社依法对本书享有专有出版权。任何未经许可的复制、销售行为均违反《中华人民共和国著作权法》,其行为人将承担相应的民事责任和行政责任;构成犯罪的,将被依法追究刑事责任。为了维护市场秩序,保护读者的合法权益,避免读者误用盗版书造成不良后果,我社将配合行政执法部门和司法机关对违法犯罪的单位和个人进行严厉打击。社会各界人士如发现上述侵权行为,希望及时举报,我社将奖励举报有功人员。

反盗版举报电话　(010) 58581999　58582371

反盗版举报邮箱　dd@hep.com.cn

通信地址　北京市西城区德外大街 4 号
　　　　　高等教育出版社知识产权与法律事务部

邮政编码　100120

读者意见反馈

为收集对教材的意见建议,进一步完善教材编写并做好服务工作,读者可将对本教材的意见建议通过如下渠道反馈至我社。

咨询电话　400-810-0598

反馈邮箱　gjdzfwb@pub.hep.cn

通信地址　北京市朝阳区惠新东街 4 号富盛大厦 1 座
　　　　　高等教育出版社总编辑办公室

邮政编码　100029

防伪查询说明

用户购书后刮开封底防伪涂层,使用手机微信等软件扫描二维码,会跳转至防伪查询网页,获得所购图书详细信息。

防伪客服电话　(010) 58582300